鄭 錠 堅　著

占星全方位

基礎學理與操作技法

自序：漫遊生命內在的太陽系

邁入玄祕學的緣起

我寫了一部占星學百科全書。

更正確的說，這是一部筆者多年來研習占星學的筆記，而給予系統化及學術化的加工整理。

學習占星學，大約有十五年的時間了，想起當初進入這個領域的緣起，是有一點特別的。在三十左右的人生階段，筆者是傳統哲學的信徒，對於一切「怪力亂神」的命理學問，都是「鐵齒」的採取不談、不信、不屑的「三不政策」。但，神奇的是，宇宙磁場的運轉，改變了個人內心的疑慮。原來正是天王星、海王星剛進入寶瓶座的階段——代表革新、變化、自由、失序、叛逆、個人主義、理想主義、博愛精神、靈性成長、生命迷失的寶瓶座世代的開啟，筆者即開始了一連串占星、斗數、占卜、氣功、禪坐等等靈修功課的學習，寶瓶世紀本來就跟靈修學問有關，而且筆者在學習的過程中逐漸發現，這些「小傳統」的奧義談的正是自我了解與生命修復的原理與技術，與以前所學「大傳統」的學問主題並不矛盾啊！甚至在技術操作層面的精細度上猶有過之哩！道與術、哲理與術數，原來是同體太極的陰陽兩面啊！這個階段是筆者「太陽時期」的尾聲（約三十六歲），而屬於筆者「太陽時期」的「莎比恩」寓言詩卻正好是：**「印度瑜珈師顯示自己的治癒力」**。不正是一個生命行將進入靈性治療的人生階段的最好提醒嗎？現在回想起當日的生命實況，還真感到「一語中的」的內心震撼與驚訝！

寫作一本占星書的需要

從此開始了漫遊內在太陽系的歷程。從剛開始的瘋狂學習、拼命看書、整理筆記、練習解盤，到慢慢的找人討論、私下授課、開設工作室，到最後在大學課堂正式開設課程，漸漸的愈來愈感到得把愈來愈多、愈來愈亂的筆記整理成教本的需要，好方便教學的進行，於是毅然放下懶散的習性，花了幾個學期的時間，邊教邊寫，也利用機會將自己的占星學體系整理得更完備，最後便出現了這本百科全書，乾脆直接命名為《占星全方位》。

本書的三項原則

為了避免這本百科全書的「淺化」以及許多占星學著作譁眾取寵的「俗化」，所以本書的寫作，遵行著下列三項原則：

一、簡要化

不作商業考量，不故意將內容拖長來寫（明明可以用一本書寫完十二星座或十二宮位，卻故意分成各十二本書來賣），也絕不效法許多所謂占星學家故弄玄虛、故作神祕的寫法（占星學只是複雜，但絕不難懂，因為占星學其實是一門深具科學化、條理化、系統化性格的玄學）。事實上，本書的內容是很慷慨的，在同一部書中囊括了非常大量重要的占星學原理及技法，這是本書很自豪能夠做到的一點。所以，《占星全方位》是一部很好用的工具書、一部行文精簡扼要的人格分類學。

二、學術化

《占星全方位》堅持不走淺俗化、商業化、八卦化的路線，筆者是用寫作學術論文的態度來經營本書的。事實上，占星學是一個完備成熟的學問系統，本來就不該把它矮化成流行文化而已。

三、深刻化

由於採取百科全書、集大成、綜合體等寫法，筆者很怕把《占星全方位》寫得博而不精、大而無當。所以寫作本書由始至終總是小心翼翼的緊扣、守住占星學最精深的主題來行文——自我了解、分析人性、靈性進化。的確！如果玄學、命理、占星放棄了靈性立場，便成了欠缺血肉與靈魂的預測儀器而已。因此《占星全方位》不僅強調博，還要堅持深，一再強調「自我了解」是占星學與本書一貫不變的中心主題。

最核心的主題

不錯！占星學確實是一門深邃的學問。

儘管我敬愛的老師不相信占星學，儘管我接觸過一些文化及生命的高度都不低於占星學的人類文明遺產（譬如《易經》、儒家道家哲學），也儘管筆者也學過其他的人格分類學；但，我還是不得不承認與驚訝占星學對了解自我、分析人性竟然做到了如此精微、嚴密、深湛、與巧妙的程度及高度。這真是一套體大思精的人格分類學啊！有時不禁懷疑這樣一套珍貴的文明遺產究竟是從哪裡來的？精密深刻，加上來源神祕，就是所謂的「密意傳統」罷。占星學，真是一門難得的自我了解工具。當然，這門工具也是一個複雜的學問系統，不管學習或使用，都有一定的門檻，也需要更多的耐心去鑽研。

是的！占星學的主題正是「自我了解」。

在希臘，宣揚德爾菲神諭的阿波羅神殿上刻著一句簡單卻深刻的銘文：「認識你自己！」真是點到了占星學的奧旨。筆者也曾經寫過一首關於「自我了解」的短詩：

了解自我是一件艱辛的生命工作，
了解自我也是一樁好玩的尋寶遊戲，
認識自己是為了掃除生命中的地雷，
認識自己也是為了尋回被遺忘多年的寶藏。

不錯！「了解自我」正是學習占星最重大的功能與目的。「預測吉凶」不是主題，占星學有著更深刻的生命內涵與意義。而且從宏觀的生命成長來說，每個生命與命格都是「一樣」的，都得面對型態不同的人生課題、試煉及挑戰。生命只是不同，嚴格的說，並沒有真正「高、低、順、逆、吉、凶」的差別，這些都只是型態不同的人生脈絡，其實加減乘除算下來，老天爺對待每一個人還是非常公平的。其實，最重要的，是通過「出生星圖」認識自己的人格特質。但這些天生的特質可能經歷了後天的管束、打壓、傷害、挫折，而變成一直沒有機會長大的小孩，躲在心靈的死角嗚咽啜泣。所以我們需要占星學及其他自我了解工具的支援，幫助我們尋找、發現、喚醒與治療內在受傷的小孩。很喜歡這幾句歌詞[1]，正清晰的點出了內在生命受傷的情懷與旋律：

親愛的小孩　今天有沒有哭　是否朋友都已經離去　留下了帶不走的孤獨
親愛的小孩　今天有沒有哭　是否遺失了心愛的禮物　在風中尋找　從清晨到日暮
我親愛的小孩　為什麼你不讓我看清楚　是否讓風吹熄了蠟燭　在黑暗中獨自漫步

亙古以來，天上的太陽系一直不歇的運轉，我們每個人也有著相對應的內在太陽系一直在作用，正所謂「天上如此，人間宛然」。而且每一個內在的太陽系都是獨一無二的，那占星學正是幫助我們在每一個獨一無二的內在太陽系漫遊的航天工具，乘載我們去尋找遺忘、失落在內空深處的真正自己。至於尋找的手段，占星學一直使用著「雙管齊下」的途徑。所以占星學的名言說：**「占星學是科學與玄學的雙生子。」**也即是說，「知識、經驗」加上「直觀、想像」，是領悟占星學隱喻的基本配備與基礎工夫。

1 這幾句歌詞是節錄自楊立德詞，陳復明曲的〈親愛的小孩〉。

內容導覽

本文的最後，稍稍說明一下《占星全方位》各章的內容梗概，好方便讀者的閱覽與使用。

第一章的內容是關於種種占星學的基礎原理，這是介紹「理論」的序章。同時也簡單說明通過電腦軟體製作出生星圖的一些注意事項。

第二章以下開始談「技術」。這一章也等於介紹占星學的基本法——「十星三位說」。這是占星學的四個基本元素，一切占星學更進階、更複雜的技法都是從這四個基本元素綜錯演化出來的。

第二章與第三章都是論「命」的技術。第三章是討論「十星三位說」以外的種種解讀出生星圖的技法，以及與出生星圖相關的種種生命議題，譬如：親子關係、兩性關係、知性系統、財富系統、與占星學中前世今生的問題等等。

第四章的內容則是推「運」的技術。包括行星時期、生命週期、流年技法等等。占星學中關於推「運」的技術主要分為「推進法」與「移位法」兩種，本書採用的是「推進法」的立場。

討論過完整的論「命」推「運」的技術之後，第五章介紹兩門很有趣的非主流占星技法——古典類型相法與「莎比恩」占星學。前者是「第四道」的相術（觀人法），後者是創作自一位美國女巫的寓言組詩。這兩門技法都不屬於正宗占星學的範疇，但都與占星學的精神、原理有關。放在末章，讓讀者一窺占星學問系統的龐雜。

本書最後的附錄，加進了名人星圖分析與一篇關於占星學陰陽思想的學術論文。「名人星圖分析」的部分，等於是「實戰演練」，綜合前面各章的技術具體應用在實際的解盤上，知然後行，希望能對讀者的解盤能力提出有用的示範。當然，根據筆者的經驗，這是最難的部分：教授種種原理及技術容易，但當面對一張真實的星圖，要怎樣才能給予星圖主人準確而有效的諮商及建議，則只能仰仗占星師本身的學養、經驗、知識、品格、修為、臨場反應等等綜合的軟體能力，這就是任何一門學問所無法教導、說明的部分了。所以，《占星全方位》只能盡量傳授「可道」的部分，至於「不可道」的部分，則只能依靠每一位學習者本身的慧心與苦功。

《占星全方位》各章的內容大要，可以整理成下表：

名稱	內容性質	內容特點
第一章 基礎學理	「理論」層面	種種基礎原理的說明 製作出生星圖的注意事項
第二章 四大基本元素：十星與三位	「技術」層面 論「命」	十星三位理論
第三章 解讀出生星圖的其他技法： ——命的解析：人格特質、生命潛能、與後天大勢		出生星圖的基本解讀 出生星圖的進階解讀 靈魂占星學
第四章 解讀流運星圖的各種技法： ——運的清查：週期、大運、流年	「技術」層面 推「運」	推進法
第五章 其他技法	「技術」層面 非主流技術	古典類型相法 「莎比恩」占星學
附錄：名人星圖分析及論文	「技術」層面 解盤示範	名人星圖分析 陰陽思想與占星學

《占星全方位》其實是一部指南、導覽，再配合你的生命地圖（出生星圖），你可以開始出發、徜徉、漫遊、探索你的內在太陽系廣袤、深邃、獨特、璀璨、而且帶點危險性的迷人星空。是為序。

公元二〇〇九年八月一日

台北 鋐堅

目次

第二章　四大基本元素

——十星與三位

第三章　解讀出生星圖的各種技法

——命的解析：人格特質、生命潛能與後天大勢

附錄　名人星圖分析、論文及延伸閱讀

第一章

基礎學理

第一章是關於基礎學理、基本原理的「序章」。

本章先談「理論」，下一章再談「技術」；理論與應用合璧，才是一門完整的學問系統。

占星學不只是一個「算命」的工具，它有著更深刻的生命目的與靈修意義，所以稍加說明它的深層意義，是有其必要的。

這一章的內容包括人格分類學的深層意義、中國五術與占星學的關係、命理學的基本原理、幾個命理學的核心觀念、關於改命轉運的一些看法、占星學在三個生命機制中的定位、陰陽中道觀、幾個關於「軍國占星學」與「宇宙占星學」的例子、以及製作出生星圖的一些注意事項等等。

一、人格分類學的生命成長（德性）意義

（一）自我了解——最重要的理由

更清晰的了解自己（分類、比較）。
更鮮活、傳神、戲劇化的了解自己。
更組織化的了解自己。

*人格分類學是內視心靈的學問。
*占星學是解讀靈魂的語言。
*「如果我們不能解讀靈魂的語言，耳目所聞，都屬虛妄。」（希臘哲人芝諾分尼）
*面對生命的藍圖，你愈深刻的看，它會給你愈深刻的答案。
*「閱讀自己比閱讀書本重要。」（尼采）

＊人生是一面鏡子，反映出心靈的種種事實與能量，人格分類學即是詮釋兩者關係的學問。有這樣的心，即有這樣的人生、生活、際遇、吉凶、甚至身體與健康。

＊知命（自我了解）與改命（生命復健）是生命成長的兩階段。人格分類學主要負責第一階段的工作及提供第二階段的建議。

＊天上磁場（天）與心靈能量（人）是「真實」的一體兩面。現實人生只不過是「真實」的影子。

＊「知人者智，自知者明。」（老子）

＊「你是甚麼，你看不見，你所看見的只是你的影子。」（泰戈爾）（按：真我了解不易。看到也不敢承認）。

＊「楚莊王欲伐越，杜子諫曰：『王之伐越何也？』曰：『政亂兵弱。』杜子曰：『臣愚患之。智如目也，能見百步之外而不能自見其睫。王之兵自敗於秦、晉，喪地數百里，此兵之弱也。莊蹻為盜於境內，而吏不能禁，此政之亂也。王之弱亂非越之下也，而欲伐越，此智之如目也。』王乃止。故知之難，不在見人，在自見。故曰：『自見之謂明。』」（韓非子）

＊解下文明的外衣與武裝，譬如你的：
華服（宗教、價值觀、人生觀）、
營養品（修行方法）、

蘋果牌手提電腦（知識）、
槍械（各種生命的武裝）、
珠寶（驕傲、身段）、
名片、笑容（面具）、
歇斯底里的哭泣（軟弱、恐懼）……
然後赤手空拳的走進自我生命的原始叢林（我的教育方法）。
入林之前，先停下來看看生命地圖。
＊「一艘船除非知道自己的航向，否則甚麼方向的風都不會是順風。」（佚名）
＊希臘阿波羅神廟廟門銘文：「了解你自己。」
＊「環境不會改變，解決之道便是改變自己。」（梭羅）
＊「大多數人想改造世界，但卻罕有人想改造自己。」（托爾斯泰）
＊改變自己的基礎在了解自己。

（二）了解他人——最溫暖的理由

了解、同情、寬待、幫助他人。
了解人與人間溝通、互動、相容之道。例如：合盤技術。

（三）了解人性——最深刻的理由

了解人性及其根源，無不是宇宙大愛展現為不同的生命類型及性情世界。

（四）人性建議——最實用的理由

從人性根源及人格類型提出進、退、育、養、補、洩、損、益、取、捨、立、破、剛、柔的建議及配合之道。

跟著生命經驗跑，命理切忌「外在化」。

世俗要求：功利、吉凶。

心靈要求：成長意見。

所謂「君子問進退，不問及凶。」人格分類學或命理學必須對生命成長作出建議，而不是造成問者的依賴、陷溺、耽誤及傷害。

二、中國五術與占星學

接著在這一節談談「中國五術」與占星學、或人格分類學的關係。

在中國文化的系統裡，有所謂大傳統與小傳統的分別。

大傳統就是「經、史、子、集」等四部，指的是學術殿堂的文化。

小傳統則是「山、醫、命、卜、相」等五術，指的是民間在野的傳統。

而「山、醫、命、卜、相」的五術有一個共同的主題：「氣化論或磁場論」。「五術」就是一門研究氣、磁場、或能量如何應用的學問系統。而占星學當然是屬於其中「命」學的部份。接著，在下文，我們便按照「氣」的一貫主題分別討論五術的性質及功能：

（一）山：所謂「山」，即指在深「山」幽林之中練氣養生、學道修德的意思。所以「山」即種種養生、修道的法門。總而言之，就是指氣或磁場的人體修煉。而由於各家法門偏重不同，「山」又可以分為身、心、合三個偏向——

身：有些法門偏重「身法」。意思指練氣學道的途徑主要是從色身的鍛鍊開始。

譬如：動氣功、導引術、拳套、靈性舞蹈……等等。

心：有些法門偏重「心法」。意思指練氣學道的途徑直接從心的修持開始。

譬如：禪坐、「覺知在當下」的生活法門……等等。

合：有些法門強調「身心合修」。

譬如：奧修靜心的由動入靜……等等。

（二）醫：所謂「醫」，意義更明確，就是指中國的「醫」術。

「五術」是一個整體設計，所以學道之士在山中練氣，縱然神清體健，但只要在世為人，總不免為老病所苦，那麼學道之路就會被妨礙、干擾。這時就要靠醫術針對得病的人體氣場進行研究判斷、與治療，這就是「醫」在五術的位置與功能。所以從五術的角度，「醫」也是一項修行路上的備用工具。而漢醫的人文意義，主要可以分為天、地、人三個方面——

天：中國醫學的原理是從大宇宙的運行規律去照顧小宇宙的人體氣場，當然也可以從小宇宙的人體研究反觀大宇宙的陰陽消長之理。所以中國醫學主張從大自然的節拍、律動去用藥及治療。所以中醫著重養生之道（天道）甚於治療，是一種尊天的自然醫學。

地：地，指物質性的涵義。而人的肉身，當然是物質性的。「醫」學的主題當然是對色身的保護，而色身自然是練氣、修行的基礎。

人：從更深層的學道的立場來說，治病、養生可以不只是生理層面的動作，它可能有更進一步靈性成長的意義；譬如：學習練氣治病，就是由病入道的一個很好的例子。

（三）命：在人間學道，除了會受老病折磨，也會遭遇種種人生路上的吉凶順逆，所以能夠預先知道種種人生高運低運什麼時候到訪，遇吉則「趨」，遇凶則「避」，好作一個穩健的生涯規劃，那就是「命」理或「星」象之學的功能了。尤其能夠預知橫逆不測出現的「時」機，好早作準備，以免道業中斷，則更是一個學道練氣之士所關心的事情。所以命、星之學是「時」間的學問，研究的是宇宙氣場對一生深遠的影響，把人的一生的氣場演變所有重要的高、低「時」刻找出來，好作趨避，就是命理學的主要作用。而命理的生命意義與基本原理，主要可以分為外、內兩個方面——

外：從外在的角度，命理學或占星學研究的是所有星辰（宇宙能）對人體磁場（人體能）的影響，上天的「氣」影響了每一個人的生命質地。所以《中庸》說：「天命之謂性。」

內：從內在的角度，生命是一龐大、複雜、多元、含藏的系統（所以佛家稱為「阿賴耶識」，意即「藏識」），對上可以呼應所有星辰磁場的總和，對下則是所有複雜的人類行為的種子及根源。因此通過命理或占星去了解生命本源，便可以對他人的行為擁有更深刻與更寬容的覺悟及對待。

（四）卜：在五術的脈絡裡，「命」之後，接著是「卜」。如果說命是「面」的研究，卜則是「點」的進攻。命是人體氣場變化的整體研究，卜則是針對一個特定時空交錯下的氣場的生滅變化進行研判及預測。所以「命」是研究人一生的氣運，「卜」則只能為一人一時一事起占。所以說命是「面」而卜是「點」。這是命理與占卜的最大不同。而占卜的人文意義，主要可以分為變與不變兩個方面——

變：面對當下的每一個變化進行研判；當然，君子問卜，只問進退，不問吉凶。這是卜的「變易」面。

不變：但生命總是從人生變化中學習長大，這是「實踐智慧」。從不斷的變化與行動之中領悟心得與真理，這是卜的「簡易」以致「不易」面。

（五）相：「相」則是一個補充工具。基本上「相」也是研究人的一生的氣運變化，可以說是命理的一個餘論及補充。但相學有一個特點，就是相學研究的是氣場「具象化」的現象。譬如：氣場具體落實為掌紋、臉部、及地理山川等等，這些都是相學的研究範圍及對象。所以相學的範圍除了面相、掌相外，還有宅相、墓相（也就是陽宅與陰宅），也就是地理山川氣場變化的研究及應用。而相學的人文意義，主要可以分為先天與後天兩個方面——

先：氣場及性格的具象化，這是天生的。這是相學的「先天」面。

後：而面相、手相研究的其實是「先天命定的氣場＋後天氣質的轉變」，所謂「相由心生」，即是指這個意思。這是相學的「後天」面。

上文論述的主要脈絡，是從更宏觀的文化體系的角度去了解命理及占星的定位、意義及功能。從「五術」與占星學的關係，讓我們更清楚看到占星學的廬山真面。即像從世界地圖去尋找某一個城市，可以更清晰看到該城市的特殊地理位置。

三、命學原理

占星學既然是屬於五術中「命」的領域，那麼在本節，筆者嘗試進一步更精細說明命理學的基本原理如下：

（一）磁場論或氣化論

磁場、能量、或氣，二度決定了每一個生命的生命程式。

1.受胎階段：不同的磁場或生物能場尋找波頻相合的母體受胎，這是因果輪迴律的基本原理所在。

2.出世時刻：等到胎兒成熟，嬰兒出生時就發育好完整的中樞神經（等於一部功能靈敏的接收器），於是在出生的瞬間，當時星羅天外的整體宇宙能場，通過接收器將絕不重複的能量模式注入人體之中，也就是大宇宙影響小宇宙、宇宙氣場影響人體氣場的氣化流行，從而造就了出生嬰兒一生的吉凶喜忌順逆。這就是磁場決定命運的第二階段的實情，也同時解釋了為什麼早產兒算命會不準，因為人體內部的接收器未發育、準備完成的緣故。

所以「受胎階段」＋「出世時刻」的氣場變化＝命運。而具體展現在命盤或出生星圖之中。

（二）統計學

命理學與占星學的第二個基本原理是統計學。

占星學其實就是一門統計學問。

先民們非常用心、精細的關懷及了解人性，並通過不斷的觀察、積存與實踐，逐漸的累積了龐大的「出生時地與性格表現的關連性」的數據，慢慢的建構起一門統計科學——占星學。所以從命理的角度，愈是後代的著作愈優於前代，這是因為統計資料愈充分與完整的緣故。這也是所有命理學的共同特點。

所以命理學（包括占星學）是一種集體創作，也是一門具備濃厚科學性格的統計科學。

（三）德行論

「磁場論」與「統計學」是命理學（包括占星學）的兩大原理。而命理師或占星師的德行基礎則是一個很重要的運作元素。意思說一個有品德及豐富人生經驗的命理諮商師當然具備更高段、精準的分析及解盤能力。

關於命理師或占星師的德行基礎，可以參考《尚書・洪範篇》的古代標準，主張卜者及推命者必須找三個人，然後主要原則是：一、三人皆賢者；二、三個賢者的意見如果分歧，則少數服從多數。請看下列《洪範篇》的記載：

三人占，則從二人之言。——一、先肯定三人皆賢士；二、少數服從多數。

汝則有大疑，謀及乃心；——首先發動心靈的力量去判斷。

謀及卿士；——知識份子的看法。

謀及庶人；——民意調查，聽取基層意見。

謀及卜筮：——最後才用：所有人謀、心謀的資料都已尋找、分析、研判，仍無法委決，才藉以決疑、復信；所以占卜是不輕用的經驗及選項。

汝則從，龜從，卿士從，庶民從，是之謂大同；
身其康強，子孫其逢，吉。
汝則從，龜從，筮從，卿士逆，庶民逆，吉。
卿士從，龜從，筮從，汝則逆，庶民逆，吉。
庶民從，龜從，筮從，汝則逆，卿士逆，吉。
汝則從，龜從，筮逆，卿士逆，庶民逆，作內吉，作外凶。
龜筮共違于人，用靜吉，用作凶。」

情況一：意見全然一致。
情況二：不是頭頭說了算。
情況三：首領與臣下的平等性。
情況四：政府與人民的平等性。
情況五：意見明顯二分，甚至烏龜與蓍草打架，只好審慎處理。內政部的事，可；外交部的事，凶。例：國內事務，可；兩岸事務，不可。
情況六：宜靜不宜動。態度用緩，謹慎觀察。

占星學既然是命理學的一支，所以「磁場論」與「統計學」理所當然是兩大基石，這兩者同時表現出占星學的玄學性格及科學因素，因此說「占星學是科學與玄學的雙生子。」而最後，德業皆備的占星諮商師也當然是一個不可或缺的重要元素。

四、心、氣、境、業、命運、與善惡

上一節談完命理學的基本原理，接著我們進一步分析一些命理學的相關觀念。

首先請看下面的「心氣境業圖」：

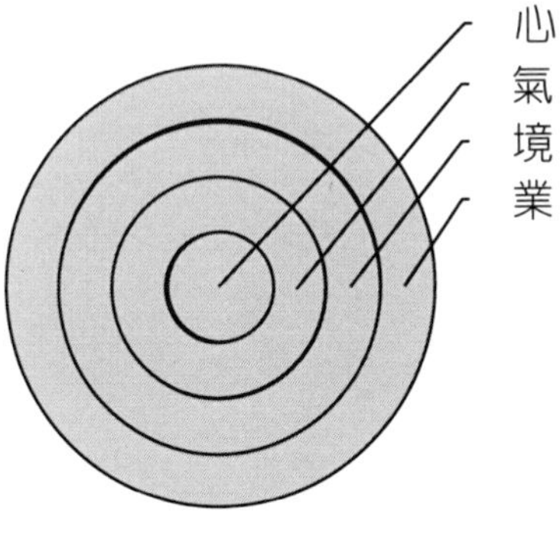

所謂「心」→指生命的「根源」→良知、佛性→問題在「隱顯」→超越因果
（同物異名）

所謂「氣」→指人生的「工具」→性情、性格→問題在「順逆」→前世之果
（中性、變化氣質）今世之因

→ 命（天命之謂性）：主體性

所謂「境」↘
指後天的「環境」↘ 別業↘ 分別在「善惡」↘ 果、因
所謂「業」↗ ↙ 共業↗ ↙ 果

→ 運（率性之謂道）：客觀化

所以通過上頁的「心氣境業圖」，我們可以了解一些約定俗成的觀念的真實內涵。首先，是「命」與「運」的真實意義：

命：包含「心」與「氣」兩個觀念。

所以「命」的含意，指由心性（天道）展現、落實成的**人格特質**、**生命型態**。

所謂性格決定命運，更準確的說法應該是「性格決定命局」。所以命是先天的。筆者覺得，占星學對「命」的分析的準確率高達95％以上。

運：包含「境」與「業」兩個觀念。

指先天的人格特質、生命型態發展下去的可能傾向。所以命決定運，命是因，運是果。所以運是

後天的。

筆者個人的經驗，占星學對「運」的分析的準確率如果有75％以上已經很了不起了，命理本身有其極限，基本上，可以算到「境」（別業、個人命運），但算到「業」（共業、集體命運）就開始模糊了。

除了「心」、「氣」、「境」、「業」、「命」、「運」等觀念外，進一步我們可以嘗試界定性「善」性「惡」及先天後天等等的問題。而順著「心氣境業圖」，可以整理出所謂的「人性三元論」。

人性三元論：

（一）心（性）——先天／善。孟子在這裡說性善。

（二）氣——先天／中性、可善可惡。宋明理學家說變化氣質。

（三）境、業——後天／順則為善、逆則為惡。荀子在這裡說性惡。

所以人性三元決定了人生善惡二途的可能性：

如果心性為主，氣質為用，氣為心役，無所執著，這是心的順成→成就善業；

如果心性陷落，氣質僵化，氣掩心性，執著沉落，這是心的逆向→淪為惡業。

請參看下面的「心氣圖」：

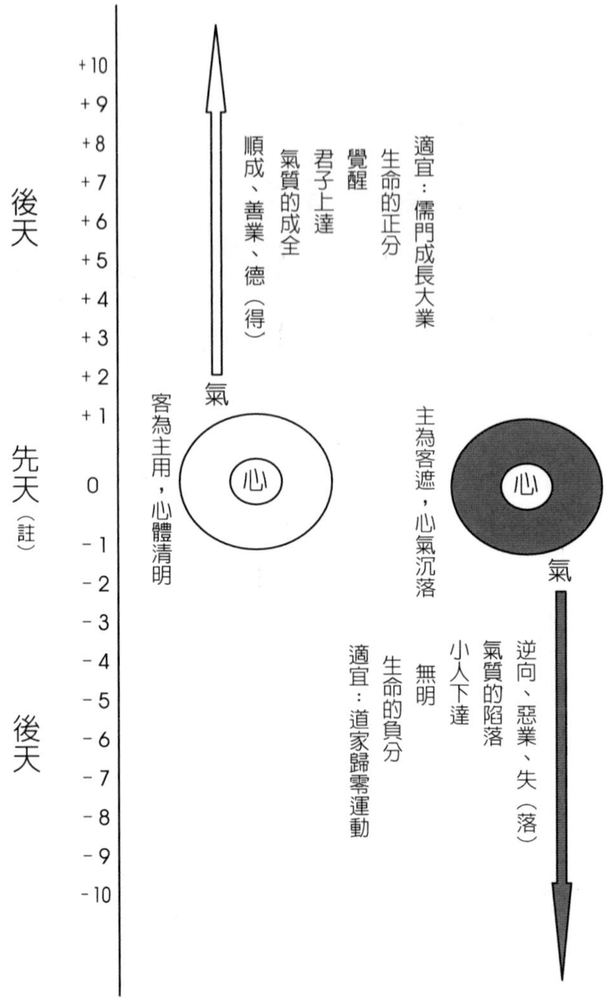

註：先天中性的「氣性」的例子，譬如：食色粗細冷熱陰陽動靜；論語的『六言六蔽』；十二星座等等都是。

所以，與「命」、「運」相關的性善性惡、先天後天、心性氣性、隱顯順逆、別業共業、上達下達、覺知無明種種觀念，通過上文的說明，你是不是可以得到一個清楚的理解呢？

那麼，在下節，我們來討論「命」「運」能不能改變的問題。

五、關於改命、轉運的一些看法

在這一小節，筆者嘗試談談一些關於改命、轉運的淺見。

運到底能不能轉？就看命能不能改，那，命到底能不能改呢？能！但絕不是一天兩天的功夫就可以辦到的。因為，改命的基礎在：修養。

而修身養性，用古代的語言，即所謂「復命」，而「復命」的前提及基礎在「知命」，也就是自我了解的生命工作。這正是命理及占星的特長。占星學最大的功能就在自我了解——人愈了解、愈掌握自己，生命的吸收力與拋擲力也就愈強，愈能納即愈能吐，靈性成長與發展的可能性也就愈大。而且了解自我生命的內部實情，也就愈不會出現「自己跟自己打架」、「自己跟自己過不去」的人生窘況。

更深入分析，命理學、占星學其實是能量層次的語言——解讀每一個生命不同能量運作的樣式與模型；但，生命能量的運轉、遷移、聚合、起伏、甚至發動，其實都是來自於心神的根源啊！所謂「相由心生」、「萬法心造」，從反面來說，一切生命的苦難都是自我懲罰，因為所有人生的悲劇其實都是由自己的心去導演的！因此，更深層的「知命」，便是學會連接自我生命系統的知識語言（知識層）＋能量語言（能量層）＋心靈語言（心神層），這即是命理學或占星學等自我了解工作的深層意義。

當然，了解了能量運轉與心靈語言的關係之後，便是復命修心的工作階段了。譬如西方的心理分析與治療；譬如奧修靜心技法的發洩負面能量與歸於中心；又譬如道教丹道派主張通過胎息法以養出道胎，也是為了清除一切從胎教開始的人為指令，好修成大羅金仙（意思即完全自由人格）……所以不管法門千萬，改命、轉運的終極目的都是為了靈性的全然解放與自由，而基礎即在自我了解的礎石上。改變自己的基礎在了解自己啊！這便是命理學、占星學的工作目標。

六、生命的三個機制

在本章的最後二節，筆者嘗試思考、分析一些關於占星學的深層意義及宏觀結構。

第一個要討論的，是出生星圖所隱含的三層生命機制。

每個人的出生星圖其實就是一張生命的藍圖或生命的曼陀羅，圖中直接展示了生命的群性機制及個性機制，也間接隱含了靈性機制的存在。關於生命的三層機制，請看下表的內容：

生命的三個機制		
靈性機制	**群性機制** 包括集體潛意識、輪迴的累世經驗、民族性、家風、團體性……等等。	**個性機制** 包括本能、個性、內在心理……等等。
頓法 直接回歸靈性、良知透現。	**漸教** 慢慢的面對、了解、分析、撫平、轉化、超越自我的群性及個性。 每個人的群性及個性是資源，也是限制；是特質，也是盲點；是凸顯，也是遮蔽。	

整體的生命成長

頓　學習觀照靈性 ⇩ ⇩ ⇩ ⇩

資源、特質、已知、己　兩面觀照的互動　限制、盲點、未知、人

漸　（1）生命成長的加法、凍雷驚筍欲抽芽（資源、特質、凸顯）⇙ 加法與

（2）生命成長的減法、吹盡浮雲天宇清（限制、盲點、遮蔽）⇘ 減法的互動

落實到占星學的具體內容，我們可以處處發現這三個機制存在的痕跡，譬如：

十星中，天海冥的性質接近「靈性機制」，木、土星的性質接近「群性機制」，日月水金火的性質接近「個性機制」。

在星座與宮位的元素中，愈接近前面的星座與宮位（白羊座及第一宮）愈傾向「個性機制」，中間過度到「群性機制」的星座與宮位，然後愈接近後面的星座與宮位（雙魚座及第十二宮）愈傾向「靈性機制」。

事實上，每一張星圖本身就是一個生命的曼陀羅，整張星圖表現的即是生命的終極靈性。

也就是說，學習占星學，不單要學習了解個性，同時要學習如何融入群性與人際關係的互動，更重要的，是通過星圖的分析嘗試喚醒生命深處的終極靈性。

七、陰陽中道觀

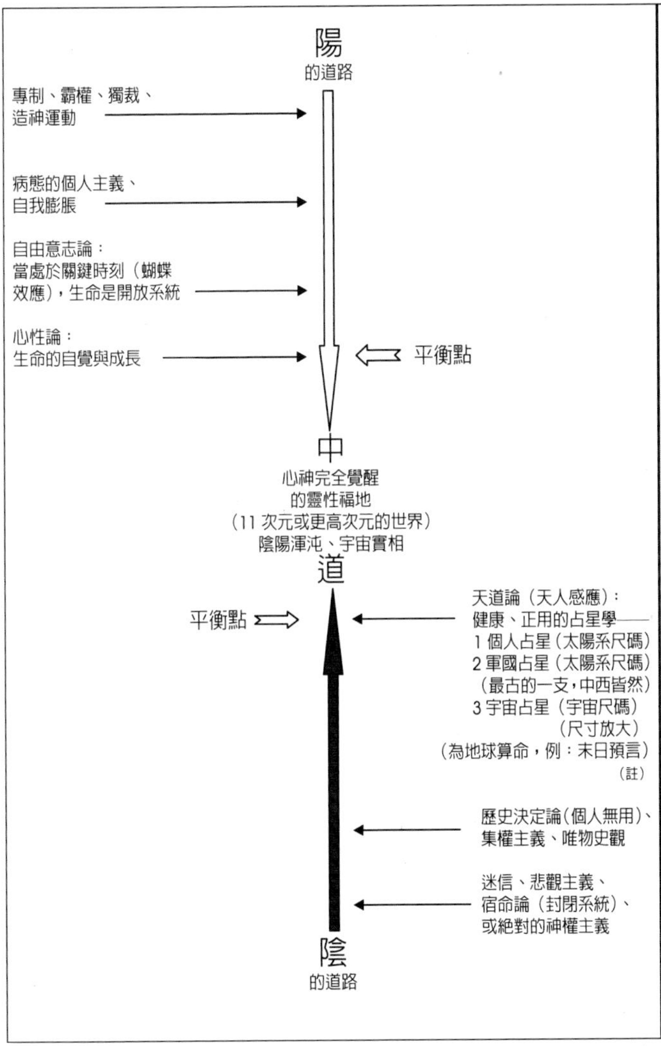

陰陽中道觀——個人覺醒與天道學習的互動與平衡，兼論占星學的定位

接下來談談「陰陽中道觀」。

在上頁「陰陽中道觀」的結構圖中，可以找到占星學的位置。

在整張結構圖中，可以清楚看到上「陽」下「陰」，中間則是終極靈性覺醒的「中道」。有人通過「陽」的道路、有人通過「陰」的道路去進入中道，這都是可以的，因為每個人的根器及方便法門不同。

在圖中，也可以看到「過陽」或「過陰」都會造成不同的毛病。陽的道路發展太過，會造成專制、獨裁、霸道、頑固、自我膨脹、病態的個人主義等等的扭曲人格；陰的道路發展太過，則會造成迷信、悲觀、宿命論、自我萎縮、病態的神權主義等等的錯誤路線。所以生命的成長不管是走陽的道路或陰的道路，都必須找到適當的平衡點，才可能接近而不是遠離中道世界。平衡、中庸、適當，是很重要的。

陽的道路是屬於「自力」的道路。所以陽的道路的平衡點的涵義是指心性的覺醒與成長，譬如禪坐、靜心、冥想、煉氣等等，都是屬於自力修行的心性（陽性）法門。

陰的道路是屬於「他力」的道路。所以陰的道路的平衡點是指適當利用他力、外力的幫助來達成自己的修行。當然，過度的依賴是迷信、軟弱，適度的借助則是謙虛、平衡。而健康、正用的占星學即是陰的道路的一個平衡點或一個平衡的工具。

總結的說，對「中道」而言，陽的平衡點是「心性論」，它的重點是心的覺醒；陰的平衡點是「天道論」，它的主題是天人感應。

在上圖中，陰的道路的平衡點，我們介紹了三支占星學。第一是「個人占星學」，這是太陽系尺碼的占星技術，也是目前最成熟、通行、準確的一支占星學，本書所介紹的正是這一支占星技法。第二是「軍國占星學」，這也是太陽系尺碼的占星技術，「軍國占星學」是歷史最久的占星技術，因為不管中外，預測「國之大事」都是人類族群最早、最迫切的需求。第三是「宇宙占星學」，這是恆星尺碼的占星技術，但筆者個人認為這是占星學中還沒發展成熟的一支，所以準確率也最低。更簡單的說，「個人占星學」是為一個人算命，「軍國占星學」是為一群人算命，而「宇宙占星學」是為地球算命。不管從準度或內涵來說，「個人占星學」都是最成熟、豐富的一支占星技術。在下一章，筆者即正式開始介紹這一個「平衡工具」的具體技術與內容。當然，必須從「十星三位理論」——占星學的四個基本元素——談起。

註：舉幾個近代關於「軍國占星學」的例子。

一、一九九六年一月→二〇〇三年——天王星離開魔羯座，進入本命寶瓶座。代表革新、變化、理想主義、人道倫常大亂、失序、顛覆的時代來臨。筆者也是差不多在這段時間學習數術、命理、占星。

二、一九九八年十一月↓二〇一二年——海王星進入寶瓶座。代表進入靈性開放與成長、與無意識溝通、博愛精神、洪水氾濫、社會倫常更迷亂的世代。

三、一九九九年八月十一日——出現六千年才出現一次的「宇宙大十字」星象（幾乎牽涉了所有的行星）。代表了強大的行星能量讓人覺醒、意識開放、現實重整、震驚、混亂、以及火山爆發、地震等等的事件。這一年即發生了台灣的九二一大地震。

四、一九九九年十二月三十一日——高度靈性的凱龍星與冥王星合相於射手座。象徵災難後的成長與開悟的可能、或代表毀滅後的療傷時期。

五、二〇〇〇年五月三日——土、木二十年一次的會合，及七星連珠在金牛座，並與天王、海王刑相於寶瓶座。代表毀滅與淨化、金融崩潰、大地震等事件。

六、二〇〇九年九月——土、天對相（衝突相）。代表保守與革新的衝突、或新舊政、經、社會制度的震盪與衝突。

跟著舉一個「天人感應」的例子——

在阿拉伯占星學中的「大陵五」是一顆凶星，約位於金牛座25度。（在天文學中大陵五其實是一顆雙星。）阿拉伯文Algol，意思即「妖魔之頭」。希特勒、伊朗已故什葉派教主柯梅尼、伊拉克的海珊的太陽都與大陵五合相。史達林的冥王星合相大陵五。毛澤東的火星對相大陵五。

最後舉一個「宇宙占星學」的例子——

一九八七年二月二十三日，在大麥哲倫星雲的邊緣發現了一顆藍色超新星，命名為「1987A超新星」。「1987A超新星」的特點是：這是自一六〇四年後第一次發現肉眼可見的超新星，而且天文學家從來不認為會找到藍色超新星，以往都只是找到紅巨星或白矮星。在「1987A超新星」被發現的同時，剛好有一群物理學家在日本神岡的地底深處研究「質子」的穩定度，就在當夜，地層深處的物理學家們的質子偵測器在一秒鐘內被激發了十一次！這是十七萬光年外的恆星爆炸所產生的「微中子」不但照亮了宇宙，甚至穿透地球的所有物質，連地層下的質子都受到衝擊！這個天文學的發現也印證了幾個古老的預言：一、美洲印地安人霍皮族是馬雅後裔的遠親，霍皮人流傳著一個古老的預言：「藍星出現即大淨化時期開始。」「遙遠的藍星轉瞬出現在人們眼前。」霍皮人認為大淨化時期開始：世界樹木開始枯死、寒地變熱、炎地變冷（溫室效應的氣候異常？）、陸地下沉、海中之地上升（全球性地層下陷及大西洋出現新島）。而且一九八七年也出現美蘇首次核子限武協議，這是不是也是大淨化時期預言的一部分？這個世紀末預言的淨化究竟會以何種方式進行？二、「1987A超新星」約爆炸在寶瓶座7度，也剛好符合了莎比恩占星學寶瓶座7度的寓言詩：「不斷從蛋殼孵出的嬰兒。」「宇宙之蛋孵出的嬰兒。」這個古老的星座度數究竟隱藏了怎麼樣的宇宙奧祕？

附錄：製作出生星圖的幾個注意事項

由於出生星圖是在占星技術中最最基本的配備，不管論「命」或推「運」，都必須根據出生星圖進行觀察及計算。當然，以當前電腦軟體的發達，取得出生星圖是非常簡便的，只要找到精良的占星軟體，然後輸入正確的出生資料，便可取得一張完整的出生星圖；而不需要像中世紀歐洲的占星師一樣必須花漫長的時間來進行星圖的繪製。但筆者的經驗，輸入星圖資料的過程中，有幾個小地方是特別容易出錯的，如此便影響到無法取得正確的星圖，連帶對整個生命的判讀都會失誤，真是毫釐之差、謬以千里。所以在討論「十星三位理論」之前，實在有先行交待製作出生星圖幾個小關鍵的需要：

一、輸入準確的出生時間

製作出生星圖需要準確的出生時間。與中國命理學只需要知道出生的「時辰」（兩個小時內）不同，占星學對出生時間的要求細微到「年、月、日、時、分」的時間單位，出生時間的誤差最好在十五分鐘內，三十分鐘以內勉強可以，如果超過三十分鐘，時間差愈大，首先宮位會愈不準確，跟著月亮的相位甚至星座都會開始模糊，那麼進一步會影響到後天的推「運」也無法精準了。所以製作出生星圖最好能輸入精準的「年、月、日、時、分」，如果只能知道出生日期的話，就只能觀察行星的星座而已，很多技術都無法派上用場了。

二、注意「日光節約時間」及「夏令時間」

台灣地區在過去為了節省電力，曾經實施「日光節約時間」及「夏令時間」，所以如果你的出生時間是在實施期間之內，那在輸入出生資料時，注意在「日光節約」或daylight欄中打勾，或者直接把出生時間減一小時，才能得到你的標準出生時間，然後才會鍵出一張正確的星圖。請參考下頁的台灣地區實施「日光節約時間」及「夏令時間」時程表。

台灣地區實施「日光節約時間」及「夏令時間」時程表

年份	實施項目	起迄日期
民國三十四年至四十年	夏令時間	五月一日至九月三十日
民國四十一年	日光節約時間	三月一日至十月三十一日
民國四十二年至四十三年	日光節約時間	四月一日至十月三十一日
民國四十四年至四十五年	日光節約時間	四月一日至九月三十日
民國四十六年至四十八年	夏令時間	四月一日至九月三十日
民國四十九年至五十年	夏令時間	六月一日至九月三十日
民國六十三年至六十四年	日光節約時間	四月一日至九月三十日
民國六十八年	日光節約時間	七月一日至九月三十日

重要城市經緯度表（有＊符號的是屬於西經W的城市）

城市	經度分	緯度分	城市	經度分	緯度分	城市	經度分	緯度分
台北市	121° 31	25° 03	花蓮市	120° 36	23° 58	京都	135° 45	35° 02
台北縣	121° 29	25° 00	台東市	120° 09	22° 48	大阪	135° 30	34° 40
基隆市	121° 44	25° 08	澎湖縣	119° 33	23° 34	漢城	127° 00	37° 30
宜蘭市	121° 45	24° 45	金門縣	118° 25	24° 30	吉隆坡	101° 40	02° 50
桃園市	121° 17	24° 59	馬祖縣	119° 53	26° 12	馬尼拉	120° 59	14° 36
新竹市	120° 57	24° 48	蘭嶼	121° 33	22° 25	西貢	106° 41	10° 47
新竹縣	120° 59	24° 46	綠島	121° 28	22° 35	雅加達	106° 45	06° 08
苗栗市	120° 48	24° 35	東引島	120° 32	26° 19	星加坡	103° 50	01° 20
台中市	120° 40	24° 10	瀋陽市	123° 36	41° 50	曼谷	100° 30	13° 44
台中縣	120° 43	24° 15	北京市	116° 25	39° 55	仰光	96° 10	16° 47
彰化市	120° 33	24° 05	武漢市	114° 19	30° 35	柏林	13° 25	52° 32
南投市	120° 42	23° 50	西安市	108° 54	34° 16	巴黎	02° 20	48° 52
雲林市	120° 32	23° 43	上海市	121° 25	31° 13	＊倫敦	00° 10	51° 30
嘉義市	120° 27	23° 29	南京市	118° 47	32° 03	＊紐約	74° 00	40° 43
台南市	120° 12	23° 00	廣州市	113° 16	23° 07	＊華盛頓	75° 01	38° 53
台南縣	120° 17	23° 08	重慶市	106° 34	29° 39	＊費城	75° 10	39° 57
高雄市	120° 17	22° 37	蘭州市	103° 45	36° 01	＊洛杉磯	118° 15	34° 04
高雄縣	120° 25	22° 42	香港	114° 12	22° 16	＊溫哥華	123° 06	49° 13
屏東市	120° 29	22° 41	東京	139° 45	35° 40	＊舊金山	122° 25	37° 47

三、輸入準確的出生地點的經緯度

跟著輸入你出生城市正確的經緯度。讀者可參考上頁的「重要城市經緯度表」。要注意的是，台灣的經緯度是「東經」及「北緯」，所以要輸入英文大寫E及N，如果不小心輸入成W（西經），則你的出生地就跑到地球的另一邊了，整張星圖也會顛倒過來。

四、輸入正確的出生地時區（Time Zone）

製作出生星圖，最後還要注意時區的問題。由於全球標準時間是以英國格林威治時間為準，所以英國算是「零時區」，而台灣、中國大陸、香港、菲律賓、星加坡等亞洲國家都屬於「東八區」。所以輸入時區欄時必須在「8．0」之前加一負號，即「-8．0」，才是正確的時區。請參考下面的「時區表」。

時區表

時區	地區	代碼
東九區	日本、韓國	-9・0
東八區	台灣、中國大陸、香港、菲律賓、星加坡	-8・0
東七區	泰國、越南、高棉、寮國、印尼	-7・0
東三區	俄羅斯	-3・0
東二區	東歐、南非、希臘、以色列、埃及	-2・0
東一區	西歐、德國、法國、義大利、西班牙	-1・0
零時區	英國	0
西五區	美國東岸、紐約、華盛頓、費城	5・0
西六區	美國中部、芝加哥	6・0
西七區	洛杉磯山區、亞利桑那	7・0
西八區	美國西岸、洛杉磯、舊金山、溫哥華	8・0

第二章

四大基本元素

——十星與三位

十星與三位是占星技術四個基本元素。

「十星三位說」，是占星學的基本法。

所有更複雜、更精深的占星技術，都是從這四個基本元素的綜錯關係發展出來的。因此，這是基本功，只要根基紮得好，即能對所有進階的學習提供很大的方便。

十星三位像占星學的紙、筆、墨、硯，通過這四個基本工具的交織運用，才能構寫出一篇一篇解讀星圖的美麗文章。

一、十星三位說

「十星」即日、月；水、金、火、木、土等五行行星；以及天王、海王、冥王等三王星；總共十顆行星。三位即星位（天盤十二宮）、宮位（地盤十二宮）及相位（星際角度）。

十星與三位是占星學四個重要的基本元素，幾乎所有的占星學理論與技術，都是從這四個基本元素的綜錯關係發展出來的。

十星是硬體。星位、宮位是軟體。相位是前三者之間的網路連線。

十星是天上架設好的十部發射器。星位、宮位是兩套宇宙密碼、生命磁波。相位是磁波、密碼彼此激發的複雜磁場。

十星代表人性中十個不同的層面。星位是先天的生命內容。宮位是後天的生命內容。相位是相互關係。

二、十星說

（一）十星說

這是占星學的第一個基本元素。

所謂「十星」，即日、月、水、金、火、木、土、天王、海王、冥王的十顆行星或星辰。

十星代表人性中的十個層面，也像天上架設好的十部發射器，通過這十部發射器將宇宙密碼灌注給每一個新生嬰兒。十星的設定分別涵蓋了內在與外在、ＩＱ與ＥＱ、理性與感性、擴張與收斂、精神與物質、革新與保守、意識與潛意識……等等的人性層面，可以說對人性奧祕作了一個全方位的檢視。下文的「十星表」及幾個「十星關係表」，分別把這個占星學元素的基本意義、符號、名稱、運行速度、相對性、神話象徵、深層意義、陰陽屬性、性格主題、靈魂方向……等等的問題作了一個詳盡而有系統的介紹，讀者可一一參閱及檢索。

如果能夠進一步結合「十星」與「星位」這兩個基本元素，知道自己十星的星座及其內涵，你就已經初步掌握了自己靈魂深處的「精神地圖」了。

十星表（註1）

♇	♆	♅	♄	♃	♂	♀	☿	ASC	☽	☉ 註3	**符號**
冥王星 Pluto （註12）	海王星 Neptune	天王星 Uranus （註11）	土星 （註10） Saturn 鎮星	木星 Jupiter 歲星	火星 （註9） Mars 熒惑	金星 （註8） Venus 太白、 長庚、 啓明	水星 Mercury 晨星	上昇 星座 1st H 第一宮、 命宮 （註7）	月亮 星座 moon 太陰	太陽 星座 sun 太陽	**行星 (註2)**
摧毀與新生、犯罪意識、激化的能量	潛意識、夢想、靈性、直觀	創造力、反傳統、自由、變化、革新	凶星、收斂性能量、噩運及導致噩運的行為模式、人生的逆勢	吉星、擴張性能量、好運及導致好運的行為模式、人生的順勢	性導向、物質性的愛、原始生命力	愛情導向、精神性的愛、理財態度	知性導向、思考模式、溝通能力、思維速度、IQ	外貌特徵、家世、給人的第一印象、自性能量40%	內在人格特質（註6）、母系能量、潛藏於內的情緒、潛意識、EQ 30%	外在人格特質、父系能量、主流人格30% （註4）	**意義 及運行**
15秒 248年 20年	24秒 164年 14年	42秒 84年 7年	2分1秒 29．5年 2．5年	4分59秒 12年 1年	31分27秒 1年325日 5週至2月	1度12分 225日 23、24日	1度23分 88日 14至18日		約13度 29．5日 2．5日	1度 1年 約30日 （註5）	
激情能量	夢想能量	革命能量	收斂能量	擴張能量	男性能量	女性能量	知性功能	生命的使命	生命的鏡子	生命的本源	**象徵**
死亡與復活神	巫師	革命者	宿命者	先知	戰神	愛神	信使	生命密碼	母性功能	父性功能	
冥府王黑地斯	海神波塞頓	智慧女神雅典娜	火黑神腓斯塔斯	天神朱比特	軍神馬斯	愛神維納斯	天使莫里斯		月亮女神阿緹密絲	太陽神阿波羅	

注釋：

1 十星，即十部天上的「發射器」——硬體。

天盤（星位）、地盤（宮位）即發射器傳送的人性「電波」——軟體。

2 占星學裡「行星」的意義與天文學不同，不是planet，而是wanderer——流浪者的意思，即流浪在黃道帶上的星辰。

3 十星符號的深層涵義：

◯ 指精神生命、靈性世界。

・＋ 指物質生命、現實世界。

）精神、物質的介質：氣。

☉物質自我擴展至精神自我。

☽氣、能量多變的流動。

☿物質生命結合精神生命傳輸出能量訊息。

♀精神生命在物質生命之上。

♂原符號是＋◯，物質生命在精神生命之上。

♃物質生命的氣往上超越（形而上）。

♄物質生命的氣往下落實（形而下）。

♅物質生命結合精神生命向上發展。

♆物質生命刺穿能量，代表傷害與犧牲。

♇氣、能量介於物質與精神之間，代表生死天人的擺盪。

4 這是一個自我評量的簡法——「三分說」：太陽星座（外在人格）、月亮星座（內在人格）、上昇星座（自我人格）各佔人格成分的比例約為30％、30％、及40％。

5 這三個數字的涵義是：

該星辰一天運行黃道帶的度數（黃道共360度），

該星辰運行黃道所需要的時間（黃道共十二星座），

該星辰運行一個星座所需要的時間。

6 占星學的學習者可以特別注意「日月相位」的協調性——協調與否代表內在人格的協調度或焦慮感。日月相諧的人混身散發著柔和的生命輝光。

協調性最主要看相位及星座內容。（例：妻子與爸爸。）

7 占星學十二宮中的一、四、七、十宮是四個「分水嶺」的宮位，意義如下：

第一宮：又稱命宮，始於東昇點，主題是「志氣」，象徵生命的內在使命與潛能。

第四宮：又稱家庭宮，始於天底，主題是「夥伴」，象徵生命養成的過程。

第七宮：又稱婚姻宮，始於西沒點，主題是「穩定」，象徵人際關係的拓展。

第十宮：又稱事業宮，始於天頂，主題是「目標」，象徵人間的勢力及目標。

8 有說日（外在人格）月（內在人格）水（知性人格）金（愛情人格）是一個人的性格及人格特質構成的主要因素。

9 從火星聯想到善惡曜的說法：

善曜：木、金。

惡曜：火、土、海、冥。
中性：日、月、水、天。
從善惡吉凶的角度，十星各有不同的主題——
木：最吉。萬事順遂，逢凶化吉。
金：吉。與藝術、男女、休閒、享樂、婚姻的機遇有關。
火：勞累、衝突、血光、意外等突發性的災禍。類似紫微斗數中的「擎羊」星。
土：挫折、延誤、負擔、窒礙等拖延性的災禍。類似紫微斗數中的「陀羅」星。
海：煩惱、受騙、受辱、陷害等厄運。
冥：生離死別、遺棄、解雇、棄家等厄運。
日：主題是「主見」。
月：主題是「浮動」。
水：主題是「知性」。
天：主題是「不測」。

10 土星的「惡」在與許多星辰都處於「對立面」：
土 vs 木：收斂性 vs 擴張性。
土 vs 金：勤奮 vs 享樂。
土 vs 天王：堅持傳統 vs 反叛傳統。
土 vs 海王：絕對現實 vs 脫離現實。

土vs日：沉實vs明亮。

土vs月：穩定vs浮動。

11 關於三王星（天王、海王、冥王）的影響力有二派說法：

一、影響力弱，因為距離地球太遠。

二、影響力強，因為三王星的軌道長，所以能量的影響力持久。

本書採用後者的說法，而且三王星的能量會影響到人的潛意識層面。

12 三王星對「軍國占星學」及「個人靈性意識」的影響甚鉅。有一說法：當三王星運行到天宮圖高位時——從天蠍到雙魚，是文明創造力最強的時候。

一個人的主星如果是天王星：宜自由業。

一個人的主星如果是海王星：適合宗教、藝術路線。

一個人的主星如果是冥王星：可以從事犯罪心理學家、典獄長、刑警、病人心理醫師、靈修者或槍擊要犯。

進一步分析深層意義：

天王星掌管生命中的獨立意識、變易性、爆炸的創造力。

海王星掌管生命中的合一意識、模糊性、澎湃的感性與想像力。

冥王星掌管生命中的毀滅（淨化）意識、雙面性、及深刻的洗滌。

（二）十星關係論

接著詳細說明十星之間的「關係」。

通過十星關係的對比，可以幫助我們更了解十星所代表的人性層面的深層意涵。

在「十星關係表一」裡，將十星分成三組——性格星、社會星、及宇宙星。分別代表一個人的個性、群性、及神性，或許說代表一個人的個體意識、社會意識、及宇宙意識。如果能夠充分掌握自己十星的星座及其內涵，即能一窺每個生命內涵豐富的層次感。

當然，在個體意識、社會意識、及宇宙意識之上，還有更終極層級的覺性意識。覺性意識是在了解自我、觀照自我這個「大遊戲」中的最終訓練目標，前三種意識是「被觀照物」，後一種意識則是「觀照的本體」。

在「十星關係表二」裡，則將十星的陰性陽性、高階低階、同質異質的關係做了一次整理。原來，不只十二星座分陰陽，十星也有不同陰陽屬性的差別。

十星關係表一

外行行星		內行行星
宇宙星 宇宙緣	社會星 社會緣	性格星 個人緣
共業		別業
天海冥	木土	日月 水金火
命運左右性格		性格決定命運
無相難知的宇宙磁場	較抽象的社會氛圍	個人較能感知的命運

相位上：宇宙星＞社會星＞性格星

十星關係表二

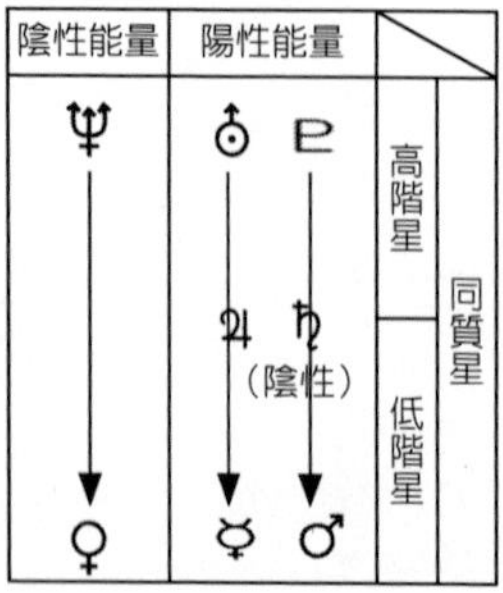

相位上：同系統高低階星形成相位，力量超強。

高階星＞同質星

「十星關係表三」則更複雜的將日月、水金火、木土、天海冥、土冥、天海等各組星辰的涵義，作了更精細的區分。

十星關係表三

符號	星	陰陽	涵義	執著	吉凶	占星學
☉	日	陽	父性靈魂、外在		中	潛能占星學
☽	月	陰	母性靈魂、內在		中	
☿	水	陽	求真、思想力量、立言		中	
♀	金	陰	求美、愛的力量、立德		吉	
♂	火	陽	求善、事功力量、立功		凶	
♃	木	陽	生命中的擴張能量、順、吉		吉	社會占星學
♄	土	陰	生命中的收斂能量、逆、凶	執著星 世間星 （想控制）	凶	
♇	冥王	陽	力量系統：掌管精神醫學、政治、商業 毀滅重生星 例：宗教中的慈善行動		凶	心靈占星學
♆	海王	陰	感應系統：掌管藝術、宗教、化學＊ 夢想星 例：宗教中的玄祕修行	不執著星 非世間星 （不負責）	凶	
♅	天王	陽	心智、知性系統：掌管科學、哲學、神學 革命星 例：宗教中的理論研究		中	

＊醫學是「海」與「土」的結合，不屬於「天」，化學也不是。

（三）從其他的角度看十星

從「無常」的角度看十星。

十星無常表

十星的堅持	十星的無常
太陽的堅持：自我	自我意志的堅持約一個月。
月亮的堅持：情緒	一種情緒約兩、三天。
水星的堅持：想法	想法十來日會變。
金星的堅持：愛情	不到一個月。
火星的堅持：性衝動	性能量的漲落約二個月。
木星的堅持：教育方向	個人一年，大潮流十二年。
土星的堅持：政商潮流	一種潮流約二、三年。
天王的堅持：哲理	一個理念約能維持七、八年。
海王的堅持：修行法門	十四年沒修成？必須變。
冥王的堅持：生命蛻變	人生約每二十年一大變。

占星學對「保護星」的推測。

保護星表

保護星	星座	備註
☉	保護 ♌	
☽	保護 ♋	
☿	保護 ♊ ♍	水星與處女座不全合，水星較easy。處女座與醫藥有關。處女座會完美主義，水星不會。
奇龍或super Pluto	保護 ♍	醫藥占星學不完備的原因。6H或處女座強的人，大多注重保健，但通常健康都不太好。
♀	保護 ♉ ♎	金星與天秤座也不全合，金星偏重美、感官舒適，天秤座偏重人際和諧。
火木之間	保護 ♎	
♂	保護 ♈ ♏	
♃	保護 ♐ ♓	
♄	保護 ♑ ♒	
♅	保護 ♒	
♆	保護 ♓	
♇	保護 ♏	

三、星位、十二星座、天盤十二宮

（一）十二星座表

*上下關係：Learn and Share 小大關係 內聖外王（錯卦）

※左右關係：Yang and Yin 陰陽關係（錯卦）鏡像原理

#1→6：輪迴、成長之旅（綜卦）

天盤十二宮

1	春分 321→420（註釋1）	♈（註釋2）白羊Ari 戌宮 火星 主頭面（註釋3）	陽（yang）學習性（Learn） 領導 火象（註釋4）	*自我認同「我是」「I am」	※開創力、冒險、接受挑戰vs自私自利	#「生命」青春之星	認同
1	穀雨 420→521	♉金牛Tau 酉宮 金星 主喉脛	陰（yin）學習性（Learn） 組織 土象	*物質（表層）「我有」「I have」	※親和力、擁有、性格穩定vs貪求物慾	#「資源」紀律之星	感官
2	小滿 521→621	♊雙子Gem 申宮 水星 主肺手肩	陽（yang）學習性（Learn） 溝通 風象	*資訊理性「我思」「I think」	※表達力、性格多變vs膚淺輕浮	#「溝通」機智之星	知識
2	夏至 621→723	♋巨蟹Can 未宮 月亮 主胸乳胃	陰（yin）學習性（Learn） 領導 水象	*家庭關係「我感覺」「I feel」	※感受力、保護、養育vs過敏焦慮	#「家庭」敏感之星	保護
3	大暑 723→823	♌獅子Leo 午宮 太陽 主心	陽（yang）學習性（Learn） 組織 火象	*個體表現「我要」「I will」	※影響力、熱情vs自大專制	#「創造」領袖之星	創造
3	處暑 823→923	♍處女Vir 巳宮 水星 主腸膜	陰（yin）學習性（Learn） 溝通 土象	*精細、分別「我分析」「I analize」	※分析力、精緻、識別vs瑣碎嚴苛	#「服務」完美之星	完美
4	秋分 924→1023	♎天平Lib 辰宮 金星 主腎背	陽（yang）分享性（Share）領導 風象	*人我認同「我協調」「I balance」	※合作力、平衡、美感vs搖擺圓滑	#「合作」平衡之星	
4	霜降 1023→1122	♏天蠍Sco 卯宮 火、冥 主生殖	陰（yin）分享性（Share） 組織 水象	*激情（深層）「我渴望」「I desire」	※透視力、深邃vs悲憤嫉妒	#「治療」神祕之星	
5	小雪 1122→1222	♐射手Sag 寅宮 木星 主腿股	陽（yang）分享性（Share）溝通 火象	*宇宙洞見「我了解」「I understand」	※直覺力、正直、爽朗vs急躁大意	#「哲理」直覺之星	
5	冬至 1222→120	♑魔羯Cap 丑宮 土星 主骨	陰（yin）分享性（Share） 領導 土象	*社會制度「我使用」「I use」	※支配力、性格現實vs深沉利害	#「成功」堅忍之星	
6	大寒 120→219	♒水瓶Aqu 子宮 土、天 主血、脛	陽（yang）分享性（Share）組織 風象	*群體能量「我愛」「I love」	※博愛力、利他、理想vs叛逆疏離	#「博愛」自由之星	
6	雨水 219→321	♓雙魚Pis 亥宮 木、海 主足	陰（yin）分享性（Share） 溝通 水象	*了解、共鳴「我相信」「I believe」	※悲憫力、同情、宗教性vs濫情軟弱	#「解脫」浪漫之星	

注釋：

1 天盤十二宮（十二星座）的分界應以每年萬年曆為準。

2 ♈ 羊頭

♉ 牛頭

♊ 兩個並排站著的人

♋ 母親的乳房或抱著嬰兒的手

♌ 獅子尾巴

♍ 少女高聳的髮髻

♎ 秤

♏ 有尾刺的蠍子

♐ 射出的箭

♑ 山羊頭（強者形象）加上魚尾巴（柔弱的心）的怪物

♒ 寶瓶女神的水

♓ 兩條同圓心的魚：兩條相反方向的魚，一條游向天國，一條游向人間。

☯，陰陽魚合抱太極圖。

3 「天人感應」說兩例：

例一　月亮運行到該星座，最好不要動該星座所管轄的人體部位的手術。

例二　月亮運行到陽性（陰性）星座，當日受孕生男（女）孩。

4 四象星座

火象：性格熱情但易怒的氣質。缺乏火象星座的人缺乏衝勁。熱＋乾fire

土象：感官敏銳但憂鬱的氣質。缺乏土象星座的人缺乏穩定。冷＋乾earth
風象：充滿智慧而快活的氣質。缺乏風象星座的人缺乏想像。熱＋濕air
水象：直覺準確而夢想的氣質。缺乏水象星座的人缺乏感性。冷＋濕water

（二）陽性（Yang）星座與陰性（Yin）星座的二分法

陰：形而下、物質性、具象的、技術的、不斷凝聚的力量、收斂性、反力……

例：黑暗、理性、陰性星座、左腦、政府、月、母性原則、審慎、被動……

陽：形而上、精神性、抽象的、原理的、不斷創生的力量、發揮性、正力……

例：光明、感性、陽性星座、右腦、憲法、日、父性原則、勇敢、主動……

六個陽性星座即六個單數星座，包括白羊、雙子、獅子、天平、射手、水瓶六個星座。

六個陰性星座即六個雙數星座，包括金牛、巨蟹、處女、天蠍、魔羯、雙魚六個星座。

更深刻的，是從上表，可以看出一陽一陰兩個星座一組，同組的陰陽星座互為彼此的鏡像，稱為「鏡像原理」，十二星座總共六組鏡像，譬如：

白羊座是金牛座的陽性星座（白羊座的顯性剛好是金牛座的隱性，而金牛座的強項則剛好是白羊座的弱項），相對的金牛座是白羊座的陰性星座，如此類推……

（三）學習性（Learn）星座與分享性（Share）星座的二分法

這是一個比較少人提到的分類方法。

學習性星座的主題是「學習」，強調「自愛」的重要性，這個族群會把焦點與能量集中在自我的學習上，學習性星座太多的人優點在專注，缺點是容易流於自私與封閉。

分享性星座的主題是「分享」，強調「他愛」的重要性，這個族群會把焦點與能量集中在與人的分享上，分享性星座太多的人優點是慷慨，缺點是容易流於太愛強出頭、太好管閒事與不紮實。

六個學習性星座即前六個星座，包括白羊、金牛、雙子、巨蟹、獅子、處女六個星座。

六個分享性星座即後六個星座，包括天平、天蠍、射手、魔羯、水瓶、雙魚六個星座。

（四）領導者性格、組織者性格與溝通者性格的三分法

十二星座又可以進一步分類成三種性向。

十二星座中包括白羊、巨蟹、天平、魔羯四個星座屬於領導者性格的星座。[1]

---

[1] 另外一個說法，據統計：最具領袖氣質的星座是巨蟹、天蠍、處女、魔羯；其次為白羊、金牛。最不具領袖氣質的星座是雙魚、水瓶。

一個人的本命星圖的「十星」如果擁有很多領導者性格的星座，表示當事人有很強的領導能力，但性格也比較專斷；相反的，如果欠缺這四種星座，則表示缺乏領導能力。進一步細分，這四個星座代表四種不同的領導風格——

火車頭型的老闆、家長式的老闆、善於協調的老闆、嚴肅型的老闆。

十二星座中包括金牛、獅子、天蠍、水瓶四個星座屬於組織者性格的星座。

一個人的本命星圖的「十星」如果擁有很多組織者性格的星座，表示當事人有很強的組織能力，但性格會比較固執；相反的，如果欠缺這四種星座，則表示缺乏組織能力。進一步細分，這四個星座代表四種不同的組織能力——

擅於組織規章、擅於組織人事、深刻的組織手法、靈活多元的組織風格。

十二星座中包括雙子、處女、射手、雙魚四個星座屬於溝通者性格的星座。

一個人的本命星圖的「十星」如果擁有很多溝通者性格的星座，表示當事人有很強的溝通能力，但自我會相對荏弱；相反的，如果欠缺這四種星座，則表示缺乏溝通能力。進一步細分，這四個星座代表四種不同的溝通風格——

能言善道式的溝通、縝密細心的溝通、理論性的溝通、心靈及情感的溝通。

（五）火象星座（fire）、土象星座（earth）、風象星座（air）、與水象星座（water）的四分法

這是一個在占星學中廣為人知的分類法。

火象星座包括白羊、獅子、與射手三個星座。

火象星座性格熱情但易怒，缺乏火象星座的人容易缺乏衝勁。

土象星座包括金牛、處女、與摩羯三個星座。

土象星座感官敏銳但憂鬱，缺乏土象星座的人容易缺乏穩定性。

風象星座包括雙子、天平、與水瓶三個星座。

風象星座充滿智慧而快活，缺乏風象星座的人容易缺乏想像力。

水象星座包括巨蟹、天蠍、與雙魚三個星座。

水象星座直覺準確而夢幻，缺乏水象星座的人容易缺乏感性。

事實上，這個四分法是從第一個二分法（陰陽）延伸出來的，因為：

陽性星座就是六個火象星座與風象星座。

陰性星座就是六個土象星座與水象星座。

所以火、土、風、水的四象星座等於是陰性能量與陽性能量進一步的精細描述。

（六）左右關係、陰陽關係、鏡像關係的六組命題

白羊座是金牛座的陽性星座，金牛座是白羊座的陰性星座。

白羊與金牛組合的生命命題是「衝動與穩重」。

白羊座的優點是富開創力、冒險犯難、喜歡接受挑戰，相對於金牛座的優點是親和力強、懂得擁有、性格安祥穩定；另一面，白羊座的缺點是容易自私自利，相對於金牛座的缺點是容易貪求物慾。

白羊座火車頭型的性格相對於金牛座像一個慢條斯理的美食品嘗家，但衝動者與穩重者都會在對方身上看到既陌生、遙遠、又隱約讓心靈悸動的另一個自己。

這是一對火與土的組合。你的性格天秤會沉向哪一邊？

雙子座是巨蟹座的陽性星座，巨蟹座是雙子座的陰性星座。

雙子與巨蟹組合的生命命題是「外顯的聰明與內斂的聰明」。

雙子座的優點是表達力強、性格靈活多變，相對於巨蟹座的優點是感受力強、擅於照顧他人；另

一面，雙子座的缺點是容易膚淺輕浮，相對於巨蟹座的缺點是容易過敏焦慮。

雙子座是十二星座中出名的聰明人，但雙子座的聰明稱為「外顯的聰明」，意思說雙子座喜歡炫耀他的才華，最好讓每一個人都知道他的聰明；相對的巨蟹座的聰明是「內斂的聰明」，觀察力特別敏銳的蟹族們會默默收斂他的聰明與細心，甚至連枕邊人都不見得了解他（或她）的聰明敏感。所以對聰明才智，雙子與巨蟹分別採取了炫耀與壓抑的不同策略。

這是一對風與水的組合。你擁有哪一種聰明的傾向？

獅子座是處女座的陽性星座，處女座是獅子座的陰性星座。

獅子與處女組合的生命命題是「熱情與冷靜」。

獅子座的優點是對他人有很強的影響力、性格熱情慷慨，相對於處女座的優點是對事情有很強的分析力、性格冷靜精細；另一面，獅子座的缺點是容易自大專制，相對於處女座的缺點是容易瑣碎嚴苛。

熱情與冷靜永遠是一對既排斥又吸引的神祕的人格命題，它們既是敵人，又是戀人；但這樣的戰爭或戀愛場合不只會發生在不同的人之間，更常常會發生在同一個人的生命內在。生命往往處在熱情力與冷靜力天秤起伏升沉的狀態之中。

這是一對火與土的組合。你生命的法碼會經常放在天秤的哪一頭？

天平座是天蠍座的陽性星座，天蠍座是天平座的陰性星座。

天平與天蠍組合的生命命題是「人生的廣度與生命的深度」。

天平座的優點是在人群中有很強的合作力、重視處理事情的平衡及美感，相對於天蠍座的優點是對事情有很強的透視力、善於捉到事情的關鍵及深度；另一面，天平座的缺點是容易搖擺圓滑，相對於天蠍座的缺點是容易悲憤嫉妒。

天平與天蠍這一對組合很特別，天平善於擺平、協調各個人生的面相，天蠍長於挖掘種種生命的縱深；一個能夠照顧「面」的廣度，一個懂得穿透「點」的深度；天平座能夠充當長袖善舞的外交家與協調者，天蠍座可以勝任犀利準確的治療師與直覺者。性格傾向處理「人生的廣度」或「生命的深度」會影響到一個人的人生觀、價值觀及做事情的方式及態度，有人天生兩種能力兼具，有人只擇其一，搞清楚自己的生命能量適合放在「廣」或「深」哪一邊的天秤上是很重要的一點自我了解的工作，自己究竟是一個「寬廣者」還是「深刻者」？

這是一對風與水的組合。你喜歡寬廣還是深刻？

射手座是摩羯座的陽性星座，摩羯座是射手座的陰性星座。

射手與魔羯組合的生命命題是「天上與人間」或「理想與現實」。

射手座的優點是直覺力強、性格正直爽朗，相對於摩羯座的優點是支配力強、性格紮實深沉；另一面，射手座的缺點是容易急躁大意，相對於摩羯座的缺點是容易陰險利害。

十二星座的第五個陰陽命題是一個既老生常談又真實深刻的人生命題——「天上與人間」或「理想與現實」的對話。射手座是十二星座中天生的哲學家，他們容易注目天上的學問，深富理想性格，極重視公平、正義、哲學、法律的重要性；相對於魔羯座在占星學的象徵符號是人間的國王，他們擅長處理人間的事務，性格務實能幹，極看重效率、功利、政治、經濟的必需性。「理想與現實」是一個怎麼談都談不完的人生議題，理想的說法是兩者並重，但怎麼個並重法？每個人理當有不同的身姿。究竟是腳踏實地、仰首觀天？還是身處天上、俯視人間？檢查一下自己面對理想與現實的真正態度罷。

這是一對火與土的組合。檢視一下，你比較是一個理想者或是現實者？

水瓶座是雙魚座的陽性星座，雙魚座是水瓶座的陰性星座。

水瓶與雙魚組合的生命命題是「大我與無我」、「博愛與深情」、「文化與宗教」。

水瓶座的優點是充滿博愛精神、利他主義、及理想性格，相對於雙魚座的優點是充滿悲憫情懷、浪漫主義、及宗教性格；另一面，水瓶座的缺點是容易叛逆疏離，相對於雙魚座的缺點是容易濫情軟弱。

十二星座的最後一個陰陽命題是一個比較深刻與複雜的命題。由於水瓶與雙魚是十二星座中的最後兩個星座，生命的方向自然朝向「超越性」一面發展。如果說水瓶座充滿「大我」的無私，雙魚座則進一步蛻變成「無我」的境界；大我者儘管心胸寬廣，但大我情懷還可能是「自我」的推擴與延伸；無我者則進一步連「自我」都不見了，自我與真理、他人、他物進入融合無間的一體性經驗。水瓶座充滿博愛的心懷，汎愛眾生；雙魚座則對真理、理想、愛人深情不二。水瓶座的愛是一份指向人間、文化的愛，所以這樣的愛不會忘記對現實的考量；雙魚座的愛則是屬於宗教、非人間的愛，因此雙魚座的愛傾向理想性格。完全符合陰陽互補的鏡像原理，水瓶座會從雙魚座那裡學到一份心靈的純淨專注，雙魚座則會很羨慕水瓶座擁有一份他自己所缺乏的靈活機智。但奇怪的是，人間的水瓶性格樂觀，相反的天上的雙魚容易悲情；也許因為水瓶座充分享受他的現世生活，而洋溢天上情懷的雙魚座來到人間總是有著一份格格不入。這是一對靈性成長不同方向的性格組合。

這也是一對風與水的組合。你性格中有著大我或無我的生命成份嗎？你是一個博愛者還是深情者呢？

（七）上下關係、小大關係的六組命題

白羊與天平是「自我認同與人我認同」的小大關係。

這一組的命題是「認同」的由小而大。

白羊座是學習性星座（Learn），天平座是分享性星座（Share）。

同樣是陽性星座，這是火與風的組合。這是一組推擴的關係。

白羊座的關鍵語是**「我是」「I am」**，凸顯出這個星座的重點在自我需求的認同、強調、及滿足上。

天平座的關鍵語是**「我協調」「I balance」**，凸顯出這個星座的重點在重視人際關係的溝通與協調。

金牛與天蠍是「擁有物質表層與穿透激情深層」的小大關係。

這一組的命題是「感受」的由小而大。

金牛座是學習性星座（Learn），天蠍座是分享性星座（Share）。

同樣是陰性星座，這是土與水的組合。這是一組深化的關係。

金牛座的關鍵語是「我有」「I have」，凸顯出這個星座的重點在擁有物質及敏銳的感官能力。

天蠍座的關鍵語是「我渴望」「I desire」，凸顯出這個星座的重點在需求激情及敏銳的透視能力。

雙子與射手是「淺層知識（理性資訊）與深層知識（宇宙洞見）」的小大關係。

這一組的命題是「知識」的由小而大。

雙子座是學習性星座（Learn），射手座是分享性星座（Share）。

同樣是陽性星座，這是風與火的組合。這是一組深化的關係。

雙子座的關鍵語是「我思」「I think」，凸顯出這個星座的重點在知識、資訊、記憶性心智、相對性思考。

射手座的關鍵語是「我了解」「I understand」，凸顯出這個星座的重點在哲理、研究、思考性心智、絕對性思考。

巨蟹與摩羯是「家庭關係與社會制度」的小大關係。

這一組的命題是「保護」的由小而大。

巨蟹座是學習性星座（Learn），摩羯座是分享性星座（Share）。

同樣是陰性星座，這是水與土的組合。這是一組擴大的關係。

巨蟹座的關鍵語是「我感覺」「I feel」，凸顯出這個星座的重點在家庭感情與關係。

摩羯座的關鍵語是「我使用」「I use」，凸顯出這個星座的重點在社會制度與效率。

獅子與水瓶是「小我能量（個性）與大我能量（群性）」的小大關係。

這一組的命題是「創造」的由小而大。

獅子座是學習性星座（Learn），水瓶座是分享性星座（Share）。

同樣是陽性星座，這是火與風的組合。這是一組推擴的關係。

獅子座的關鍵語是「我要」「I will」，凸顯出這個星座的重點在自我意志。

水瓶座的關鍵語是「我愛」「I love」，凸顯出這個星座的重點在博愛精神。

處女與雙魚是「人間事務與天上事務」或「現實的完美主義與理想的完美主義」的小大關係。這一組的命題是「完美」的由小而大。

處女座是學習性星座（Learn），雙魚座是分享性星座（Share）。

同樣是陰性星座，這是土與水的組合。這是一組深化的關係。

處女座的關鍵語是「**我分析**」「**I analize**」，凸顯出這個星座的重點在冷靜、精細、嚴格的個性。

雙魚座的關鍵語是「**我相信**」「**I believe**」，凸顯出這個星座的重點在深情、純淨、奉獻的情懷。

（八）成長、輪迴之旅

『**生命**』的誕生↓開始碰觸種種現實的『**資源**』↓慢慢的學習種種『**溝通**』的能力↓第一個溝通的場域當然是『**家庭**』↓生命在家庭茁壯成長，一一喚醒及學習種種『**創造**』的能量↓從成長階段跨入社會階段，開始提供對人群的『**服務**』與他愛↓在服務、做事的過程中遇到挫折、困難，慢慢懂得與他人『**合作**』的必需性，也開始真正覺察到他人的存在↓在與他人真實相處的過程中，逐漸了解到人性中真實存在的痛苦面與黑暗面，也慢慢訓練出幫助他人、『**治療**』他人的能力↓從治療、幫助他人的經驗中累積出自己對人生深刻的看法及『**哲學**』↓形而上、形而下兩方面經驗的長時間累積，讓人生漸漸步入『**成功**』的階段→在成功的現實基礎上，變得更有能力去推擴『**博愛**』的生命能量→最後人生晚年，放下一切成敗得失，心靈慢慢進入『**解脫**』的靈性之旅……

（九）十二星座的相愛、自省與理想之道

接著，在下文，筆者將一一介紹愛護十二星座的能量途徑、十二星座如何愛世界的相反途徑、以及十二星座的理想、與十二星座小孩的不同個性等等議題。等於是十二星座面面觀，通過不同的視角去探究這十二種不同的生命能量的型態。首先，先行交代幾點基本的說明：

一、通過閱讀「愛十二星座的方法」來檢討、反思我們過去的人際關係。我們曾經多少次正確的待人、助人？又曾經多少次錯誤的待人、助人？多少朋友得過我們真正的幫助？又有多少朋友曾因我們錯誤的幫助方式而受到傷害？也就是說，真正的對人好，是必須用對的方法，用「對方」的方法，而不是用「我們」自以為是的方法。

二、十二星座的內涵都是人格類型的「中性描述」，並不牽涉對與錯、好與壞、應該或不應該的問題。但人生其實有絕對的對錯、好壞、應該不應該的時候，這話怎麼說呢？就是當我們隨順他人生命的本質去愛人、待人、助人時，這是「對、好、應該」的；相反，如果我們違逆他人生命的本質去愛人（強迫他）、待人（要求他）、助人（干擾他）時，這是「錯、壞、

不應該」的。譬如，我們不能要求一個日、月都在陽性星座的人細心謹慎、有條不紊，這是不應該的；同理，我們也不能要求一個日、月都在陰性星座的人神經大條、熱情進取，這也是不應該的。所以尊重、跟隨生命本質者，善；而破壞、違逆生命本質者，即惡。

三、所以對一個教師、輔導員、助人者來說，「愛十二星座的方法」是一個很好的參考座標，這正是孔子所說「因材施教」的意思。生命的箭矢不只要射中自己（自我反省），也要懂得射中他人（了解對方的主體性）。

四、反向的，找到自己的「強勢星座」之後，再通過「愛十二星座的方法」的軟體，可以開始反思、檢查自己過去的生命歷史曾經接受過多少正確的愛及相待，又曾經承受過多少錯誤的愛及傷害。如果錯誤的能量多於正確的能量，或許我們可以藉此尋找到生命受傷的關鍵及根源，進一步走上生命治療之旅。

五、接著，通過「十二星座愛世界的方法」的軟體，我們可以藉此反省與他人互動的「自我狀態」是否有所偏差？自己的「生活態度」又是否應該有所調整？同時是否了解自己的優點與短處？「十二星座愛世界的方法」提供一套自省、反思的自評座標。

六、接下來的「十二星座的生命理想」，幫助我們檢查在每天的生活裡，我們做了多少事與生命的理想有關？又做了多少事與生命的理想無關？我們靠自己的理想有多近？或者偏離了有多遠？理想是我們人生的主題嗎？還是是我們塵封許久的黑暗心事？其實，理想並不遙遠，端看我們有否放棄，而生命如果缺乏了理想的本質，人生的前路勢將黯然無光。

七、最後的「十二星座小孩」幫助我們了解我們的孩子，學習聆聽在小小的心靈裡那天真的渴求與低訴。

（十）愛十二星座的方法

如何愛♈
方法：完全同意他，滿足羊兒的「自我認同感」。
祕密：「嬰兒與戰士」的雙重身份。

如何愛♉
方法：不要強迫牛兒改變，尊重他的平和、穩定、實事求是的性格。
祕密：愛戀土地與家，拒絕白日夢。

如何愛♊
方法：勸第一個頭腦休息，善誘第二個面對自己。
祕密：心智探險與自我隱藏的雙重性格。

如何愛♋
方法：讓螃蟹覺得安全，維護他們內在、溫暖、害羞的家。
祕密：哺乳的母親。

如何愛♌
方法：獅群們最需要舞台、表演、掌聲與讚美。
祕密：一顆想幫助他人的熱情的心。

如何愛♍　方法：忠誠、整潔、而帶點深度的愛。
秘密：習慣用龜毛的規範來壓抑心事。

如何愛♎　方法：為天平們準備一個優美、諧和、平衡的氣氛及環境。
秘密：不要催他們快，也不要勉強他們走直線。

如何愛♏　方法：忠誠的陪伴。
秘密：洞悉人性黑暗奧秘的巫者。

如何愛♐　方法：懂得呼應高遠、樂觀形象下的熾熱的心。
秘密：哲學家（人）＋天生浪子（馬）。

如何愛♑　方法：用溫暖、傳統、具體的方法慰藉強者乾涸的心靈。
秘密：強人的形象（羊頭）＋脆弱的內心（魚尾）。

如何愛♒　方法：讓瓶子們擁有完全的自由與獨立。
秘密：愈不受壓抑的自由是愈安全的自由。

如何愛♓　方法：1完全不保留的愛、溫柔、同情與接納。
2告訴魚群要學習不完美、殘缺、但深刻、圓通的俗世智慧。
秘密：兩條魚，一條魚游向天國，一條魚游向地獄——純淨的靈魂通過地獄般的人間試煉。

（十一）十二星座愛世界的方法

♈ **如何愛世界** 方法：以「戰士」的精神律己，以「嬰兒」的氣質待人。
職選：選擇自己喜歡，或跟自我探索及表現有關的工作。

♉ **如何愛世界** 方法：用你的平和溫厚去安頓人心。
職選：與金融、財政，或與鑑賞、品嘗、感官辨析有關的工作。

♊ **如何愛世界** 方法：為世界帶來卓越的才華、迷人的知識及多變的人生。
職選：跟語文、資訊、寫作、演說、溝通、行銷、企劃、研究有關的工作。

♋ **如何愛世界** 方法：靜觀、哺育他人及世界，而不要碎碎唸。
職選：跟「觀察力」有關，或跟哺育、教養、家庭有關的工作。

♌ **如何愛世界** 方法：展現熱情，而不是擁有、要求熱情。
職選：跟領導、熱情、幫助、表演有關的工作。

♍ **如何愛世界** 方法：了解、尊重這個粗心的世界，並降低自己的標準。
職選：與計算、思考、組織、審核、品管、計畫有關的工作。

♎ **如何愛世界**

方法：用平和、善良、藝術、優美，也要用果決來愛世界。

職選：跟藝術、美感、設計，或者跟人際關係、調停、外交有關的工作。

♏ **如何愛世界**

方法：通過「意志」、「深刻」、「直覺」來幫助別人，但要放下「執著」。

職選：與身心治療、體驗深層人性有關的工作。

♐ **如何愛世界**

方法：天上的心靈要多學學人間規矩，不要讓高遠的思想及開放的情感成為傷人的工具。

職選：與哲理、旅行、研究、正義有關的工作。

♑ **如何愛世界**

方法：領導、幫助他人，卻不宰制他人。

職選：與管理、決策、行政、引領有關的工作。

♒ **如何愛世界**

方法：為世界帶來博愛、自由、多元與人道精神，但也要懂得在某些人面前收斂自己太古怪的水瓶氣質。

職選：性質自由、獨立、創新、改革、具變化的工作。

♓ **如何愛世界**

方法：結合神聖智慧與人間福報——慈悲與幸福。

職選：與愛、公益、宗教、靈魂學習有關的工作。

（十二）十二星座的生命理想

♈的生命理想

琳達．古德蔓：「教導人愛是無邪的並去學習愛是一種信賴。」[2]

深度詮釋：白羊追尋無邪的真誠與理想，但生命的弔詭是：太堅持純真與理想，反而是一種小器的純真與理想。

古代智慧：《老子》8章：「上善若水……處眾人之所惡，故幾於道。」

♉的生命理想

琳達．古德蔓：「教導人愛是忍耐並去學習愛是一種饒恕。」

深度詮釋：金牛追尋生命的安頓，但生命的弔詭是：只有經歷種種不安的挫折與考驗，才能擁有生命真正的安頓。

古代智慧：弘一大師最後遺言：「悲欣交集。」

[2] 琳達．古德蔓（Linda Goodman）是美國著名的女性占星學家，以敏銳纖細、文字優美的寫作風格著稱。

♊的生命理想

琳達．古德蔓：「教導人愛是注意到對方並去學習愛是一種感覺。」

深度詮釋：雙子座追尋不受規範的真我，但生命的弔詭是：如果能夠經歷刻苦自勵的規範性學習，往往能夠提高不受範的真我實現的可能性。

古代智慧：《易經．困卦》：「困，亨，貞，大人吉。」

♋的生命理想

琳達．古德蔓：「教導人愛是一種誠摯並去學習愛同時是一種自由。」

深度詮釋：巨蟹追尋溫暖、穩定的家庭與愛，但生命的弔詭是：人要能走出狹隘的家庭觀，才能找到更壯大、真實的家庭與愛。

智慧語錄：愛與自由是一雙筷子的關係。

♌的生命理想

琳達．古德蔓：「教導人愛是一種忘我並去學習愛是謙遜的。」

深度詮釋：獅子追尋熱情生命的展現，但生命的弔詭是：如果能夠放下對他人熱情的渴求，將能展現更真實無私的生命熱情。

古代智慧：《老子》2章：「生而不有，為而不恃，功成而不居，夫惟不居，是以不去。」

♍的生命理想

琳達．古德蔓：「教導人愛是不含雜質的並去學習愛要付諸行動。」

深度詮釋：處女座追尋人間的完美，但生命的弔詭是：唯有突破完美的夢，才有機會證實更成熟的人間意義的完美。

智慧語錄：直道曲成。

♎的生命理想

琳達．古德蔓：「教導人愛的美麗並去學習愛是一種和諧。」

深度詮釋：天秤座追尋生命的和諧與美，但生命的弔詭是：太固執於和諧，反而是一種更大的殘忍。

古代智慧：《史記》：「當斷不斷，反受其亂。」

♏的生命理想

琳達・古德蔓：「教導人愛是一種激情並去學習愛也是一種讓與。」

深度詮釋：天蠍座追尋深刻的情感與真理，但生命的弔詭是：如果放下執著的追求，將是一種更進化的深刻。

古代智慧：《蘇菲之路・煉金術士與呆子》：「煉金術士死於痛苦與挫折，而呆子則在廢墟中發現寶藏。」

♐的生命理想

琳達・古德蔓：「教導人愛的坦誠並去學習愛要忠誠。」

深度詮釋：射手座追尋思想與情感的開放，但生命的弔詭是：如果能夠不執著開放，考慮到別人不同的個性，將能展現更開放、自由的思想與情感。

智慧語錄：泰戈爾《漂鳥集》123號詩：「飛鳥以為把魚兒舉在空中是一種慈善的舉動。」

♑的生命理想

琳達．古德蔓：「教導人愛要有智慧並去學習愛是不自私的。」

深度詮釋：魔羯追尋人間的事業，但生命的弔詭是：如果不計較一時的得失成敗，才能是真正無私、持久的人間事業。

智慧語錄：簡單的佔有是小聰明，暫時的放棄才是大智慧。

♒的生命理想

琳達．古德蔓：「教導人愛是一種包容並去學習愛也是佔有的。」

深度詮釋：水瓶追尋自由與博愛，但生命的弔詭是：如果能夠不堅持自己形式的自由與博愛，那將展現更大的自由與博愛。

古代智慧：《老子》48章：「無為而無不為。」

♓的生命理想

琳達．古德蔓：「教導人愛要憐憫並去學習愛是一切所有。」

深度詮釋：雙魚追尋宇宙終極的愛，但生命的弔詭是：如果堅信愛是沒有邊界的，那沒有邊界的愛其實還是有邊界的。

智慧語錄：忘情，是放下的力量。

深情而忘情、忘情而深情，是成熟人格的力量。

（十三）十二星座小孩教養之道

♈小孩（321↓419）：強壯、勇敢、衝動、很有主張、熱情、易怒易笑、誠實。別忘記他（她）才是老大——天真又頑強的老大。

【火車頭寶寶】

1帶他（她）遠離割傷、燙傷、燒傷、跌傷及種種危險，他（她）可是天生的小冒險王。

2別強迫他（她）做事情，只要懂得激發他（她）克服挑戰的衝動；別破壞他（她）的自信，「自信」可是火星小孩的心靈空氣。

3也別忘記擁抱小羊們剛強外表下熱情但脆弱的內心。

♉小孩（420↓520）：黏人、可愛、喜被擁抱、強壯、情感穩定、溫和成熟、但不喜歡被勉強。

【乖乖但頑固型寶寶】

1牛寶寶對顏色、聲音很敏感，這是很好的教養工具。

2不要嘗試挑戰牛小孩的頑固，強迫會讓牛孩子變得沉默、憂鬱、冷酷。愛與緩和是與他（她）溝通的最好方法，他（她）通常很乖，只是動作很慢及有一點牛脾氣。

♊小孩（521↓621）：好奇、快手快腳、敏捷、缺乏耐性、聰明、反應快、皮！

【好奇寶寶】

1注意他（她）的安全，雙子寶寶是天生好奇的冒險家。

2讓水星小孩自由的表達、說話、溝通、打電話、寫作……是很重要的。

3水星孩子最缺乏的是耐心與專注，大人們能在不破壞他（她）的才華的情況下，讓他（她）學會耐性與專注嗎？

♋小孩（622↓722）：情感豐富、心智敏感、害羞、但渴望愛；好心、安靜、但很有主張；愛哭、溫柔、膽小、情緒化。

【情感豐富的神經質寶寶】

1完整的家庭愛對月亮寶寶特別重要。他（她）需要大量的擁抱、親吻與情感表達。永遠要為他（她）準備一個完整、溫暖的家。但小心不要過度寵壞他（她）。

2巨蟹孩子也需要大量的移情訓練，將敏感恐懼發展成多情細緻及藝術氣質。

♌小孩（723→822）：性格充滿陽光、快樂、好玩、自尊心強、愛現、愛當老大、情緒全寫在臉上。性格主動，但有時候也會懶病發作；熱情仁慈，但需要掌聲與讚美。

【陽光寶寶】

1不要壓抑獅子寶寶，太陽孩子的自我長期被打壓是不健康的。不要在他（她）的心靈中製造烏雲。

2但也不要寵壞他（她），不要附和他（她）支配別人或懶惰的毛病；讓他（她）自己動手做事，學會自力更生，因為被寵壞的獅子會是不折不扣的暴君。

3最後不要忘記給他（她）讚美與掌聲，虛榮會讓太陽孩子快樂、成功。

♍小孩（823→922）：機伶而安靜、愛乾淨、害羞、挑剔、小心、很少惹人煩、很乖、聽話、誠實、做事有效率、但容易擔心事。

【乖乖拘謹型寶寶】

1指責處女小孩要非常小心，太強調他（她）的錯會讓他（她）憂慮甚至生病，其實只要沉靜的告訴他（她）一次就可以了。而且千萬不要嘲弄他（她）的衣著、長相、異性朋友、工作表現、及其他一切，因為他（她）真的會很在意。

2傾聽他（她）說話，鼓勵他（她）思考，而且不要忘記給他（她）溫暖與愛。因為水星小孩不會開口要求卻心內渴望。

♎小孩（923→1022）：甜美愉悅、可愛迷人，但金星孩子很會猶豫不決、三心二意、討厭做決定及選擇、也不喜歡被催促。其實天平孩子心地仁慈、追求平衡、討厭傷害別人的情感。

【和平小天使】

1訓練金星孩子做決定，最好展示給他（她）看，但不要催促、推撞、逼趕他（她）。堅持給他（她）壓力會破壞他（她）細緻的平衡感，而造成日後的神經質人格——緊張會讓天平歪斜。

2金星小孩不需要溺愛，他（她）只需要安靜、和平、充分休息、以及閱讀、藝術教育與美。

♏小孩（1023→1121）：這是一個意志堅強、不溫馴的冥王星小孩。率直、感應力強、早熟、忠誠，但情緒強烈。這是一個不好惹的敏銳小傢伙。

【小小神祕家】

1用愛、溫柔、耐性慢慢教會他（她）不報復、原諒、同情、平靜心情與不執著的愛。

2最重要是不要「勉強」冥王星孩子，尊重他（她）的堅強意志，讓他（她）自由的決定他（她）的人生，忠誠待他（她），決不食言。

3不要壓抑、點燃，而是去幫助你的小蠍子學習疏導、管理他（她）強烈的熱情與沸騰的情緒。小心幫助他（她），你的天蠍孩子可是個非常特別的小朋友。

♐小孩（1122→1221）：友善、誠實、快樂、活潑。好奇的木星寶寶是天生快樂的人兒。但他（她）的誠實有點不加修飾，有點過度的直率魯莽。好奇心與正義感是木星孩子的兩大特點。

【正直獨立寶寶】

1用誠實、榮譽、說理的身教及言教對待你的木星小孩。

2木星小孩的直率可能會刺傷你的心，但必須尊重他（她）的夢想及自由，才能贏得天上小射手的愛及尊敬。

♑小孩（1222→119）：異常早熟、嚴肅堅忍、生活規律有序。喜歡家庭及父母、負責任、專注、學習緩慢但深刻、性格容易傾向內向憂鬱、但可靠能幹。

【小大人】

1信任你的土星孩子，他（她）雖然看來內向遲鈍，其實他（她）只是深思熟慮、能幹負責。他（她）雖然動作慢，但往往會比其他星座的小孩更早達到終點耶！

2他（她）愈長大愈能幹，父母、老師可記得提醒他（她）要待人謙虛，不要宰制別的小朋友。

♒小孩（120→218）：敏感、獨立、固執、神奇、怪誕的電光寶寶。他（她）的心智運作快如閃電，生活與思想同樣脫序，天王星之子永遠有讓人難以預測的驚異答案。追逐水瓶寶寶的父母是很辛苦的，就像嘗試在客廳裡去捕捉一道肆虐的旋風，充滿破壞、驚喜、混亂與不凡，準備迎接天王星之子的神奇生活罷！你的孩子不可能是一個正常的人類，他（她）是被選來實現人類明日的諾言的。

【神奇寶寶】

1雖然辛苦，但盡量不要破壞、干預水瓶孩子的自由、不凡、創意與獨立，除非你想得到一個瘋狂、不快樂的水瓶人類。記住這一點是很重要的。

2如果可能，盡量教導他（她）邏輯、寧靜、專注與實踐。因為天上的不凡還必須加上人間的努力，才可能成大器。

3鼓勵他（她）多參加體能活動，天王星小孩心智運作很快，但軀體有點慢及懶；幫助他（她）學習去除有害的惰性也是很重要的。

♓小孩（219→320）：天真、夢幻、直覺力強、想像豐富、感情充沛、容易感動、愛哭、性情溫和隨性、擁有豐富的同情心、語文能力強而數理能力弱，格性中也可能有明顯的藝術傾向。

【小小夢想家】

1天真、永遠長不大、容易對自己沒信心、難適應現實社會。所以父母、老師要懂得對他（她）鼓勵、讚美、肯定。

2由於個性太天真，所以容易受騙、受傷，因此父母的保護便變得很重要；至少不要成為他（她）的傷害者之一。

四、宮位、地盤十二宮

（一）十二宮位圖

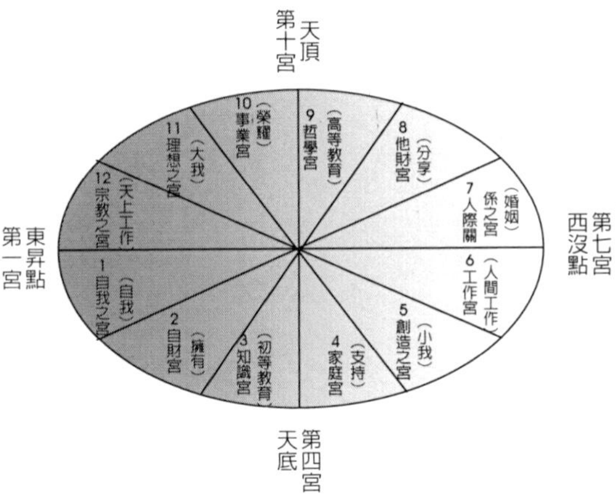

（二）地盤十二宮

星位、宮位是兩套宇宙密碼，但「星位」傾向先天而「宮位」傾向後天，所以占星學的十二宮的意義接近十二個後天的人生場合或領域。

★第一宮 1H：自我之宮／傳統稱為『命宮』／軍國占星學稱為『人民宮』

第一宮主要掌管外表、給人的外在印象及家世、出生環境兩個方面。也包括個性、人生觀、意志等等跟「自我」有關的問題。

補充：有星辰進入此宮，自我意識會增強，否則會減弱。

★第二宮 2H：財富之宮／又稱『自財宮』／傳統稱為『財帛宮』／軍國占星學稱為『經濟宮』

第二宮的基本意義當然是關於包括有形及無形「財富」的種種問題。包括個人財富、動產、財運、慾望、賺錢能力、對財富的看法等等的問題。

補充：財宮進一步象徵不同的感官能力、鑑賞能力、對有形及有生命之物的留戀、及每個人對「擁有」的不同性向。

★第三宮 3H：知識之宮／傳統稱為『兄弟宮』／軍國占星學稱為『新聞宮』

第三宮的主題是「初等教育」及「淺層知識」的問題。第三宮是「記憶性心智」的宮位。

第三宮主要掌管兩個方面：1兄弟姐妹、近親、鄰居、死黨。2心智、知識、語言、文字、溝通、表達等各種能力、及基本教育、短程（期）旅行。

補充：人性需要思想及資訊上的溝通，以提供生命成長的能量；所以這一宮代表溝通、寫作、理解、學習、旅行及其他的知性能力。而知性能力得到發展的第一個場所即是兄弟、朋友、鄰居之間的相處。

★第四宮 4H：家庭之宮／傳統稱為『田宅宮』／軍國占星學稱為『土地宮』

第四宮的基本意義是關於「家庭」或「內在支持與安全感」的種種問題。包括幼運、老運、傳統、祖傳事業、內心之家、家庭影響、生活習慣、家庭觀、房地產、遺產、住宅、雙親、祖父母、土地、故鄉。

補充：從第四宮的星辰及星座可以看出原生家庭的親子互動模式。

★第五宮 5H：創造之宮／又稱『愛情宮』／傳統稱為『子女宮』／軍國占星學稱為『娛樂宮』

第五宮的基本意義是關於「創造力」及「個人才氣」的種種問題。這是一個關於廣義創造性力量及行為的宮位。

第五宮主要掌管兩個方面：1性生活、愛情、戀愛觀、對小孩的想法。2也主管玩樂、享受、嗜好、休閒、投機、賭博、冒險、戲劇、藝術觀等等廣義的創造性行為。

補充：這一宮也是有名的「愛情宮」，愛情與性，當然也跟創造力有關。

★第六宮 6H：工作之宮／又稱『健康宮』／傳統稱為『奴僕宮』／軍國占星學稱為『勞動宮』

第六宮的基本意義是關於「工作、責任、人間事務」的種種問題。工作又會引發職業病的問題，所以又稱為「健康宮」。

包括生計、工作環境、勞動、服務、職業病、健康、飲食、部屬、寵物等等，都是第六宮掌管的問題。

補充：即將沉入西方地平線之宮位，象徵肉體生命力之轉弱；人必須工作以養育肉體，因而必須與他人發生從屬、主僱、義務、責任等關係，都由這一宮顯示。基本來說，這是比較沉重的一個宮位。

★第七宮 7H：人際關係之宮／傳統稱為『夫妻宮』／軍國占星學稱為『外交宮』

第七宮的基本意義是關於種種「人際關係」的問題，而人際關係之中最重要也最複雜的一種，當然就是夫妻關係，所以又稱「夫妻宮」。

包括伴侶、配偶、合夥人、公開敵人、婚姻、合作成敗、訴訟官司、契約合同、社交關係等等，都是第七宮掌管的問題。

補充：從西方地平線昇起的宮位，象徵另一個人生階段的開始。第一宮是自我，相對位置的第七宮則表示人際關係與社會狀況，而生命中最深的人際關係則是婚姻關係，所以第七宮也是著名的「婚姻宮」。

★第八宮 8H：業力之宮／又稱『他財宮』、『遺傳之宮』、『神祕之宮』、『性之宮』、『原慾之宮』／傳統稱為『疾厄宮』／軍國占星學稱為『債務宮』

第八宮的基本意義是關於人生種種「分享」或「分配」的困難及問題。而且是人與人之間最難擺平、處理的問題，譬如：權力、金錢、慾望、生死、性等關係的分配與處理。

包括死亡、遺傳、遺產、生死觀、妻（夫）財、股份、票據、負債、保險、佔有慾、權力、性慾、生殖能力、性生活、配偶靈魂的影響等等，都是第八宮掌管的問題。

補充：這是在十二宮中頗「不好玩」的一個人生場域，所以稱為「業力宮」，它牽涉到人性中最難處理的「原慾」及人際間最難擺平的「爭奪」。因此相對來說，第八宮最好的情形是「空宮」，如果裡頭星辰很多（哪怕相位不錯），即代表孟子所說的「天將降大任於斯人」的生命狀態。

★第九宮 9H：哲學之宮／又稱『精神之宮』／傳統稱為『遷移宮』／軍國占星學稱為『官商宮』

第九宮的主題是「高等教育」及「深層知識」的問題。第九宮是「思考性心智」的宮位。包括學術、文化、哲理、思考、研究、宗教、法律、外國文化及事務等等領域、以及高等教育、長程（期）旅行，都是第九宮掌管的問題。

補充：這一宮是比較傾向人類精神層面、靈魂進化及高級心智的宮位。

★第十宮 10H：事業之宮／又稱『業績之宮』／傳統稱為『官祿宮』／軍國占星學稱為『元首宮』

第十宮的基本意義是關於「事業」或「人生榮耀與成就感」的問題。

包括名譽、成就、地位、權力、野心、事業、上司、信用、社會形象、權力慾等等，都是第十宮掌管的問題。

補充：在軍國占星學中，這一宮象徵支配者或國王；在個人，這是一生事業的頂峰或要完成的社會目標。

★第十一宮 11H：理想之宮／傳統稱為『福德宮』／軍國占星學稱為『議會宮』

第十一宮的基本意義是關於「理想性」及「大我情懷」的種種問題。這是一個關於「情操」及「大我」的宮位。

包括友誼、願望、理想、同盟、社團、俱樂部、合作者、人類大家庭、公益活動、顧問、同道、社交、實現願望的能力、精神與文化層面、環保及實現人權等等問題，都是第十一宮掌管的問題。

補充：這一宮象徵願望、自由、創造、與理想國。人與人的關係在此領域不是血緣或利害的關係，而是由希望、友情、理想結合而成的世界。

★第十二宮 12H：宗教之宮／傳統稱為『相貌宮』／軍國占星學稱為『救濟宮』

第十二宮的基本意義是關於「靈修、宗教、天上事務」的種種問題。

包括夢、潛能、潛意識、靈界、輪迴、靈性進化、業力病、業報、自省、醫院、養老院、隱憂、關閉、拘禁、私事、弱點、自卑、祕密、祕密場所、祕密敵人、監獄、事故、犧牲等等，都是第十二宮掌管的問題。

補充：第一宮前的這一宮象徵胎內狀態、過去因緣、前世、內在世界、潛意識或脫離嚴酷現實的精神嚮往；這是輪迴終點、解脫境界的預示。相對於十一宮的「大我宮」，十二宮也可以稱為「無我宮」。

註：傳統占星學稱一、七、四、十為角內門，二、八、五、十一為遞上宮，三、九、六、十二為遞下宮。

（三）十星在十二宮

第一宮1H：自我之宮

（主要看1長相2出身、家世）

空宮：第一宮空宮，代表星圖主人較沒有自我。

日：太陽在第一宮，代表星圖主人自我中心強，需要別人配合自己，活力充沛。

月：月亮在第一宮，星圖主人個性敏感，情感豐富，會對他人需索愛及照顧。

水：水星在第一宮，是一個獨立思考家；個性好奇、善辯、學習力強。

金：金星在第一宮，星圖主人自戀、愛美、優雅，喜歡被愛，在愛情關係上頗自我中心。

第七宮7H：人際關係之宮

（包括夫妻關係）

空宮：第七宮空宮，代表情感、人際關係的失落感或弱勢的一方。

日：太陽在第七宮，代表星圖主人重視「我們」多於「我」，在婚姻或其他人際關係中容易「崇拜」他人。

月：月亮在第七宮的人，很重視家庭與關係的安全及溫暖。男性會擁有母性豐富的妻子，女性則會有一個具有女性特質的丈夫。

水：水星在第七宮，是一個熱心的溝通者，喜發掘、經驗、思索各種人際關係。這也是有名的「離婚宮位」。

金：金星在第七宮的星圖主人重視愛情關係，容易早婚。這是一個兩性關係中的好情人、浪漫情人。

火：火星在第一宮的人性格果斷、行動力強、強壯、衝動，但沒耐性。

木：木星在第一宮的人幸運、自信、樂觀、才智高、家世好，也容易自我膨脹。

土：土星在第一宮的人憂鬱、畏縮、悲觀、吃苦耐勞、缺乏與他人的感情共鳴，但深富責任感。

天王：天王星在第一宮的人特立獨行、渴望自由、不專制、也不願意配合他人、不喜歡被關係束縛。

海王：海王星在第一宮的人容易迷失自我，也容易失落在別人的世界之中。個性敏感、直覺力強、潛意識強大。

冥王：冥王星在第一宮的人是狂熱份子，包括破壞與創造的狂熱。意志力驚人、性格專制、疑心病重、行事作風犀利。

火：火星在第七宮的人，在兩性關係中喜歡主動及掌控，侵略性強，相位差會有離婚傾向。

木：木星在第七宮的人能夠展現不自私的愛、熱情、溫暖與慷慨的伴侶關係。在人際關係上會表現完美主義。

土：土星在第七宮的人會婚姻困難，無法與他人分享，吝嗇情感，也恐懼親密關係。在人際關係中頑固但不願改變。

天王：天王星在第七宮的星圖主人的婚姻關係充滿變數，這是一個容易離異的位置。

海王：海王星在第七宮的人婚姻關係中充滿犧牲、宿命、不清楚、大愛的生命種子。

冥王：冥王星在第七宮的人的婚姻及其他人際關係充滿黑暗風暴及情緒。容易剋夫或剋妻，這是一首婚姻關係中的神曲——充滿嚴峻的考驗及學習。

第二宮2H：財富之宮（自財宮）

空宮：第二宮空宮，代表星圖主人對「財富」缺乏真實感。

日：太陽在第二宮，代表星圖主人喜歡理財及創造財富，而從中得到肯定及滿足感。

月：月亮在第二宮的人會通過賺取財富而獲得內心的平衡及安全。保護財產的觀念很重。

水：水星在第二宮的星圖主人深具商業頭腦，深懂在財富領域中計算、溝通、傳訊及表達。

金：金星在第二宮的星圖主人對財富、資產、藝術品及物質享受十分喜愛，喜歡花錢。

火：火星在第二宮的人，具有積極追求金錢及物質的強烈慾望。會為保護財富而鬥爭。也具有強烈的花錢衝動。

第八宮8H：業力之宮（他財宮）

空宮：第八宮空宮的星圖主人的「業力」比較容易處理。

日：太陽在第八宮的人的意志與自我容易陷入性、金錢、權力的糾葛而經歷劇變、死亡及再生。如果相位好的話，會有繼承遺產的機會。

月：月亮在第八宮的人對人類深層意識及業力的感應異常敏銳，有通靈的可能性。

水：水星在第八宮的星圖主人對人與人之間的微妙關係、潛意識及神祕事物觀察入微。這是一個天生的偷窺者，性格傾向陰沉及喜歡埋怨他人。

金：金星在第八宮的人，對他人的情感及需要有絕佳的感應及配合能力。這是一個絕佳床伴，也會從婚姻或各種合作關係中獲得利益。

火：火星在第八宮的人會野蠻、霸道的控制他人的性、金錢及權力。這是一個人生戰場的戰將，性格容易衝動、激情。

木：木星在第二宮的人財運佳，經營能力強。

土：土星在第二宮的人個性辛勤、節省、甚至吝嗇，這種人很怕窮，也可能財運困難。

天王：天王星在第二宮的人會有不穩定的財務狀況，賺與花都會很突然。這種人的財產會有一定的冒險性。相位好會有不尋常的財政天份或理論。

海王：海王星在第二宮的人容易對財富揮霍、糊塗、懶散、慷慨與沒觀念。也容易受騙。

冥王：冥王星在第二宮的人對金錢及資源有強烈的佔有慾及鬥爭能力。

木：木星在第八宮的人他財運佳，是有名的遺產位置。星圖主人會對死亡、財稅有關的行業有興趣，或對生死業力的人生課題有興趣。喜歡用錢買感情或性。

土：土星在第八宮的人無法與他人分享性、金錢或權力。個性封閉，很看重錢，但常因財失義或不快樂。

天王：天王星在第八宮的人常因與他人性、金錢、權力的關係而交上好運或壞運。星圖主人擁有特殊的性魅力，對業力、玄學特別敏感。

海王：海王星在第八宮的人容易碰到金錢、性或權力的犧牲、受騙、被佔便宜的命運。或許代表星圖主人具有神祕的精神感應。

冥王：冥王星在第八宮的人對金錢、性、權力具有侵略性及控制慾。個性深謀遠慮，但常常贏了戰爭，卻失掉幸福。相位好可能象徵星圖主人對業力、生死、玄學具有深邃的洞見。

第三宮3H：知識之宮（記憶性心智）

空宮：代表初等心智及初級教育的中性運勢。

日：太陽在第三宮，代表星圖主人在學習、知識、心智方面的強烈興趣及意志。

月：月亮在第三宮，代表星圖主人的思想、語言容易受情緒影響。性格敏感、好奇。

水：水星在第三宮的星圖主人智力高、溝通能力強，喜歡演說、寫作、短途旅行。基礎教育的運勢很好。

金：金星在第三宮的星圖主人具有文學、詩歌、藝術方面的天賦。喜歡社交，找人談心事。

火：火星在第三宮的人擁有魯莽、活躍、富侵略性的知識及語言能力。講話尖刻、口直心快。

木：木星在第三宮的人擁有樂觀、哲理、文化、東方型的心智。感覺敏銳，喜歡評論事情，初等教育運佳。

第九宮9H：哲學之宮（思考性心智）

空宮：代表高等心智及高級教育的中性運勢。

日：太陽在第九宮，代表星圖主人對哲學、宗教、法律、教育等高等心智領域的強烈感受。

月：月亮在第九宮的人被童年時期所灌輸的宗教觀、社會觀或價值觀等深深影響。這種人的信念往往來自感覺而非理性，直覺很強，喜歡旅行。

水：水星在第九宮的星圖主人喜歡追求宗教、哲學、法律等高等學問，也喜歡異國文化，高等教育的運勢很好。

金：金星在第九宮的星圖主人能夠對文學、詩歌、藝術進行深度研究。也容易產生異國情緣。

火：火星在第九宮的人會積極、冒險的追求高層次學問、理想或社會改革。這是一個好戰的理想主義份子。

木：木星在第九宮的人深喜高等學問及教育。性格寬大，旅行運及高等教育運佳。

土：土星在第三宮的人往往太過深思熟慮，甚至會有負面思想。相位不好，求學、求職、與他人溝通也容易受挫。

天王：天王星在第三宮的星圖主人是一個思想自由者。擁有不尋常、直覺的頭腦，也喜歡不尋常的思想領域及旅行。相位不好，容易浮躁、善變。

海王：海王星在第三宮的人擁有卓越的心象感應能力。相位不好會有學習、溝通上的困難。

冥王：冥王星在第三宮的星圖主人具有深刻的洞察力。但主觀很強烈，絕不與異見妥協，往往個人的立場及態度十分強硬。

第四宮4H：家庭之宮（內在的家）

空宮：當事人的出生星圖不凸顯家庭緣分。

日：太陽在第四宮或月亮獅子座的人往往會以家族為榮，相位不好甚至會盲目的維護家族。這種人的內心常常會隱藏著一份家世的驕傲——一個天生

土：土星在第九宮的人對高等教育及思想會有實際的想法及行動。相位不好，心胸會較狹窄，高等教育也容易遭受挫折。

天王：天王星在第九宮的人對哲學、玄學、教育等高等學問有著先進、突破的想法。這種人深富烏托邦式的夢想，喜遠遊，相位不好容易不切實際，學問深造受阻。

海王：海王星在第九宮的人容易迷上神祕性宗教，星圖主人本身往往擁有明顯的精神導向及強大的靈魂能力。相位不好會容易沉溺、迷信神棍或假宗教。

冥王：冥王星在第九宮的人對高深學問具有深刻反省、洞察、直覺、預言的能力。對高等學問及地位同樣具有野心，而且意見及態度強烈。

第十宮10H：事業之宮（外在的家）

空宮：當事人的出生星圖不凸顯事業緣分。

日：太陽在第十宮的人對權力、地位有著強烈的野心，及追求成功的強烈意志，往往很需要他人的尊敬。相位不好會性格獨裁，戀棧權力。

優越感的巨人。

月：月亮在第四宮或月亮巨蟹座的人非常重視家庭，喜歡照顧、撫育他人。相位不好會過度依賴家或過度保護小孩。

水：水星在第四宮或月亮雙子座的星圖主人喜歡在家中進行知性、教育、溝通等等活動或遊戲。相位不好容易與家人溝通不良，產生磨擦；如果是父母的話，可能會過於挑剔、冷漠。

金：金星在第四宮或月亮天秤座的星圖主人家庭觀念很重，喜與家人共度諧和、美好的時光。相位不好會成為家中的受氣包，也可能過度重視物質生活。

火：火星在第四宮或月亮白羊座的人可能擁有不平靜的家庭經驗——過動、拌嘴、熱鬧、搬家、修房子、吵架、打架。家中可能會有火爆的父或母，家庭裡埋藏著憤怒的種子。

木：木星在第四宮或月亮射手座的人會有一個幸福的童年，精神與物質均安定，家中充滿自由、樂觀與愛。相位不好父母會過度寵溺，造就長不大的小孩。

月：月亮在第十宮的人可能參予與感情、女性、撫育、家庭等有關的行業。

水：水星在第十宮的星圖主人會在事業上具有良好的溝通、計畫、組織的能力，適合媒體、寫作、印刷、演講、政治等行業。相位不好容易狡猾、冷酷。

金：金星在第十宮的人可能參予與藝術、情感、美感有關的行業。事業上會很有異性緣。相位不好會汲汲於名利。

火：火星在第十宮的人打拼事業會非常積極，競爭力很強，適合從事政治、管理、軍事等工作。相位不好會做事不擇手段。

木：木星在第十宮的人會在事業上有卓越表現，適合公職、商業或教育，往往會大器晚成。相位不好會野心太大，過度擴張事業。

土：土星在第四宮或月亮魔羯座的人可能有過不幸的家庭經驗，既缺物質又缺精神上的照顧，擁有「孤兒」一般的童年，所以覺得家是冷酷、痛苦、缺乏愛的地方。這種人長大後不懂人間的溫暖，而堅信堅強、自制、利益至上才是人生最高原則。

天王：天王星在第四宮或月亮水瓶座的星圖主人會擁有「異樣」的家人或家庭經驗，譬如：居無定所、遷校遷家、或父母不見了等等。總之，會在不安全與不穩定的家庭經驗中長大，而長大後所建立的家也無法正常與傳統。

海王：海王星在第四宮或月亮雙魚座的星圖主人對家有很深的期望，但也會遭遇很深的失望。這種人內在的家一直存在著很深的不安，可能家庭中有著不可告人的祕密；但他們終其一生，都在追求心目中理想的家。

冥王：冥王星在第四宮或月亮天蠍座的人通常會遇到家中曾有人死亡或消失的命運，或許家庭曾經歷分離或經濟變故，這種人內心深處有著很深的創傷，對家的感情會愛恨交織。

土：土星在第十宮的人常常在二十九歲以後會展現強烈的事業野心，也常常會位高權重，但野心太大也常常是造成人生失敗的原因。

天王：天王星在第十宮的人會展開不尋常、改革、創新、寬大的事業型態。相位不好，事業運會動盪崎嶇。

海王：海王星在第十宮的星圖主人適合從事神職人員、心理學家、藝術家、演員，這種人的直覺力很強，通常他們的工作會有很高的隱密性。相位不好會聲譽受損，或做事不踏實。

冥王：冥王星在第十宮的人擁有追求成功的強烈意志，能應付各種複雜的權力關係，適合從事靈界、科學、政界的工作。這種人容易被人誤解，會同時擁有強而有力的朋友及敵人。相位不好會造成性格獨裁、自私。

第五宮5H：創造之宮（個人的才氣）

空宮：當事人缺乏個人表現及創造力。

日：太陽在第五宮的人愛玩、熱愛生命、喜歡小孩、喜談戀愛、勇於冒險、個性大方、富創造力及表演天份。相位不好容易不甘寂寞、性情躁動。

月：月亮在第五宮的人不像太陽五宮人的喜歡主動表現，但月亮五宮人具有天生的吸引力及創造力，性格卻較太陽五宮人溫和。相位不好會讓失控的情緒影響戀愛、小孩教育、或婚外情、理財不當等等。

水：水星在第五宮的星圖主人熱愛心智、文字、溝通等等的遊戲。水星五宮人是很好的創造者，他們喜歡聰明的情人，重視孩子的心智教育。相位不好則容易玩物喪志。

金：金星在第五宮的人深富藝術創造的才能。這是一個浪漫主義者，風采優雅；也可能生出很美或具有藝術天份的子女。相位不好會花心，或性格膚淺。

火：火星在第五宮的星圖主人是一個風流種子。火星在第五宮是最性感的位置，星圖主人通常作風大

第十一宮11H：理想之宮（大我的情懷）

空宮：當事人缺乏大我情懷。

日：太陽在第十一宮的人喜愛友誼及群體，朋友緣很強，是人群中的發光中心。相位不好容易身陷團體中的野心鬥爭。

月：月亮在第十一宮的人會有很多女性朋友及家庭式的朋友，情緒容易受友人的意見及反應影響。

水：水星在第十一宮的星圖主人喜歡參予知性的團體，也喜在團體中溝通及交換意見。這種人相信真理、態度公正，但相位不好會性格固執。

金：金星在第十一宮的人能夠在團體中建立溫暖的友誼，對人和善，有異性緣，能實現願望。

火：火星在第十一宮的星圖主人會在團體中表現出男子氣概、友誼、野心、改革勇氣、或爭吵、衝突

膽、愛冒險。相位不好會對小孩子不耐煩、個性專斷；也可能代表小孩子容易出意外，女性則容易流產。

木：木星在第五宮的人會在戀愛、子女、投資、藝術創造上展現好運。喜歡兒童，性格樂觀。相位不好容易因冒險而失敗。

土：土星在第五宮的人可能是一個沒有童年的人。不懂玩、不懂愛孩子、不懂浪漫及藝術。相位不好會有生產、親子關係、性方面的困難。也容易與年紀大的人戀愛，而且兩性關係中可能會有童年陰影。

天王：天王星在第五宮的人擁有不凡、驚奇的戀愛、創造力及教育孩子的能力。相位不好會有異常的戀愛及親子關係。

海王：海王星在第五宮的人對戀愛充滿幻想，易陷入暗戀、苦戀、無法完成的愛。會為愛犧牲，性格中深具藝術天份及深度，子女不好帶，也不利於投資經商。

冥王：冥王星在第五宮的人佔有心強，可能是心機深沉的情人、父母或藝術家。這是一個神祕、性

等等的複雜表現。

木：木星在第十一宮的人對朋友寬大，會照顧團體的福利，人緣好，有完成理想的能力。相位不好會變公為私。

土：土星在第十一宮的人會對團體有強大的責任感與忠誠，喜與年長、嚴肅、專業人士交往。相位不好容易對團體造成過度的壓力與野心。

天王：天王星在第十一宮的人是一個人道主義者、烏托邦主義者。性格開放，關心真理，擁有不尋常的友誼。相位不好人際關係容易反覆無常。

海王：海王星在第十一宮的人擁有不尋常、崇高的友誼關係，個性慷慨，會與朋友彼此依賴。容易被藝術性、神祕性組織吸引。相位不好容易在團體中受騙、被猜忌。

冥王：冥王星在第十一宮，相位好的話，當事人可能是精神領袖、卓越的領導人；相位不好性格易

感、祕密戀愛的位置。相位不好戀愛、生產中會有死亡陰影；相位好的話，冥王星是一顆巨富星，利於投資。

第六宮6H：工作之宮（人間工作）

空宮：出生星圖不凸顯工作運。

日：太陽在第六宮的人會通過工作來表現自我，以工作為榮，工作是人生的主題。

月：月亮在第六宮的人身、心健康會起伏大，情緒也容易影響工作。

水：水星在第六宮的星圖主人具有知性、技術性、科學、語言方面的工作天份。相位不好易有負面想法，甚至會影響健康。

金：金星在第六宮的人擁有藝術、社交、美感的工作才能，他們會熱愛工作及同事，健康狀況也不錯。

火：火星在第六宮的星圖主人是一個活力十足的工作者，適合從事機械、外科醫生、藥物方面的工作。相位不好容易因工作過度引起健康不良、外傷、與他人衝突、脾氣暴躁等危險之中。

獨裁，同時會引來強而有力的朋友與敵人。

第十二宮12H：宗教之宮（天上工作）

空宮：出生星圖不凸顯宗教運及修行的天賦。

日：太陽在第十二宮的人會傾向於開拓自我潛意識及精神修養的人生方向，最後自我可能會消解、放下。

月：月亮在第十二宮的人容易神經過敏、性格害羞、內心情緒及心事深沉。

水：水星在第十二宮的星圖主人的思想容易進入潛意識、宗教、神祕的領域。相位不好容易神經質。

金：金星在第十二宮的人個性內向、好靜、敏感。他們的情感及美感經驗容易進入無意識或宗教領域之中。

火：火星在第十二宮的星圖主人是一個祕密行動者。個性擅於隱藏慾望。相位不好容易遭遇禁閉、密謀等危險命運。

木：木星在第六宮的人具有服務業、治療、慈善工作的天份，也通常擁有工作上的吉運。相位不好容易虛偽、放縱。

土：土星在第六宮的人性格謹慎，常常工作太認真、過勞，工作運不佳，也可能有慢性疾病、健康不良。

天王：天王星在第六宮的人會有不尋常的工作及理論，在工作上很有天份。相位不好工作、健康會不穩定。

海王：海王星在第六宮的人具有精神性、藝術性的工作天份。相位不好在工作或健康上會有重大的失落感。

冥王：冥王星在第六宮的星圖主人在工作及健康上會有兩極化的表現。

木：木星在第十二宮的人深富同情心，喜歡推動宗教與慈善事業，或喜歡探索精神領域的奧祕。相位不好會是個不切實際的理想主義者。

土：土星在第十二宮的人個性孤獨、喜幽禁、精神容易沮喪或有心理疾病的傾向。

天王：天王星在第十二宮的人對人道精神、神祕主義深感興趣，洞察力很強。相位不好容易幻想。

海王：海王星在第十二宮的人對潛意識、神祕經驗、藝術、精神治療、前世記憶有強烈的直覺及興趣。喜隱居生活。相位不好容易受嚴重的負面情緒影響。

冥王：冥王星在第十二宮的星圖主人會經歷潛意識的反省與重生，具有深刻的透視力。相位不好容易有精神、靈魂或與毒品有關的疾病。

（四）翹翹板理論

通過十二宮，可以組合成六個後天的人生議題及領域：

1. 七宮相對組合成的人生議題是「己群關係──自愛與他愛的平衡與失衡」。（火與風的組合：陽性能量）
2. 八宮相對組合成的人生議題是「財富問題──生命中的佔有與分享」。（土與水的組合：陰性能量）
3. 九宮相對組合成的人生議題是「學習問題──淺層學習與深層學習」。（風與火的組合：陽性能量）
4. 十宮相對組合成的人生議題是「家庭事業──內在的家與外在的家的平衡與失衡」。（水與土的組合：陰性能量）
5. 十一宮相對組合成的人生議題是「小大生命──個人才氣與大我情懷的平衡與失衡」。（火與風的組合：陽性能量）
6. 十二宮相對組合成的人生議題是「人間天上──世俗工作與神聖工作的平衡與失衡」。（土與水的組合：陰性能量）

所謂「翹翹板理論」，包括下列三點情形：

1. 如果翹翹板兩頭都有很強的生命能量（星辰），表示這是一個很完整、平衡的人生領域。

2. 如果翹翹板兩頭都是空宮，表示這不是當事人星圖所凸顯的部份，這不是當事人的人生舞台，上帝在這裡不講話——沒有幫忙、也沒有搗蛋，反而不太用理會、罣懷。

3. 如果星圖的翹翹板失衡，一方獨大，則正是當事人的性格特質、優點（當然也是一體兩面的缺點）或人生問題所在；而且過份發展某一宮，會導致對宮的陷落，也會造成左右兩個衝突相的宮位，譬如：一宮太強（自我），七宮會失衡（人際關係），四宮（家庭）及十宮（事業）也會形成緊張關係。詳如下述：

1. 傾向一宮的人會很自我，很有主見，情感上會要求別人配合自己的需要，相位不好會自私、獨裁。

傾向七宮的人容易犧牲、委屈自己，太在乎他人的反應及意見，相位不好容易成為婚姻或夥伴關係中弱勢、受壓迫的一方。

2. 傾向二宮的人，財富是靠自己努力掙來，少了奧援，相位不好容易吝於分享。

傾向八宮的人，財富多是從與他人的關係而來（譬如合夥做生意、娶了有錢妻子、或嫁了有錢丈夫，所以又稱為「妻財宮」或「夫財宮」），財富少了紮實的根基，相位不好易有糾纏不清的有形、無形瓜葛。

3.傾向三宮的人，學習能量往淺層學習（知識、語言、文字、資訊）一方傾斜，這是一個記憶性心智很強的人。

傾向九宮的人，學習能量往深層學習（學術、文化、哲理、研究）一方傾斜，這是一個思考性心智很強的人。

4.傾向四宮的人，凸顯了家庭的重要，相位不好家庭經驗反會成為生命的負擔。（四宮又稱「父宮」，意指「父」親是家庭中的主導力量。）

傾向十宮的人，凸顯了事業的發展，相位不好事業容易受挫、生變。（十宮反而稱為「母宮」，深意是情感因素其實深深影響著人生事業的發展。）

5.傾向五宮的人，很有才氣、創造力很強，生命能量都用在個人表現上，當然，相位不好會太愛現與自戀。

傾向十一宮的人，深富大我情懷及高貴情操，生命能量都用在大我世界的實現上，當然，相位不好會太理想化、太疏忽自己及家人。

6.傾向六宮的人，會十分要求、專注俗世的工作，這種人太要求細節的盡善盡美，而忘記現實工作其實有更高遠的追求及意義。

傾向十二宮的人，完全投身於宗教、精神及終極的關懷，這種修行者容易忘記天上與人間本來一體不二，每一樁當下人生的工作其實也都是神聖的生命學習。

所以翹翹板的一方偏重，代表了：

自愛與他愛
自財與他財
淺層學習與深層學習
家庭與事業
小我與大我
人間與天上

的偏向及失衡。

附錄：宮位的靈活運用

基礎分析

1H自我

7H人際關係

4H家庭

10H事業

財富的宮位

2H自財宮

4H遺產宮

5H投機宮

8H他財宮

靈性事業情三部曲

9H思想高度：哲學宮

11H人格高度：大我宮

12H 心靈高度：無我宮

（3H 知識高度：知識宮）

愛情三部曲

5H 戀愛宮：愛人形象及戀愛狀態

7H 婚姻宮：夫妻形象及婚姻狀態

8H 性愛宮：性伴侶形象及性愛狀態

宮位是客觀場域，星位是主觀態度：

☽ 初見時的感覺、情緒。

♀ 進一步落實的愛情態度及模式。

♂ 性傾向、性態度。

人間事業情三部曲

6H 職業：為生存工作、工作的內容與型態（工作宮）

10H 事業：為野心工作、工作的成就（事業宮）

11H 志業：為理想工作、工作的理想（大我宮）

（三個宮位的不同配合可以看出不同的事業型態。）

（投機事業則要看5H。）

五、相位、星相

（一）四大相位表

相位或稱星相（Aspect），指星辰與星辰之間的交角所產生能量的綜錯交集。

相位是占星學中一個很重要的元素，尤其一般「算命」所重視人生命運的吉凶順逆，都得看星圖裡相位的好壞；簡單的說，看一個人的好命（運）或壞命（運），全得看相位。

一般而言，星圖裡的相位，只要觀察四大星相就夠了：

合相，又稱「會」，即0度相位，

對相，又稱「沖」，即180度相位，

掙扎相，又稱「刑」，即90度相位，

諧和相，又稱「合」，即120度相位。

四大相位中，嚴格的說，只有最後一種「諧和相」是好的——吉相，其他的三種相位大半是凶的——剋相；這應了中國人的一句話：「人生不如意事十常八九。」也許，占星學告訴我們：人生的航旅就是一趟充滿挑戰的生命歷練。

下頁的「四大相位表」，對這四個相位的來龍去脈做了很詳盡的交待。

四大相位表（0、180、90、120：作用力最大的主要相位。）

4諧和相　120° △ 合 Trine	3掙扎相　90° □ 刑 Square	2對相　180° ☍ 沖 Opposition	1合相　0° ☌ 會 Conjunction
120° ± 6°	90° ± 6°	180° ± 8°	0° ± 8°
相生 合作、順利	相剋 掙扎、困難、障礙 內耗／內在掙扎／ 內耗能量／ 痛苦能量的內在化	相反 對抗、衝突或互補 戰爭／外在衝突／ 鬥爭能量／ 痛苦能量的外在化	相乘 強調、加強 正面或負面作用力
＊強大、諧和的能量及天賦，人生較easy，挑戰力量消失，使用宇宙能量也比較得心應手。 例： 金星☌水星 可能是一位音樂家。 金星△水星 只是音感很好。 ＊負面相位（90、180）的能量其實很強，比正面相位（120）更容易表現出來。	＊內在的兩難。內在能量系統的衝突。 ＊當事人會清楚而痛苦的感知到內在的掙扎。 例： 太陽☍月亮 代表父母某方不存在，另一方變得很強。哪方不存在得看日、月相位本身的正負。 太陽□月亮 代表父母的衝突、不合、關係緊張。 例：海王☍水星 可能有偏激的宗教家或神棍出現。 海王□水星 只是代表 confusing。	＊代表自我與他人、社會、外界的衝突。 ＊各行其是的外在化。對立雙方的其中一方可能消失或減弱。 ＊當事人較不易感知對立的狀態。	＊易造成人生順逆的差別性大——大好或大壞。 ＊同星座合相強於異星座合相。 其他相位相同：120（4） 90（3） 180（6） ＊合相星辰沒有其他相位傾向正面。 有其他吉或剋相則受其影響而偏向正或負面並加強，影響性質同吉或剋相。 ＊合相如後星較「慢」，影響力比較「快」大。 例：天王　　太陽 天蠍16　　天蠍16 ☌　　☌ 太陽　〉　天王 天蠍18　　天蠍18 因為前者天王星的特性較強。

（二）其他次要相位

*孤星：在星圖中沒有任何相位或正、負能量的星辰。或許具有特殊意義。

*半諧和相：又稱「半合」（Sextile）。

60° ± 2°

代表「機會」。天賦的能量較被動，需要後天的訓練與培養，不然只能敏感或欣賞，未必能創作或行動。

*半掙扎相：又稱「半刑」（Semisquare）。

45° 135° ± 1½°

代表「激怒」。

（三）關於「角距或角差」的問題

*生命能量如樂器，行星交角緊（角距小），音色愈宏亮、清晰。

*人格影響的相位容許度——寬（8至10）、心想、心理人格。

*事件形成的相位容許度——狹（4至5）、事成、事件人格。

*出生星圖中：2度內的角差——最大的影響力、人生的課題

4度內的角差——中等的影響力

6度內的角差——不那麼大的影響力

（以上三者）→ 觀察、注意自我行為的表現。

8度內的角差——心理的影響力 → 幫助內心世界的回思與尋繹。

（四）關於「相位或星相」的基礎觀念

＊星位：基礎人格。

相位：事件人格。

（推敲哪些相位已發生作用，哪些還沒。）

*相位基本有三種：

1本命星與本命星的相位→論命

2本命星與行運星的相位→推運

3自己本命星與他人本命星的相位→合盤

關係愈深的人彼此重要的相位愈多，而且一定會有土、冥相位。

例：日月合相是非常有力的合盤相位，稱「宇宙婚姻」，兩人是生命的一體兩面。

佛洛伊德與榮格是歷史上非常有名的日月合相的例子，佛洛伊德是☉金牛16°，榮格是☽金牛15°。

延伸說一下合盤中星位與宮位的關係：

如果A的金星進入B的1H，A被B的長相吸引；

進入B的5H，A被B的浪漫吸引；

進入B的2H，A被B的財富吸引；

進入B的11H，A被B的情操吸引。

如果A的木星進入B的8H，A會幫助B的財運；

進入B的1H，A會鼓勵B發展自我；

進入B的12H，A會幫助B發展精神自我。

＊宇宙星相位〉社會星相位〉性格星相位。

內行行星相位易知，外行行星相位難知。

社會星與性格星形成相位：易知。

宇宙星與性格星形成相位：易知。

只有社會星與宇宙星的相位：難知。

只有宇宙星本身的相位：更難知。

＊慢行行星在後快行行星在前的相位〉快行行星在後慢行行星在前的相位。

例：水星♋12°△海王♏12°〉海王♋12°△水星♏12°

＊同系統高低階星形成相位，力量超強，同質星亦然。

但，高階星〉同質星。

同系統形成相位：吉，更吉。

剋，較好。

不同系統形成相位：吉，較弱。

剋，更剋。

例：同階星、同質星、相融星形成相位——

天王☌木星，非常正面，低階利益的擴充。

天王□木星，困難較小。

例：異階星、異質星、衝突星形成相位——

天王☍土星，比較負面，衝突性放大。

天王□冥王，困難更大。

（五）十星相位述要

☉☽ ＊日月相位的能量體系很重要，最大的陽性與陰性能量體。

＊親子業力相位。

＊月亮相位的能量比太陽更難覺察及調整，常常與內分泌、情緒性疾病有關。

☿ ＊與知性、寫作、理性、溝通、學術……有關的相位。

＊論「命」——解讀性格，以觀察日、月、水、金、火與其他行星相位為主。

♀♂ ＊桃花相位——與異性戀、同性戀、雙性戀及性愛關係有關的相位。

♃♄ ＊最主要代表吉相與剋相。

木星的剋相也較易化解，土星的吉相也會比較辛苦。

*木、土與內行行星的相位，象徵性格能量。

木、土與外行行星的相位，象徵家庭、遺傳、社會、宇宙的能量。

♄♇ *世俗相位，必須在現實中完成的事件，又稱「執著」相位。

⛢♆ *天上相位，可以在心理中完成的能量，又稱「出離」相位。

⛢♆♇ *代表世代影響的相位，運行速度慢，所以不同星座的能量由其顯得重要。

*與內行行星形成相位，性格中表現了時代的特質（好或壞）——易知。

必須同時考慮星座與星宮。

沒有內行行星的相位，代表受命運牽引，身不由己，成為時代的寵兒或犧牲，難知。

☽♀♃⛢♇ *跟財富有關的相位。

舉例說明：

☿ 相位跟寫作、知識、語言的天份有關，尤其加上水星如果是♊♍♌♓，或水星在3H、6H、10H，更有加強效果。

☿△或☍♃：暢銷作家的傾向。

♆：藝術性強的寫作傾向。

♅：哲學、學術、科學的寫作傾向。

♄：寫實主義的寫作傾向。

☿是♊或在3H：量產作家的傾向。

♍或在6H：少產作家的傾向。

♌或在5H：跟戲劇有關的寫作傾向。

♓或在12H：靈性傾向的作家。

♀

相位跟藝術家、美感行業有關。

♀在♉♌♏，擁有感官主義的美學取向。如果加上——

♀△或☍♂：陶藝、金工、舞蹈、雕塑的藝術傾向。

☿♀

之間有0° 60° 120°的相位，象徵音樂天分、好嗓子、展現超越語言的美、或能夠寫出音樂性很強的文學作品。尤其水、金如果在♉♌♎♒♓，更加強。

0° 120° 〉60°，60°或許只是鑑賞家，不一定是作家或作曲家。

如果加上♆的相位：作曲家、作家。

♄的相位：在樂團工作或音樂老師。

♃的相位：可以得到音樂上的世俗成就。

第三章

解讀出生星圖的各種技法

——命的解析：人格特質、生命潛能與後天大勢

本章繼續講述解讀出生星圖的技術。

第一部分是以『技術』為單位，在說明『十星三位』之後，進一步介紹三分說、保護星理論、主星說、強位說、圖形結構學等等技法。

第二部分是以『議題』為單位，先後說明如何通過出生星圖分析男女關係、親子關係、智力系統及財富系統等等生命議題。

第三部分是靈魂占星學，這是新興的一支占星技術，讀者可以透過其中的分析嘗試尋找自己前世今生的靈魂密碼。

一、基本解讀技法

（一）三分說

關於出生星圖的基本解讀技法，首先介紹「三分說」。

三分說的簡單內容，上文已經介紹過，在這裡，我們嘗試通過例子更具體的說明。所謂三分說，是一個自我了解的簡法，先行透過三個主要的星座，做一個初步的自我分析。這三個星座分別是外在的太陽、內在的月亮與自我的上昇。相關的意義解析如下：

太陽星座：

基本的意義指外在人格、父系的能量、性格中的顯性面。

對星圖主人約佔30％的影響力。

月亮星座：

基本的意義指內在人格、母系的能量、性格中的隱性面。

對星圖主人約佔30％的影響力。

上昇星座：

基本的意義指自我人格、自性的能量、性格中的執著面。

上昇星座也特別指「第一印象」及「家世」兩點的涵義。

對星圖主人約佔40％的影響力。

先不管整張星圖多元、複雜的觀星技巧，通過這三個星座的分析，可以對自我的性格系統有一個基本的掌握。當然，還是要一提筆者常說的一句話：「**占星學不能一概而論**。」我們還是要強調，要有一個深度、完整的自我了解，還是得解析整張出生星圖，三分說只是一個初步的技法。

三分說還可以解決一個占星學初學者經常發生的疑惑。就是初學者常會懷疑：為什麼自己的性格與坊間的占星書籍所說的太陽星座的內容不太相同？「我不像獅子座啊？」「我沒有處女座那麼龜毛？」「我沒有雙魚座那種多愁善感的個性啊？」覺得「不準」，是許多人對占星學共有的懷疑。這就是筆者常說的，只談太陽星座是不對的，太陽星座只佔占星學內涵四分之一裡的十分之一（太陽星座只是四個基本元素中「十星」裡的其中一個行星），所以只從太陽星座論命是一個輕薄短小、不負責任的商業行為。即使從三分說的角度來說，譬如：為什麼不像獅子座，因為可能月亮星座與上昇星座都是與獅子座全然不同的巨蟹座啊！性格系統裡有70％是屬於巨蟹座的！當然當事人會感到自己更靠近巨蟹座的性格了。因此三分說至少讓我們初步窺見生命內蘊多元、複雜的可能性。接著，我們舉三個具體的例子說明：

例一：

太陽水瓶：陽、分享性格、組織者、風象
月亮射手：陽、分享性格、溝通者、火象
上昇天蠍：陰、分享性格、組織者、水象

在這個例子中，可以看出案主是一個性格複雜的人（風、火、水象兼備），生命的能量二陽一陰，陰陽能量均衡發展，而且性格相當外向，喜歡幫助、照顧別人（都是分享者星座），這是一個內心熱情（射手月亮），性格活潑（水瓶太陽），但不要忘記也有冷峻固執一面（天蠍上昇）的人。

例二：

太陽巨蟹：陰、學習性格、領導者、水象
月亮雙子：陽、學習性格、溝通者、風象
上昇巨蟹：陰、學習性格、領導者、水象

這個例子的案主的性格相當巨蟹座，讓人容易忽略它的內在層面其實是很風向、知性、多變的（雖然有70％的巨蟹，但仍然不能忽略雙子月亮），這是一個外在與內在並不一致的人。生命的能量二陰一陽，陰陽能量均衡發展，但陰性能量較多，而且三個都是學習者星座，性格比較內向、壓抑、感性、收斂（至少表面上是如此），這是一個外在穩定溫和，內心多變難測的人。

例三：

太陽天蠍：陰、分享性格、組織者、水象

月亮巨蟹：陰、學習性格、領導者、水象

上昇魔羯：陰、分享性格、領導者、土象

這個例子最大的特色是太陽、月亮、上昇全是陰性星座，所以案主的個性會呈現非常內斂、壓抑、柔弱、細緻、謹慎、低調、思想容易悲觀的明顯傾向。

（二）入垣說

「入垣說」牽涉到保護星的觀念。（請參考前文「十星說」中的「保護星表」。）

當星辰落入本身保護的星座，稱「入垣」。落入保護星座的相對星座（相隔六個星座），稱「落陷」。「入垣」與「落陷」會影響該星辰能量的強弱。

譬如中國的另一支命理學「紫微斗數」也有「廟旺地利平閑陷」的說法，代表「星力」的強弱。

關於星辰的「入垣」與「落陷」，請先行參看下圖：

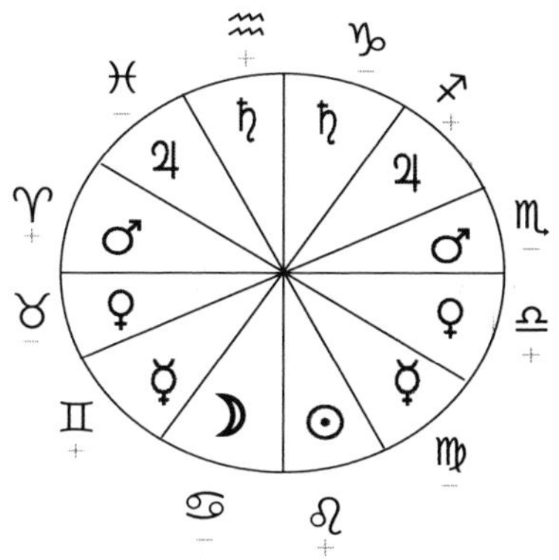

傳統保護星圖

上圖是傳統占星學對保護星的設定：

太陽保護獅子座。

月亮保護巨蟹座。

水星各管雙子座及處女座。（一陽一陰）

金星各管金牛座及天秤座。（一陰一陽）

火星各管白羊座及天蠍座。（一陽一陰）

木星各管射手座及雙魚座。（一陽一陰）

土星各管魔羯座及水瓶座。（一陰一陽）

除了日、月單管一個星座以外，其他「五行行星」各掌管一陰一陽兩個星座，表現了陰陽平衡的原理。後來「三王星」的發現顛覆了傳統的體系，而出現了「共管」的情形：

土星與天王星共管水瓶座。

木星與海王星共管雙魚座。

火星與冥王星共管天蠍座。

從保護星的觀念，即可以整理出下面的「十星入垣落陷表」：

十星入垣落陷表

入垣的星辰	落陷的星辰
日耀獅王（太陽在獅子座）	太陽在水瓶座
月照無腸（月亮在巨蟹座）	月亮在魔羯座
辰照雙子（水星在雙子座）	水星在射手座
室女在水（水星在處女座）	水星在雙魚座
雙金互映（金星在金牛座）	金星在天蠍座
金耀天平（金星在天平座）	金星在白羊座
羊火開元（火星在白羊座）	火星在天平座
火燃天蠍（火星在天蠍座）	火星在金牛座
木居人馬（木星在射手座）	木星在雙子座
山羊得土（土星在魔羯座）	土星在巨蟹座
天王寶瓶（天王星在水瓶座）	天王星在獅子座
雙魚歸海（海王星在雙魚座）	海王星在處女座
冥府天蠍（冥王星在天蠍座）	冥王星在金牛座

上表入垣的星辰，漏掉傳統占星學說法中「木星落在雙魚座」及「天王星落在魔羯座」，因為「三王星共管」的新元素加入，讓我們考慮到木星與雙魚座、及天王星與魔羯座的矛盾性質，實在不符合「入垣」的涵義。最後做一個結論：

一、如果出生星圖中有許多星辰入垣，代表當事人生命力強盛、性格正面、本命的星力強。

二、如果出生星圖中有許多星辰落陷，代表當事人城府較深沉、性格偏向、本命的星力弱。

三、如果出生星圖中都沒有或很少入垣或落陷的情況，代表當事人性格中庸、不凸顯、隨和。

（三）主星與強位說

這是一個很好用與簡易的看圖技巧。

所謂「主星」，即出生星圖中最接近天頂的星辰。象徵人生的主運或主題。

所謂「強位」，即星圖中十字軸線左右10度內的範圍。星辰進入強位，能量（星力）會得到加強，至於被加強的能量是正是負，則要看該星辰相位的正負。見下圖：

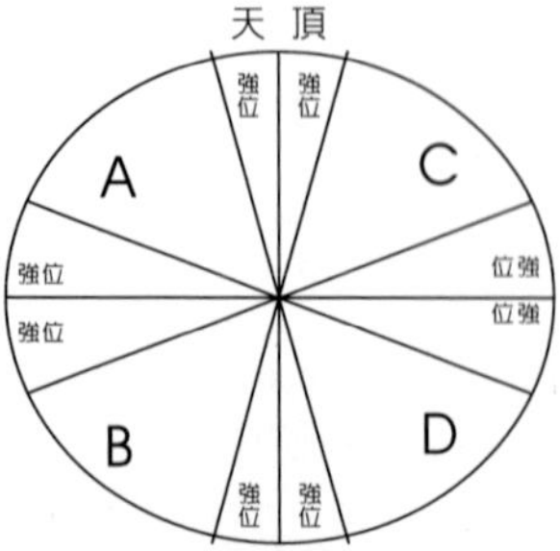

主星強位圖

在「強位」中，天頂下的強位往往就是「主星」的位置所在。

ABCD則是弱區，大約是二宮、五宮、八宮、十一宮的位置。

主星強位表

星辰	主星的涵義	強位的涵義
日	太陽不能當主星，因為太陽的高低位置是隨著每天時間改變的，譬如日正當中，太陽必定最高，因此並無意義。	強位中的太陽代表性格強勢，喜歡領導他人，主見強。
月	月亮是主星，人生多變化，相位不好人生易坎坷。	強位中的月亮代表性格較情緒化，沒有主見，容易被動軟弱，有點像詩人、作家、或藝術家的個性。
水	水星是主星，代表著述、語言、推理、溝通的才能。	強位中的水星代表喜好寫作、交易、談判、辯論，當事人可能是出色的商人、記者、律師或演說家。
金	金星是主星的人，有異性緣及藝術天賦，性格喜歡享受。	強位中的金星代表當事人儀態優美、親切友善、愛美、愛整潔、性格迷人及擁有藝術天賦。
火	火星是主星的人，勞碌命、性格衝動、小心血光之災。	強位中的火星代表當事人個性剛強好動、精力充沛、身強體壯、好勇魯莽、頗富英雄氣概，相位不好會有暴力傾向，適合從事運動員或軍人等職業。
木	木星是主星，主幸運、大器、慷慨。 註：星圖上如果主星是吉星（木、金），而凶星（土、火、海、冥）處於第二高度，象徵逢凶化吉或吉中藏凶；相反，主星是凶星，吉星處於第二高度，象徵凶中藏吉等等的複雜狀況。	強位中的木星代表擴張性強的個性，這種人自信達觀、慷慨活潑、富正義感，但也可能好高騖遠、浮華不實、眼高手低，適合從事政治家、演員或慈善家等職業。
土	土星是主星，主艱苦沉重、身負重責大任、大器晚成的人生。	強位中的土星代表收斂性強的個性，這種人拘謹內向、忠厚老實、保守盡責、刻苦耐勞、嚴肅深思，但也可能自卑悲觀、吝嗇小器、陰沉壓抑，可以造就出長期在實驗室或工作室埋頭苦幹的科學家、工程師、圖書館管理員、會計或醫師。
天	天王星是主星，主變化、不穩定、富創造性的人生。	強位中的天王星代表個性特立獨行、標新立異、驚世駭俗、喜愛自由、富創造力、喜歡不斷追求新鮮事物，適合自由業、獨立作業或創造性強的工作。
海	海王星是主星，主宗教、藝術的天賦，也代表純真、容易受騙的性格。	強位中的海王星代表個性富有宗教情懷、博愛精神、想像力豐富，但也可能思想混沌、逃避現實或自我陶醉，適合從事藝術性或宗教性等與現實較少關係的工作。
冥	冥王星是主星，主孤剋、偏激、大好大壞的人生運勢。	強位中的冥王星個性孤高冷傲、思路深邃、偏激專斷，人生路線不走中庸之道，適合從事軍人、治療師、犯罪心理學家、典獄長、巫者、革命家等與人性黑暗面有關的工作。

上表關於主星與強位的含義，法國心理學家高格林（1928-1991）曾經做過相關的精密研究[1]。高格林花了三十年時間收集了五萬多名知名人士的出生資料，進行分類的占星研究，而得到下列的結果：

*『**成功運動員**』的『**火星**』位於『**上中天及東昇點強位**』的，共兩千多人。

*『**演員**』的『**木星**』位於『**四角強位**』的，共一千四百多人。

『**新聞工作者**』的『**木星**』位於『**四角強位**』的，共九百多人。

『**政治家**』的『**木星**』位於『**四角強位**』的，共一千多人。

*『**科學家**』的『**木星**』位於『**中央弱區**』，共三千多人。

『**演員**』的『**木星**』位於『**四角強位**』，共一千四百多人。

*『**科學家**』的『**土星**』位於『**上中天及下中天強位**』的，共三千六百多人。

『**藝術家**』的『**土星**』位於『**中央弱區**』，共五千一百多人。

因此高格林的研究可以整理成下圖：

[1] 關於高格林的研究，本書是參考何鼓《電腦占星術》頁21至25。（精美出版，一九九六年一月初版。）

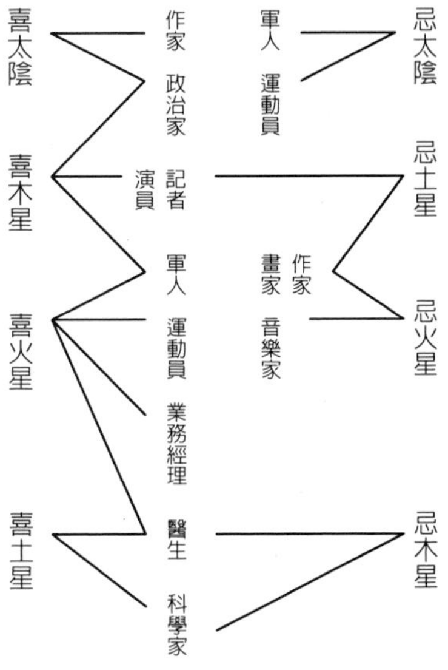

行星與職業關係圖

從上頁的數字與圖表，可以看出行星影響一個人的性向及職選，如果整理成文字，可以得出下列的結論：

醫生、科學家：土星強，木星弱（土星強的人性格務實，應走科研或專業路線。）

軍人、商人、運動員：火星強，月亮弱（火星強的人適合從商或需要強大競爭力的工作。）

演員、政客、記者：木星強，土星弱（木星強的人個性活潑，不宜理工，而適合公職。）

作家、藝術家：月亮強，火、土星弱（月亮強的人適合情感性的工作。）

另外，筆者曾經仿效高格林的研究方法，做了一個小規模的「主星」（上中天）的調查：針對三十一位中文系的師生，統計這個族群的主星位置，結果如下：

月	水	金	火	木	土	天	海	冥
4	2	3	3	5	2	6	6	0

結果顯示，中文系人的主星主要分布在四個星辰上：天王、海王、木、月。這是可以看出一點意義的：

天王：大概學文學、搞創作的人需要天王星的自由、創新的能量罷。

海王：海王星的浪漫、多愁善感的性格當然與文學系有關。

木：木星形而上、精神性的能量（相對於土星形而下、物質性的氣質）當然更符合文學人的胃口。

月：月亮作為文學人主星的意義是指文學中的情感因素罷。

也許，從不同族群的主星分布，真的可以看出社群性格傾向的一點端倪。

（四）四半球的觀圖法

知道「主星」與「強位」的解圖技巧之後，進一步可以學習從出生星圖的圖形結構去進行解讀的技法。最基本的技法是將星圖分析成四個半球，如下圖：

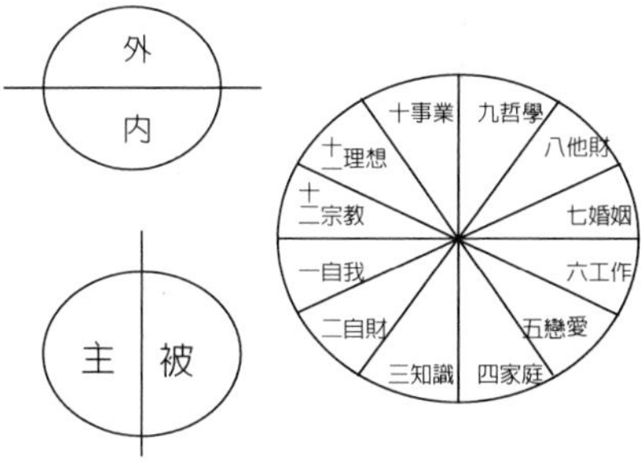

四半球圖

出生星圖可以剖成內、外、主、被四個半球，其義如下：

一、內斂型：如果有七個或以上星辰集中在下半球，則當事人性格內向，態度主觀，重視安全感，但自給自足，不假外求，比較不在乎他人對自己的觀感及意見。如下圖A。

二、外放型：如果有七個或以上星辰集中在上半球，則當事人性格外向樂觀，態度較客觀，事業心重，交遊廣闊，處事圓滑，社交能力強。如下圖B。

三、主動型：如果有七個或以上星辰集中在左半球，則當事人性格主動，主見強，決斷力強。如下圖C。

四、被動型：如果有七個或以上星辰集中在右半球，則當事人性格被動，依賴性強，但與他人的合作能力也強，精神上需要家人或朋友的指導、肯定、慰藉，遇事不易自己做主。如下圖D。

（五）星圖圖型的觀圖法

上一節所談的「四半球的觀圖法」，只是一個初步，進一步，可以更精細的區分星圖的圖型結構，藉以判斷星圖主人的人格特質。基本上，星

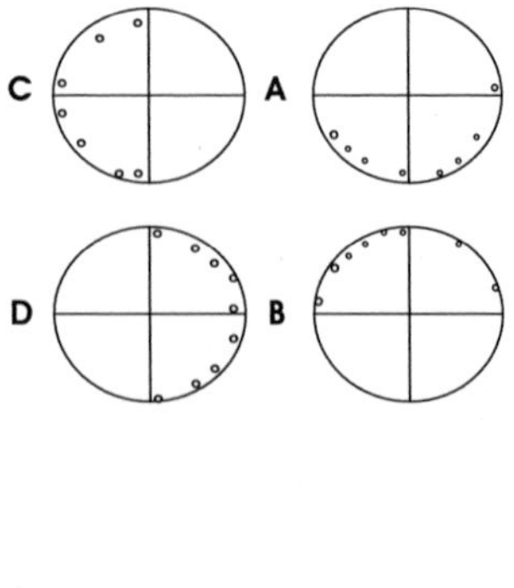

圖的圖型結構可以分成下列的十幾種：

一、分散型：星圖中星辰廣泛分布，非常分散。

代表星圖主人興趣廣泛、知識豐富，但也容易精力分散，專注力較差。

二、集團型：星辰集中在幾個相鄰的宮位中，而且不超過120度的範圍，形成一個小集團，同時在星圖中留下約三分之二的空白狀態，即典型的集團型結構。

集團型的人是明顯的專家傾向，生活型態容易集中在某個層面，思考模式比較固定，性格與分散型剛好是一個對照組，應專注、深入在某個特定領域。

三、火車頭型：星辰平均分布在星圖中240度的區域，而留下約120度的空白，整個星群被順時針方向最接近東升點的領導行星影響（如圖中的月亮），即典型的火車頭型結構。

領頭行星因此在星圖中顯得特別重要（所以要特別注意此行星的性質），提供了一種奮鬥的驅力，讓星圖主人擁有強烈的動機與動能；但由於留下了120度的空白，也因此會有特別的人生失落感。

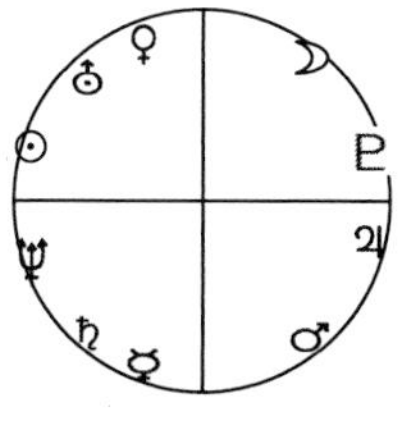

分散型

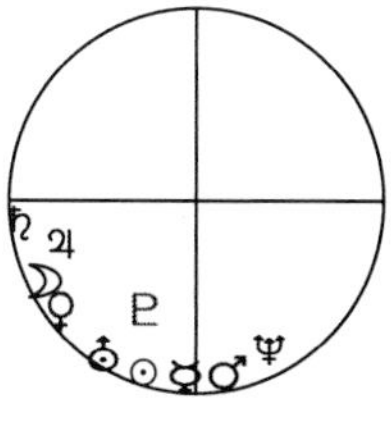

集團型

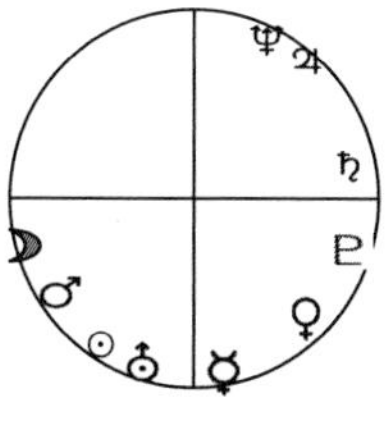

火車頭型

四、碗型：標準的碗型是指星辰全分布在地平線以上（外向）、以下（內向）或中軸線以東（主動、自我意識強烈）、以西（被動、群體意識強烈）等180度的範圍內。（請參考上一節〈四半球的觀圖法〉。）

擁有碗型結構的星圖主人清楚顯現出四種不同性格傾向的可能性。

五、提桶型：星圖中九個星辰落在180度的半圓，只有另一顆孤單的星辰落在相對的半圓中，形成水桶的「把手」（如圖中的土星），即為提桶型的星圖結構。

提桶型的人具有強烈的單一目標導向的個性，「把手」即引導星圖主人前進的目標。星圖主人可能會任性的將所有精力投注在「把手」行星所落在的宮位及相關的事件上。

六、蹺蹺板型：標準的蹺蹺板型是兩組相對位置的星辰，每一組各五個行星，但廣義的蹺蹺板只要是沒有星辰的空白部分至少涵蓋120度的範圍，也算是蹺蹺板型。

蹺蹺板型的人觀察敏銳，在決定事情之前考慮周詳，就如同

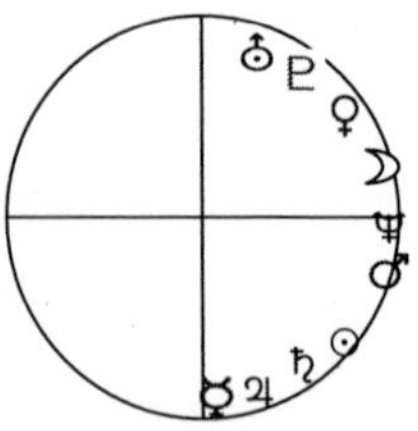
碗型

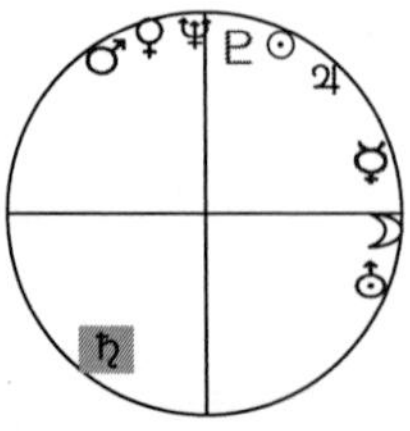
提桶型

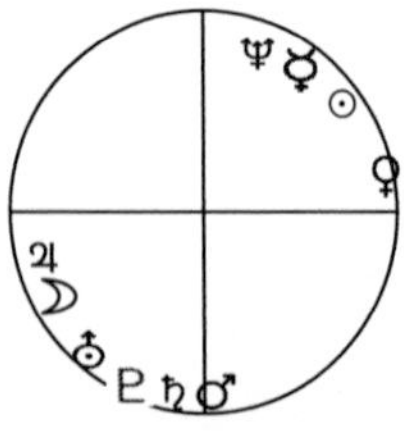
蹺蹺板型

蹺蹺板一樣，著重在平衡兩邊的重量，所以擁有這種星圖的人能考慮相反的觀點與意見，而試圖找出平衡之道，但性格也比較容易緊張。

七、擴展型：擴展型與分散型頗為相似，但星辰至少要分布成一個大三角形（三分相），且呈現兩個以上的集團，才能稱為擴展型。

擁有這種星圖結構的人相當個人主義，認為自己是獨一無二的人物，不喜歡被歸類、被貼標籤、也不喜歡被紀律或有組織的生活約束。

上述七種出生星圖的圖型結構，是美國占星學家瓊斯（Marc Edmund Jones）所提出的，稱為『瓊斯圖形』（Jones Patterns），即：分散型（Splash）、集團型（Bundle）、火車頭型（Locamotive）、碗型（Bowl）、提桶型（Buket）、蹺蹺板型（See-Saw）及擴展型（Splay）七種。

『瓊斯圖形』比較是考量星圖中所有星辰的排列組合的觀圖技巧，另外，也有一些只觀察幾顆行星所組成的特殊格局，也分別代表了不同的性格類型及傾向，下文介紹其中六種比較有名的格局：

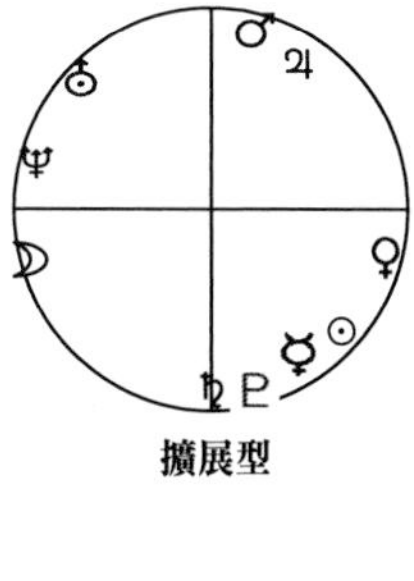

擴展型

T型（T-Square）：兩顆星辰成對相180度，又分別與第三顆星辰成掙扎相90度，稱為T型。

這種格局經常出現，第三顆行星是壓力的聚焦點，讓這顆星辰所在的宮位往往要承受最大的壓力。擁有T型星圖的人具備強大的生命能量，但性格也會比較緊張壓抑。若出現其他行星與T型三星任何一星形成諧和相或六分相，都可減輕、調解T型的內心壓力。

大十字（Grand Cross）：四顆星辰兩兩相對成180度的對相，又互為90度的掙扎相，稱為大十字。大十字中的四顆星辰都必然屬於『三分法』中的同一屬性，所以又可以分為『領導者大十字』、『組織者大十字』及『溝通者大十字』。

大十字的星圖格局確實會帶來許多困擾與衝突，象徵艱苦奮鬥的人生，特別在內在性格的問題上，當事人往往要花許多力氣去進行人格整合。如果有其他行星與大十字星辰形成諧和相或六分相，都會有解緩的可能。

大三角（Grand Trine）：大三角是星圖中常見的相位及結構，通常在同一元素內（火、土、風、水），三顆星辰互成諧和相，因此又分為『火相大三角』、『土相大三角』、『風相大三角』、及『水相大三角』。

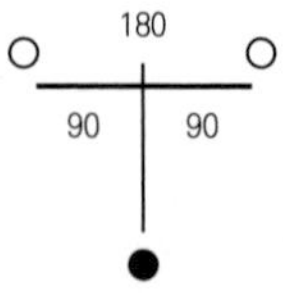

T型

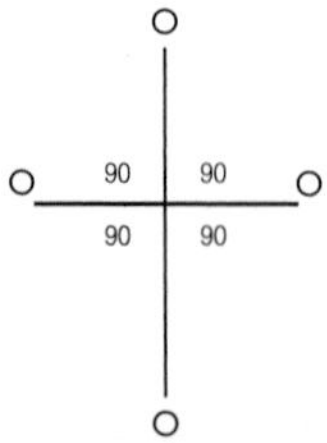

大十字

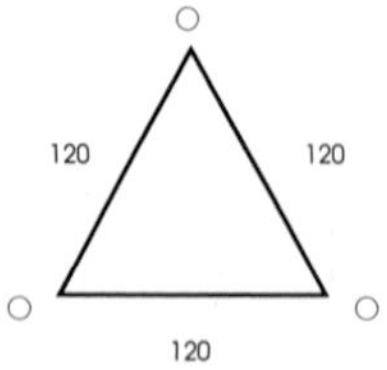

大三角

大三角的圖型結構意味著這三顆行星彼此接納融合，而帶給星圖主人某方面的天賦、創造力與諧和的氣質。但缺點是當事人往往會過度強調及依賴同一元素的特性、過於滿足現狀，而且他的天賦是不用經由努力即得到，所以容易產生懶散及不認真的人生態度。

風箏型（Kite）：大三角形的其中之一與第四顆星形成180度的對相，而與另外兩顆形成60度的六分相，第四顆星辰稱為『把手』，即風箏型。

風箏型的人擅長處理問題及挑戰，懂得利用自己的優點，能夠從容面對壓力，而『把手』行星往往有領導的意味。

命運之指（Finger of Fate）上帝之指（Yod）：兩顆形成60度的六分相行星，分別與第三顆星成150度的相位，這種圖型有點像一支箭頭，於是有人用猶太教的「上帝之指」（Yod）來形容這樣的角度。

通常第三顆行星具有特別的意義與巧合，有點類似佛家「業力」的觀念；因為150度是一個敏感的相位，而同時承受兩個150度相位的『手指』行星，更是敏感的位置所在。

星群（Stellium）：三顆或以上的星辰形成合相或在同一個交會鍊上，即為星群。

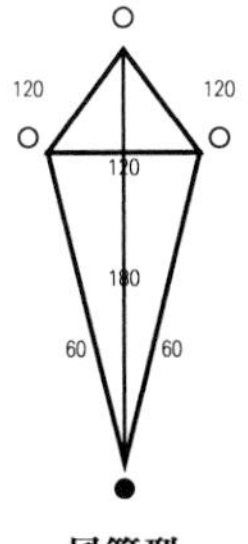

風箏型

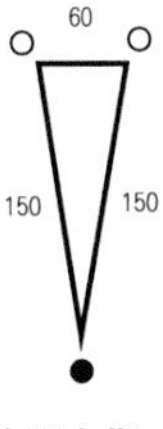

命運之指

星群代表當事人一個重要的生命主題，星群所座落的星座及宮位的意義會被放大、強調。

從星圖的圖形結構解讀生命特質是一種「巨觀法」。除了要懂得細心觀察一顆星辰的特性、星座、宮位、以及進一步的相位連線外，還要學會掌握星圖格局的深層意義；不只要做到察微知著，也要能夠綜覽全局；不只要熟悉森林裡每一個不同的地形地貌，也要具備觀察整個林相生態的能力；微觀巨觀兼備，才能夠有效深入層次複雜的生命實相。

二、進階解讀技法

（一）男女情緣：最複雜的人際關係

在這一節「進階技法」裡，我們先討論如何從出生星圖觀察兩性關係、男女情緣。

男女夫婦是最複雜的一種人倫關係——夫婦之間可以像親人（第四宮的關係）、合夥人（第七宮的關係）、戀人（第五宮的關係）、性或金錢伴侶（第八宮的關係）、同事（第六宮的關係）、朋友（第十一宮的關係）、敵人或道侶（第十二宮的關係），也可能是以上關係的複合。關於夫婦關係的複雜性，可以參考下列筆者老師曾昭旭先生的「五倫圖」：

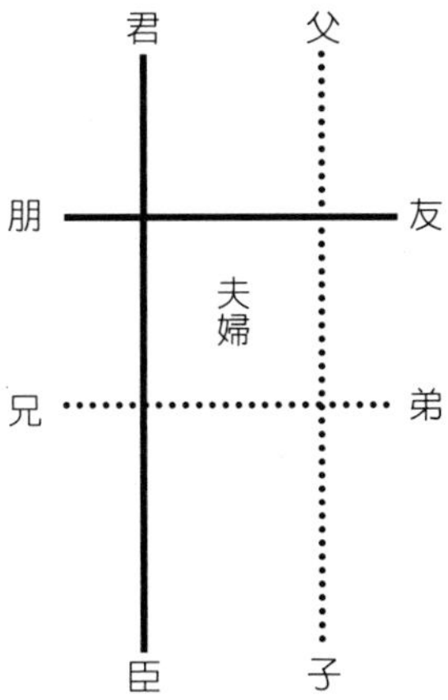

直線：長輩晚輩關係
橫線：平輩關係
實線：理性關係
虛線：感性關係
（所以夫婦關係是四種關係的綜合）

除了是最複雜的人倫關係，另外，夫婦關係是非天然的關係（沒有基因的聯繫），它沒有血緣的保障，所以必須用心經營，才可能進入天人合一的進化的愛。「君子之道，造端乎夫婦；及其至也，察乎天地。」（《中庸》）對中國文化的設計來說，處理好夫妻這種最複雜的人倫關係，可是生命成長道路的開端與終極啊！對中國文化來說，夫婦關係，是靈修道路的工具與歷程。

好了，接著，我們先行介紹占星學中關於廣義的「男女情緣、兩性關係」的解讀方法。

「男女緣」解讀技巧，包括下列九點：

1首先觀察星圖中的「四象月亮」

「四象月亮」是一種情感分類學。

通過這種分類學去清查自己及別人的情感類型。（下文再詳細介紹。）

2 接著觀察星圖中「愛情三原型」的可能性

「愛情三原型」即肉慾原型、激情原型與純愛原型。（下文再詳細介紹。）

3 觀察星圖中「金、火的偏重與平衡」

如果金星在水象，或金星落在四、七、十二、五宮——當事人會較重視「愛」，性格中女性特質較明顯。

如果火星在土象（為性而性）或火象（為衝動而性），或火星落在一、八、五宮——當事人會較重視「性」，性格中男性特質較明顯。

同時要觀察星圖中金、火之間的120 0 180 90度相位。如果金星與火星之間出現諧和相位，代表星圖主人生命中愛與性的平衡與和諧；如果出現不諧和相位，則金或火弱勢的一方會出現「移情」或「移性」的現象。

不諧和相位裡被壓制的金星會出現「移情」現象：當事人會把情感的空虛移情到藝術、宗教、小動物、慈善、小孩子的關注上；等而下者，甚至會轉移到時裝、化妝品、名牌、珠寶、跑車或奢侈品上面。

不諧和相位裡被壓制的火星會出現「移性」現象：當事人會把性的苦悶轉移到政治、商業、軍事、運動的鬥爭上；等而下者，甚至會轉移到打架、酗酒、賭博、意外事故或暴飲暴食等事情的發洩上。

4 觀察星圖中的「金星相位」

金星相位代表一個人的愛情運。觀察金星相位，包括下列幾個觀察點：

(1)星圖中的金星吉相多，代表當事人愛情運順遂；剋相多，代表愛情運不順。

(2)金星與三王星的相位影響重，與土、木的相位影響輕。（天金相位象徵驚心動魄的愛，海金相位象徵魂縈夢牽的愛，冥金相位象徵刻骨銘心的愛。）

(3)金星先天本命星圖與後天推運星圖的相位，則是炸彈與引信的關係。

5 觀察星圖中的「火星相位」

火星相位代表一個人的性愛運。觀察火星相位，包括下列幾個觀察點：

(1)星圖中的火星、三王星如果落在五、八宮，代表當事人的性能量強，較重視追求性愛。

(2)星圖中火星與三王星如果成剋相，代表當事人的性能量強，較重視追求性愛。

(3)星圖中的火星如果吉相多，也會出現「移性」現象。

(4)火星先天本命星圖與後天推運星圖的相位，則是炸彈與引信的關係。

6 觀察星圖中的「火、土相位」

出生星圖中火星與土星的剋相，代表當事人生命中潛伏著性壓抑的能量。

7 觀察星圖中的「火、冥相位」

出生星圖中火星與冥王星的剋相，代表當事人生命中潛伏著性暴力的能量。（同時包括傷害或被傷害的可能性。）

8觀察星圖中的「金火與天海之間的相位」

如果出生星圖中的金星、火星與天王星、海王星之間出現剋相，代表當事人生命中潛伏著同性戀或雙性戀的能量。

天王星的剋相是顯性的同、雙性戀的能量。海王星的剋相則是隱性的同、雙性戀的能量。

9最後，觀察第五宮（戀愛宮）、第七宮（婚姻宮）、第八宮（業力宮）的「戀愛三部曲」相關的星座、行星及相位。

如果能夠綜合上述九點的解讀技法，理當能夠認識、了解星圖主人完整而深刻的兩性關係的底蘊。跟著，在上述九點的基礎上，我們再進一步補充四點關於「夫婦緣分」的解讀技法。

「夫妻緣」解讀技巧，包括下列四點：

1男性星圖主人要看月亮，女性星圖主人要看太陽。

土星、三王星與日、月成剋相，代表夫妻運困難。

木星、土星、三王星與日、月成良好相位，代表夫妻運較順遂。

2日、月的先天本命星圖與後天推運星圖的相位，則是炸彈與引信的關係。

3接著觀察出生星圖中與夫妻生活特別有關的第四宮、第七宮。

4最後，解讀兩個人的夫妻緣，當然可以參看兩人的合盤。

整理完整體的解讀技術，接著，在本節的後段，筆者補強其中兩個關於夫婦情緣的觀圖技巧的細項——「四象月亮」的情感分類學及「愛情三原型」的愛情人格分析。

首先，先看「四象月亮」的情感類型學。

【1水象月亮／☽ in W】

感覺星座——擁有比別人多的情緒與感覺。用感覺去感覺。

水象月亮的星圖主人，除了性、愛以外，還需要與他人共享真實生活裡的親密關係。

(1)雙魚座月亮：情感氾濫型

月亮雙魚座的人情感豐富，深具同情心。

這種人容易被自己的感覺淹死；相位不好，愛抱怨別人不了解自己的心情（其實連他自己有時也不了解自己。）

(2)巨蟹座月亮：情感細膩型

巨蟹座落入本命月亮，母性強，情感較穩定，勇於為他人付出。

相位不好，容易受傷、愛抱怨、訴苦，覺得沒有人了解自己，容易關在自己的情感牢籠裡。

(3)天蠍座月亮：祕密感情型

月亮天蠍座的人感覺異常豐富，但不肯輕易表現出來。

這種人只有在極安全的關係中才肯流露感覺，而對一般人的了解會感到亦喜亦懼。

【2土象月亮／☽ in E】

壓抑感覺的族群。感覺及表達都感到困難的人格。

(1)金牛座月亮：懶惰型

月亮金牛座的人基本上內在情感和諧。

這種人性格太被動，懶得表達感覺，或把感覺用在物質性事物之上。

(2)魔羯座月亮：缺席型

月亮魔羯座是個大落陷，容易造成星圖主人「缺乏感覺」，當事人常常會與母親無緣，從童年開始即缺乏「培養情感」的環境，所以造成感情的缺席或壓抑。

(3)處女座月亮：壓抑型

月亮處女座的人有感覺，但壓抑嚴重；可能與母親的管教很挑剔有關，造成星圖主人表達感覺很困難，變得很曲折、很有心機。

【3火象月亮：☽ in F】

這是感覺太忙，情緒太跳動的族群。缺乏親密關係時的安靜情緒。

(1)白羊座月亮：獨立型

月亮白羊座的人的情緒相當自我中心，要別人配合，卻無耐心配合別人。情感上相當獨立，不太需要親人或朋友的支持。

(2)射手座月亮：流浪型

月亮射手座的人性格樂觀、有活力，情緒來得快、去得也快。

這種人感覺常常在旅行或忙碌。喜歡新事物，與固定關係的人溝通卻容易感到不耐。

(3)獅子座月亮：舞台型

月亮獅子座的人情緒十分戲劇化，喜歡成為注意力中心。

這種人性格熱情，但情感並不深細；在感覺上喜歡當主角，不耐煩當聽眾。

【4風象月亮：☽ in A】

這是溝通需要、精神需要強於感覺需要的族群。土象月亮只是情感的壓抑，風象月亮才真正是情感的消失。

(1) 雙子座月亮：知性型

月亮雙子座的人善於討論、分析感覺，把感覺知性化，而不是感性化。

這種人性格太善變，感覺容易受思考影響。

(2) 天秤座月亮：配合型

月亮天秤座的人情緒彈性大，與各種月座的人都能相處，人際關係會處理得很得體。

這種人喜歡「包裝」感覺，卻害怕流露情感會造成不平衡及他人的困擾，更不敢袒露負面的情緒。

(3) 水瓶座月亮：疏離型

與水瓶月座的人初交時會覺得他們很好相處，這個族群適合社團式的交往。

認識深了，會發覺水瓶月座的情緒相當疏離、客觀、甚至冷漠。可以與他們討論情緒，卻不能分享情緒。

接著介紹「愛情三原型」的愛情人格分析。

「愛情三原型」包括**肉慾原型**、**激情原型**、**及純愛原型**。這是占星名家韓良露在其著作《愛情全占星》裡所提出的說法[2]。

---

[2] 這裡關於「愛情三原型」的說法是採用韓良露《愛情全占星》PART 1之6。（方智，一九九八年二月初版。）

「愛情三原型」講的是人類愛情中所經歷的不同層面、原型或模式。通過這三原型的尋幽探密，讓我們了解愛情的複雜與奧妙。在個人的出生星圖之中，或擁有其中一個原型、或兩個、或三、或全部、或全無、或三個原型同時作用、或分期發作、或隱、或顯、或渾渾噩噩不知它深刻的影響著我們……這些都是每個生命擁有著不同的愛情程式的緣故。在下文，我們將陳列構成三個原型的條件：

1 肉慾原型的條件

(1)當火星在土象星相（主要在金牛或魔羯），即是肉慾原型的愛情人格。

火星在魔羯、金牛是可以為性而性的族群，但這些人會相當小心，只會接受絕對安全的性。

至於火星在處女座則很難著火。

火星在火象星座的人，會通過性來滿足他的征服慾望；性，對他們來說，來得快去得也快；

其實，花，只是火星火象人的一個象徵。

火星在水象星座的人，在性中交織了太多的感覺、心結與情緒。對他們來說，純肉慾會帶來負面的傷害。

火星在風象星座的人則各不同：火星雙子像一個情慾田野調查員，火星水瓶的人理論前衛但行動保守，火星天平的人只能接受有氣氛、纖細的性。

(2)當火星在第八宮、第五宮，即是肉慾原型的愛情人格。

2 激情原型的條件

(1)當金星在天蠍座、或火星在天蠍座、或金星在第八宮、或火星在第八宮，都符合激情原型的愛情人格。

(2)當冥王星與月亮、金星形成相位，即符合激情原型的愛情人格。（如果行運的冥王星與本命的金星形成0 180 90度的相位，或行運的冥王星進入第八宮，也會影響、激發星圖主人的激情原型人格。而且冥王星的運行很慢，影響力也會加強。）

3 純愛原型的條件

(1)正面的純愛原型指：金星在天秤座，或金星與月亮、海王星形成和諧相位。

(2)負面的純愛原型指：金星在天秤座受剋，或金星與月亮、海王星形成不和諧相位。

在三原型之中，擁有肉慾原型的人當然重視性，或者說在這個族群的兩性關係裡，性是很重要的一個主題，他們擁有很強的性能量，但並不是說肉慾原型的人沒有情感或精神的需要，只是說肉慾是他們生命中一個最被凸顯的部份罷了。

性對激情原型來說不是主題，而是點燃機制或助燃劑。擁有激情原型的人，生命中有一股神祕力量，這股神祕力量會讓星圖主人終其一生為一段情、一個人、一件事或一個理想甘願付出靈魂的代價，而性會幫助這個激情事件推展至最高峰，但性並不是激情本身。激情其實是一種靈魂的渴望，而不是生理的衝動。另外，激情是文學、藝術中最常使用的主題，譬如金庸小說中的楊過、段譽，以及電影名著中的《鐵達尼號》、《麥迪遜之橋》，都是討論愛情中的激情課題的作品。大概激情是兩性關係中最容易激動人心的元素，而最容易引起讀者的共鳴罷。

至於擁有純愛原型的族群，性對他們來說倒真是可有可無的存在。他們是柏拉圖式愛情的奉行者，追求的是精神的愛戀。這個族群彷彿天上的謫仙或折翼的天使，他們渾不懂人間情愛的七情六慾；如果是負面的純愛原型，甚至會有虛偽、假仙、太講究人際之間的行禮如儀而缺乏情感血肉的毛病。也許，這些精神愛戀者來到人間更深層的功課，就是要去面對與經歷人間情慾風暴的洗禮罷。

筆者曾經遇過有人同時擁有這三種原型，當然可以觀察到星圖主人愛情世界的幽微深隱。但更多的星圖是全然沒有這三種原型的存在，當然這並不表示當事人缺乏愛情的細胞，因為愛情世界變化萬千，這僅僅代表星圖主人的愛情特質不凸顯在這三個面象而已。好了！拿出你的出生星圖，細心尋繹你的愛情人格的內裡乾坤罷。

（二）父母情緣：最根源的人際關係

解析完男女情緣，接著討論如何從出生星圖觀察親子關係、父母情緣。

如果說夫婦是最複雜的一種人際關係，那麼，父母子女便是最根源的一種人際關係、最沉重的一種人際關係。而在這種人際關係中，上對下的關係是人間道場（教養子女可能是最重要的一種教育工作），下對上的關係則是人文進化（孝親並不是生物界的自然行為）。

進一步，人間大多數的親子關係都是沉重的，所謂「天下無不是的父母」、「父母總是愛我們的」、「虎毒不食兒」，從來都不是（完整的）事實，從來都不是人間歷史及自然法則的絕對真理。在筆者的個人經驗中，更是鮮有看到一張顯現完整家庭的出生星圖。反而本文附錄所介紹的「情感傷害三段論」及「控制戲理論」，更符合占星學原理及人間的事實。我們先行介紹占星學中關於「父母情緣、親子關係」的解讀方法。

「父母緣」解讀技巧，包括下列七點：

首先必須了解從出生星圖解讀親子關係，最主要是看日月行星，而太陽月亮最主要包含三種涵義：↓代表親子互動的模式↓本身人格世界的外在與內在↓丈夫與妻子的象徵。

接著，下面列舉的就是從出生星圖解讀親子關係的整體技巧。

1首先觀察星圖中最近下中天的行星，這是透露原生家庭狀態的資訊。

2接著觀察星圖中日、月的星座，代表親子的互動模式。

3觀察日與月的相位，日與月的0 180 90與120度的四種相位，象徵父、母親本身互動的四種型態（下文再詳細介紹。）

4觀察日、月與其他行星的相位，代表六種父母親的型態。（下文再詳細介紹。）也可以參照六型解讀四宮及十宮內的行星相位。

5觀察四宮（家庭宮）內的行星及星座。

6也可以進一步觀察四宮（又稱父宮／或靠近天底）與十宮（又稱母宮／或靠近天頂）的陰陽行星的配置及有否對沖（5度內）。

7最後，也可以參考後天推運的親子關係的發展。

綜合上述七點的技術，理當能夠完整而深刻的認識、了解星圖主人的親子情緣。跟著，我們再進一步補強上述第3、4點的解讀技法。

日與月之間的四大相位，象徵父、母親本身互動的四種型態：

1日月合相（0度）

(1)代表父母人格的同質性高，可能是嚴父嚴母或慈父慈母。

(2)星圖主人的男性或女性原則的人格學習必有一方欠缺，造成長大後的人格特質缺乏互補及彈性。星圖主人的自我會很強，與性格異質的人會相處困難。

易與類似的人結合，卻彼此學習貧乏。星圖主人會很重視習慣，視野較狹小，要學習與不同的人相處及溝通。

2日月對相（180度）

(1)代表父母性格衝突非常嚴重，容易離婚。

(2)星圖主人從小目睹父母親從親密愛人轉變成敵人關係，容易造成人格及情緒的重大傷害。影響到長大後在親密關係中不敢全然展示原有的人格或情緒，會否認或壓抑一部分的自己。會變成一個很難相處的人，也容易重蹈父母親的情感風暴。也會造成體質不佳，個性內外矛盾或自我控制力差的毛病。

3日月掙扎相（90度）

(1)代表父母性格非常不同，婚姻關係中充滿緊張；讓小孩子在這種家庭氣氛中，無法發展出互補的人格學習。

(2)星圖主人從小被教育婚姻即戰爭，長大後便學不會平和理性的解決人際及配偶間的爭議。星圖主人的童年經驗未被教導說理，學不會輕鬆的解決問題。性格中充滿內在焦慮，也容易給人壓力。

4日月諧和相（120度）

(1)代表父母性格及情緒的協調度高，彼此能夠和諧相處。

(2)星圖主人長大後較容易與他人建立穩定的親密關係。也能夠心平氣和的解決問題。內外性格比較和諧一致，會給自己及別人舒服、柔和的感覺。溝通能力強、人緣佳、自信、沉著。生命中充滿諧和的光輝。

日、月與其他行星的相位，代表六種父母親的型態：

1日、月與土星形成相位的涵義——土星爸爸、媽媽

土星爸爸，包括 ↓日土諧和相位／權威式教育／對孩子影響嚴重
↙日土不諧和相位／高壓式悲泣式教育／對孩子影響極嚴重

土星媽媽，包括 ↓月土諧和相位或不諧和相位卻角距大／權威式教育／對孩子影響嚴重
↙月土不諧和相位或月在魔羯座／冷酷式悲泣式教育／對孩子影響極嚴重

}對孩子太嚴厲、太冷漠

2月與冥王星形成相位的涵義——冥王星爸爸、媽媽

冥王星爸爸，包括↓日冥諧和相位／激情型教育／對孩子影響嚴重
↙日冥不諧和相位／黑暗型教育／對孩子影響極嚴重

冥王星媽媽，包括↓月冥諧和相位／激情型教育／對孩子影響嚴重
↙月冥不諧和相位／恐懼型痛苦型教育／對孩子影響極嚴重

}造成孩子壓力太大、精神不安

3日、月與天王星形成相位的涵義——天王星爸爸、媽媽

天王星爸爸，包括
↓日天諧和相位／自由型不平凡型教育／對孩子影響良好
↙日天不諧和相位／孤僻型不負責型教育／對孩子影響嚴重

天王星媽媽，包括
↓月天諧和相位／自由型獨立型教育／對孩子影響良好
↙月天不諧和相位或月在水瓶座／古怪型教育／對孩子影響嚴重

（以上兩項嚴重者）→ 孩子受忽略，性格不穩定

4日、月與海王星形成相位的涵義——海王星爸爸、媽媽

海王星爸爸，包括
↓日海諧和相位／藝術型仁愛型教育／對孩子影響良好
↙日海不諧和相位／犧牲型受苦型教育／對孩子影響嚴重

海王星媽媽，包括
↓月海諧和相位／藝術型仁愛型教育／對孩子影響良好
↙月海不諧和相位或月在雙魚座／犧牲型受苦型教育／對孩子影響嚴重

（以上兩項嚴重者）→ 孩子會變得太濫情、太軟弱

5日、月與火星形成相位的涵義——火星爸爸、媽媽

火星爸爸，包括
↓日火諧和相位／事業型衝刺型教育／對孩子影響良好
↙日火不諧和相位／暴力型衝動型教育／對孩子影響嚴重

火星媽媽，包括
↓月火諧和相位／事業型衝刺型教育／對孩子影響良好
↙月火不諧和相位或月在白羊座／暴力型衝動型教育／對孩子影響嚴重

（以上兩項嚴重者）→ 孩子會被影響得太衝動、太暴力

6日、月與木星形成相位的涵義——木星爸爸、媽媽

木星爸爸，包括

↓日木諧和相位／遊戲式自由式享樂型教育／對孩子影響良好

↙日木不諧和相位／放縱式揮霍式教育／對孩子影響嚴重

木星媽媽，包括

↓月木諧和相位／遊戲式自由式享樂型教育／對孩子影響良好

↙月木不諧和相位或月在射手座／放縱式揮霍式教育／對孩子影響嚴重

（日木不諧和相位、月木不諧和相位→）孩子會變得太驕縱、太浪費[3]

接著下文的兩個附錄，是嘗試從占星學以外的視野，去探討原生家庭負面親子互動的問題。

---

[3] 關於日月之間的相位，及日月與其他行星之間的相位，本書是採用韓良露《愛情全占星》PART4「家庭之愛」的說法。（方智，一九九八年二月初版。）

附錄一：「情感傷害三段論」模型——親子相待的痛楚與溫柔

痛苦的童年
一度傷害 →
錯誤的親子互動

烙印、拷貝
三種可能性

↓

切斷一、二階段的因果鎖鏈
清理過去的一生
培養選擇自覺、幸福的婚姻
及人生第二階段的能力

痛苦的婚姻
二度傷害 →
錯誤的配偶互動

烙印、拷貝

↓

切斷一、二及三階段的因果鎖鏈（難度倍增）
總結、修正大半生的錯誤
培養選擇自覺、幸福、寧靜的晚年及親子關
係的良好互動的能力

痛苦的晚年及子女
三度傷害
錯誤的親子互動

附錄二：「控制戲」理論（control drama）

通過「控制戲」理論，讓我們正視、反省、革除控制別人的手段、惡習，正視過去生命中的憂傷，並從而提煉出智慧，重新連結被切斷的宇宙能源。

分析童年時期形成的無意識的「控制戲」（control drama），認清家庭中大人小孩能場的爭奪方式。從生命進化的角度重新詮釋家庭歷史，找出真正的自我。

通過分析「控制戲」，清理過去的一生。「控制戲」共有四種兩大類：

積極、強勢的控制戲

1脅迫者（intimidator）

通過言詞、精神、武力威脅或肢體暴力，強迫別人順從自己的意志，吸取別人的能。（白羊座的把戲）

2審問者（interrogator）

專挑對方言行裡的毛病，不斷批評，一步步摧毀對方的的世界，造成對方怯懦不安，吸取別人的能。（雙子座的把戲）

消極、弱勢的控制戲

3冷漠者（unconcerned man）

保持距離，裝作冷漠，裝cool，吸引別人的注意及好奇，讓別人的能流向自己。（天蠍座的把戲）

4乞憐者（poor me drama）

苦肉計，扮演悲劇腳色，甚至暗示對方該對自己的苦難負責，讓別人背負自己的情感十字架，讓別人忍不住愧疚，讓能流向自己。（雙魚座的把戲）

「控制戲」的因果關係：

1脅迫者→冷漠者→乞憐者→脅迫者（以後的）
2審問者→冷漠者
3冷漠者→審問者
4乞憐者→冷漠者→審問者→脅迫者

結論：

1超越控制戲→真正的自由人→為生命尋找更高的定位（關懷者、協助者、溝通者、傾聽者、擁抱者……）→為出生在自己的家找出精神上的原因→探索真正的自我。

2「戳破」他人玩控制戲的把戲。

3「生命進化」是超越控制戲的終極目標[4]。

(三)知性系統：知識的瑰寶

從出生星圖觀察一個人的ＩＱ、知性系統、思維模式、思考速度，最主要是透過星圖中水星的星位、宮位及相位去觀察。綜合三者判斷，當能完整的了解一個人的思想天地。好了！準備好去閱讀你生命藍圖裡的水星故事了嗎？首先，下文先行解讀四象水星的涵義。

「四象水星」分析：

1風象水星

★雙子座水星：萬事通型（垣）

水星雙子座的人博學多聞、機智、聰敏、多言、溝通力強。

缺點是不耐煩縝密漫長的整理工作，性格、行事容易往而不返。

[4]關於「控制戲」理論，請參考James Redfield著，李永平譯《聖境預言書》中的「第六覺悟」。（遠流，一九九五年十一月初版。）

★天秤座水星：四平八穩型

水星天秤座的人思想中和，溝通及了解力強。

性格容易猶豫不決，做事喜歡拖延。

★水瓶座水星：非主流型（強）

水星水瓶座的人富創意，喜歡變化，個性多元，但思想審慎、理性，兼具經驗思考及本能思考的能力。

缺點是容易有「覺得自己懂得比別人多」的驕傲，但思想容易雜亂。

2土象水星

★金牛座水星：深思熟慮型

水星金牛座的人大智若愚，性格謹慎，有耐性，喜歡收集東西。

但容易反應遲鈍、頑固、主觀、守舊。

★處女座水星：條理分明型（垣）

水星處女座的人思想精確、細心，擅長結構分析、邏輯推理。

缺點是容易鑽牛角尖，能夠照顧細節，但格局不大。

★魔羯座水星：實事求是型

水星魔羯座的人是理性主義者，個性謹慎，擅長計算及長期思考。

缺點是容易產生負面思想，相位不好會容易沮喪、猜疑及掩飾事實真相。

3 火象水星

★白羊座水星：決策者型

水星白羊座的人個性決斷、自信、想法有新意、充滿活力型的思考。

但容易有自我中心的思考方式，性格也容易衝動。

★獅子座水星：創造力型

水星獅子座的人創意多、善計畫、組織能力強、喜歡表現、個性樂觀。

缺點是容易眼高手低、自大、頑固。

★射手座水星：哲學家型

水星射手座的人想法多、思考速度快、觀念開放、個性樂觀、直言。

缺點是缺乏定力、難集中，性格過於理想化，往往概念思考能力強而務實思考能力弱。

4水象水星

★巨蟹座水星：情感豐富型（陷）

水星巨蟹座的人觀察敏銳、想像力強。

但邏輯性弱、分析力弱、往往理性不足。

★天蠍座水星：直覺犀利型

水星天蠍座的人理性、邏輯性強、直覺力強大、記憶超強。

缺點是多疑、口舌辛辣、攻擊性思考過強、報復心重。

★雙魚座水星：潛意識型（陷）

水星雙魚座的人很敏感、感性、同情心強、說話溫和。

但水星在雙魚座失去清晰度，變成一個典型的小迷糊、傻大姐，容易受傷及迷失自我，理性能力弱。

補充說明：

理性的水星落在巨蟹、雙魚會變得模糊——數理能力差而文藝能力強。

水星白羊座的人言語熱情；水星射手座的人則正義直言，敢為朋友抱不平，向上司抗議，而容易引起衝突。

水星魔羯座及水星雙魚座的星圖主人則容易有負面思考。雙子、水瓶、射手的水星則容易想得太多，思想常常不受控制。處女水星從顯微鏡看人生，卻不能燭照全局，精明而不高明。

分析完水星的星座，接著看水星在十二宮的不同表現。

「水星在十二宮」的意義：

水星在第一宮（自我之宮）

天生的獨立思考家

水星一宮人個性好奇，收集資料能力強，主觀，常常有獨特看法，聰明出眾，機智，表達能力強，學習能力強。

如果水星的相位不好會喜歡爭論、愛折服別人、給人壓力。

水星在第七宮（人際關係之宮）

溝通專家

水星七宮人喜歡經驗及思考各種人際關係，喜歡與許多人溝通，害怕束縛性的關係，可能適合從事教育。熱衷於心智交流多於感情承諾，喜歡「學習型」的愛情生活。

如果水星的相位不好，這是著名的「離婚宮位」。星圖主人會沉迷多姿多采的男女關係，一生中必有兩次重要的伴侶關係。

水星在第二宮（財富之宮）

超級財經頭腦

水星二宮人的投資賺錢能力很強，而且管道多元化。

如果水星的相位不好，這種人整天想的都是錢。

水星在第三宮（知識之宮）

情報蒐集專家

水星在一宮、三宮，或太陽、水星在雙子座，都是超強水星人。這個族群好奇心強，語言能力強，具強烈溝通慾望，學得快、用得也快。

這個族群往往缺少點深度或高學歷，交往三教九流，相位不好更喜歡賣弄知識。

水星在第八宮（業力之宮）

神祕思想家

水星八宮人是天生人類潛意識的「偷窺者」。喜歡探索神秘性事物，對生死及權力很敏感，具心理學家特質，性格精明犀利。

如果水星的相位不好，容易身陷上述主題的迷思，小心與近親產生性、金錢、權力的糾葛。

水星在第九宮（哲學之宮）

卓越的哲學家

水星九宮人具有研究高深學問的生命本質，心靈深邃而思路宏觀。

如果水星的相位不好，容易好高騖遠。

水星在第四宮（家庭之宮）

傳統型思想家

水星四宮人很重視根、傳統、過去經驗，喜歡與家庭有關的知性活動及研究工作。

如果水星的相位不好，容易與家人溝通不良、產生磨擦，會在家人之間不自覺用批評、挑剔代替愛與關懷。

水星在第五宮（創造之宮）

遊戲玩家型頭腦

水星五宮人熱愛各種和心智、溝通、文字有關的遊戲，也喜愛具有出色心智活動的愛情；會說笑、文筆好，也注重小孩的知性教育。

相位不好的話會玩物喪志，常常只限於「談」戀愛而態度不認真，或者會要小孩學太多東西。

水星在第十宮（事業之宮）

事業型頭腦

水星十宮人具有很強的管理、計算、組織、籌劃、決策等能力。

如果水星的相位不好，當事人會權威感太強，思想太世俗。

水星在第十一宮（理想之宮）

夢想家

水星十一宮人喜歡在朋友群體之間進行心智及溝通活動。性格充滿理想及人道主義。

水星相位不好的話，思想容易博雜。

水星在第六宮（工作之宮）

務實型頭腦

水星六宮人具有縝密的研究能力，喜從實際角度探討問題，批判力強。

相位不好的話思想角度容易侷促、固執。

水星在第十二宮（宗教之宮）

詩人或靈修者頭腦

水星十二宮人直覺力強大、潛意識深沉，彷彿心靈與宇宙磁場接上線。性格喜歡深思、藝術感強，容易接近靈修思想。

相位不好的話可能會心智糊塗、迷亂、容易被欺騙。

最後，一一檢視水星與其他行星形成的各種相位所代表的簡義，作為水星巡禮的最終一站。再一次強調，必須把水星的星座、宮位及相位綜合起來分析，才能得到一張完整的水星心智地圖。

「水星相位」的意義：

水日相位　**0度**：知性系統成了人格世界的主要結構，個性好學、多言。

後天推運的相位：學習意願的激發。

（水日之間只會出現0度相位。）

水月相位

0度：內在、潛藏的聰明及情緒上的知性化與好動。

180度：情緒干擾溝通與思考。

90度：情緒障礙溝通與思考。

120度：情緒與知性系統的合作無間，想像力強。

後天推運的相位：想像力、活潑情緒的激發。

水金相位

0度：知性系統成了愛情世界的主要部份，相位好代表談戀愛不會盲目。或象徵藝術才華或言語優雅、能夠發出優美的聲音。

後天推運的相位：象徵戀愛的語言或情書。

（水金之間只會出現0度相位。）

水火相位

0度：心智與行動的彼此加強，或代表個性口直心快。

180度：心智與行動的無法協調、溝通而導致衝突。

90度：心智與行動的障礙，陷入口舌是非。

120度：心智與行動的一致、諧和。沒想那麼多，就做得很順。

後天推運的相位：激發直言的爆發力或發生衝突、批評、責備的情況。

水木相位

0度：心智的拓展、成長在教育、文學、旅行、哲學、宗教等領域。

180度：與他人不同的觀點造成的衝突或激發。

90度：現實心智與理想心智的糾結。
120度：心智的拓展、成長以及有進一步很好的執行、表現的機會。
後天推運的相位：象徵關於好消息或旅行、演說的機會。

水土相位

0度：象徵紀律、規範的思想，或太刻板、束縛的心智。
180度：權威體制及獨立心智的對立、掙扎、壓制或解放。
90度：權威體制及獨立心智的內悶，造成性格的吝嗇、退卻、被動。
120度：象徵實際、嚴謹、效率、專注的心智，長於邏輯、數理、法商、政治等領域。
後天推運的相位：關於壞消息。

水天相位

0度：象徵不凡、卓越、奇特、原創或古怪、偏激、不近人情的心智。
180度：不羈、自由、獨特的心智帶來的興奮以及與他人衝突的煩惱。
90度：穩定、邏輯的思考與原創、激進的思想之間的不協調。
120度：象徵多智、妙算、博聞，適合從事占星、新科技、神祕學、社會改革等領域。
後天推運的相位：象徵關於意外消息或腦力激發。

水海相位

0度：象徵潛意識、神祕性思想的激發或陷溺。
180度：象徵心智的誤解、困惑、欺騙，容易有自欺欺人或迷信傾向。
90度：意識及潛意識思考的衝突、障礙，當事人理性超弱。

120度：象徵潛意識能量龐大、想像力豐富、宗教感很強。
後天推運的相位：象徵關於困惑的消息或宗教性資訊。

水冥相位

0度：象徵神祕性心智的激發或代表思想偏激。
180度：象徵多疑、迷亂、負面的心智，也可能指口才不好。
90度：象徵緊張、黑暗、不安、掙扎、偏激的思想。
120度：象徵思想的蛻變及提升。適合從事科學、靈學、醫學、犯罪學等領域。
後天推運的相位：象徵關於不利消息或發生思想的轉變。

補充說明：

1水星的諧和相位愈多，代表知性系統愈強；不諧和相位愈多，代表知性系統愈弱。
2水星太陽成合相，象徵知性系統成了人格中的主流成分。如果又落在第一宮，又進一步加強。

（四）財富系統：人間的價值

錢，不只是錢的問題而已。
金錢，不只是關係到基本生存，同時也是推擴理想、實現願望的一個工具。

進一步，金錢不只可以換取麵包，而且面對、處理金錢的不同態度，也等於是反映了每一個人不同的精神價值的一面鏡子。所以，這裡所謂的財富，意義包含了物質性的財富及精神性的財富。

在占星學中，反應一個人的財富系統的，最主要是月亮及金星的星位、宮位與相位。這是一個很有意思、很深刻的設計。因為一般為人熟知的，月、金掌管的是一個人的內心情感及愛情，但鮮為人所知的，月亮、金星也掌管一個人的麵包。原來占星學要告訴我們的是：愛情與麵包其實是一體的兩面啊！精神與物質、形下世界與形上世界其實是有著千絲萬縷密不可分的關係的。另外，月亮是媽媽的象徵，同時也代表財富，所以社會上很多巨富的星圖通常都有著很好的月亮相位，代表了龐大的財富及長壽的媽媽往往是同時存在的現象。原來，母愛與財富也是有著深刻關聯的。

好了，通過下面的分析，我們先行看看月、金的星座所代表不同的「用錢態度」。

月亮及金星的星座象徵一個人用錢、處理金錢的態度及方法，如果在同一張星圖裡，月、金星座的性質不同甚至是矛盾的，則代表星圖主人使用金錢的歧異及雙面性格。

四象月亮、金星所代表的，是不同族群的「用錢態度」：

1 **土象月、金**：通常月亮、金星在土象星座的人都是小器財神，用錢斤斤計較。

處女座：月、金在處女座的人會很吝嗇，童年往往生活拮据，長大後不敢在自己身上多花錢。

金牛座：月、金在金牛座的人是典型的小器財神。他們不會強烈缺錢，但對自己並不會大方，對別人更多保留。

魔羯座：月、金在摩羯座的人童年會比較困乏，所以用錢往往小心翼翼，喜歡花錢花在刀口上。

2 **水象月、金**：通常月亮、金星在水象星座的人對用錢的態度不穩定，喜省小錢，對花大錢卻情感用事。

雙魚座：月、金在雙魚座的人經常控制不住金錢及情感的流向。

巨蟹座：月、金在巨蟹座的人用錢比較小心，會把錢花在親人、家人身上。

天蠍座：月、金在天蠍座的人表面小器，卻容易為情感付出鉅款。

3 **火象月、金**：通常月亮、金星在火象星座的人是表面上最大方的人。

白羊座：月、金在白羊座的人很愛花錢，卻花得很自我中心。

獅子座：月、金在獅子座的人愛面子，喜歡用錢買虛榮、尊敬。

射手座：月、金在射手座的人會用錢買自由，本身不太愛錢，卻會任性花錢；但不愛受拘束，沒錢也可以。

4 **風象月、金**：通常月亮、金星在風象星座的人基本上不太想錢的事，需求不大，用錢也不會斤斤計較，花錢很隨性。

雙子座：月、金在雙子座的人有錢就花，沒錢就不花。

天秤座：月、金在天秤座的人會比較有衡量，會適當的存錢及花錢。

水瓶座：月、金在水瓶座的人對錢很沒觀念。

檢察一下你的月亮與金星的星座，看看你對金錢的態度，是否符合上面的文字敘述。月、金的星座是用來觀察一個人的用錢態度，如果要了解整體的財運，則要一一分析月亮、金星的宮位及相位。你天生的命格是巨富？小康？中等？或赤貧？你是否可能擁有龐大的財富？還是金錢根本不是你星圖中的重點或主題？（如果確定這一點，就不要把時間、精力浪費在金錢的賺取上，而是更真實而踏實的去面對真正的生命工作。）這種種關於財運的問題，都要從宮位及相位去觀察及分析。另外，要補充說明的是：金錢運與事業運是不同的，有人擁有很大的事業卻沒有錢或沒時間花錢，過的仍然是窮人一般的生活；有人有很多錢卻沒有事業。兩者兼具當然也有，但從占星學的角度，是要分開去看的。金錢運主要看月、金，事業運則是觀察六、十、十一宮內的行星相位為主。

從月亮、金星的相位、宮位分析「財運」，分成下列七點敘述：

1月亮、金星與本命木星或流運木星成和諧相（120度），象徵先天或後天財運佳。

月亮、金星與本命木星或流運木星成對相（180度）、掙扎相（90度），象徵先天或後大意失財。

說明：先天的財運佳，也需要適當的流年、大運引發；這種人一生中也會損財，但總是贏多輸少。

先天的財運差，理財要保守，愈大膽反而會輸得愈慘；在很想賺錢的時候往往就是危機的發生，與相位好的人剛好相反。

了解自己的先天財運狀況，能夠釐清一生能不能走求財之路。

2月亮、金星與本命土星或流運土星成不良相位，象徵先天或後天財運差。

說明：先天的財運差，就算用錢謹慎，也容易因故失財。

先天財運好，遇上流年土星的不良相位，也會失財，理財要保守。

先天財運差，遇上流年土星的吉相，會有短暫財運，但稍縱即逝，忌貪，千萬不要窮追猛打。

3月亮、金星與本命天王星或流運天王星成吉相，象徵先天或後天的偏財運。

說明：月、金與天王星的吉相代表突如其來的財運，而且帶來的財富也會比較大。

木星吉相的財運比較有跡可尋，天王星吉相的財運則是意外之財。

4月亮、金星、土星在第八宮象徵「別人的錢」——因為與他人的關係而得到的錢。

(1)月亮、金星在第八宮的星圖主人可能會為錢結婚，受他人的金錢吸引。

如果是吉相，能夠從婚姻中得到經濟的助益。

如果是剋相，則代表雖然為錢結婚，但婚姻或配偶仍然可能遭遇金錢上的變故。

(2)受剋的月、金、土在第八宮，象徵和別人分配金錢時會遇到很大的麻煩及困難。

5月亮、金星在第二宮象徵「自己的錢」——因為自己的努力或運氣而得到的錢。

說明：這個族群相當重視自己的錢，而且會用錢去吸引別人；過分重視物質帶來的安全感，佔有慾相當的強，也會給別人壓力。

進一步補充土星的星座、宮位及相位所代表關於財運的涵義。

6土星在天蠍座或土星在第八宮：

不管土星的相位受不受剋（受剋的負面相位更嚴重），都象徵金錢或性愛上的難題。土星在第八宮，除了金錢問題外，也常常代表性生活的困難；如果遇到受剋相位更嚴重，往往喻指性無能或冷感，而性能量會轉移到對別人的錢的執著上。

7土星在金牛座或土星在第二宮：

這個族群是標準的小器財神。土星在第二宮的星圖主人是標準的守財奴，與人相處會非常困難，因為他們在成長過程中往往會遇上物質極匱乏的窮苦生活[5]。

好罷！觀察你的星圖，再回過頭來檢視、反思真正屬於你的財運以及處理金錢的心理狀態。

[5]註：關於從星圖中觀察財運的技術，本書是參考韓良露《愛情全占星》PART 3中「金錢觀與性愛觀的占星對話」一節的內容。（方智，一九九八年二月初版。）

【附錄】

命書（出生星圖分析）格式

星圖主人基本資料——

姓名：

出生時：

出生地：

陽性星座　　陰性星座

學習性星座　　分享性星座

領導　組織　溝通

火象　土象　風象　水象

「三分說」分析

太陽　座：

月亮　座：

上昇　座：

綜合分析：

其他行星分析

水星座：

金星座：

火星座：

木星座：

土星座：

天王座：

海王座：

冥王座：

綜合分析：

宮位整體分佈形勢分析：

重要相位分析：

次要相位分析：

主星：

強位：

圖形結構：

父母情緣分析：

男女情緣分析：

知性系統分析：

財富系統分析：

整體分析及建議：

三、業力系統——靈魂占星學

（一）冥土交纏、海天夢覺

上兩節交待了出生星圖的基本解讀技法、以及男女、父母、知識、財富等各種人生問題的觀圖技術；到了本節，筆者開始嘗試討論一個特殊的占星學課題：靈魂占星學。也就是通過出生星圖去嘗試解讀生命中的業力作用、前世記憶與靈魂密碼。

占星學這門古老的學問擁有許多不同的領域及課題，譬如：個人占星學、軍國占星學、宇宙占星學、流運占星學、人際關係占星學以及靈魂占星學等等。筆者個人認為，靈魂占星是占星學中尚未完備的一支，它的完整性與精確度遠不能與個人占星學相比；雖然如此，但這支神祕性的學問依然能夠為有志靈修及關心生命之謎的朋友，提供許多靈魂的密碼及資訊作為參考。總之，這是一支有關修行及業力的新興占星學。

本書一直討論的「出生星圖」的最主要作用，是用來規劃此生此世的命運藍圖，卻不一定能夠從中看出過去世與未來世的全部可能性，因為累世累代的靈魂意識場不可能被單一的星圖全部覆蓋；而且有些人的星圖隱藏的輪迴密碼較多，有些人的星圖隱藏的輪迴密碼則較少，有的星圖的輪迴密碼較明顯，有的星圖的輪迴密碼則比較不明顯；所以，從星圖是不可能解讀所有的靈魂印記的。總之，儘管靈魂占星學具有一定程度的參考價值，但不要忽略它仍然是一支開發中的占星學領域。

談到這裡，筆者願意再次複習一下「十星」的性質，並進一步指出與靈魂占星學特別有關係的行星：

天海冥：外行行星，影響星圖主人的「宇宙意識」。

木土：外行行星，影響星圖主人的「社會意識」。

日月水金火：內行行星，影響星圖主人的「個人意識」。

而與靈魂占星特別有關的星辰是天王、海王、冥王、與土星，相關意義整理成下表：

行星	在靈魂占星學中的意義	
天王	變化星　掌管宇宙「無常」的本質	天海的吉相，幫助當事人覺醒。但一般人很難覺察天、海在生命中所起的作用。
海王	夢幻星　掌管宇宙「虛幻」的本質	
冥王	支配星、命運星、權力慾望星　掌管宇宙「業報」的本質	土冥的相位，讓當事人身陷夢中。一般人即容易覺察到土、冥帶來的痛苦與煩惱。
土星		
	備註： 土、冥相位影響命運的持續力、交纏力很強。 土、冥相位象徵的是「五毒」的業力功課。 重要的人際關係必然擁有冥、土、或土冥其中之一至三的相位。所以土、冥又可以稱為命運落實星。	

從上表中，可以清楚看到一個訊息：**相位正是靈魂的密碼**！尤其是角距很小的正面或負面相位，正是清晰的靈魂印記，象徵了很大的福報或惡報，特別以土星及冥王星的相位為然。那麼，在接著介紹土、冥相位的靈魂密碼之前，也許，我們再複習一遍幾個重要相位的涵義：

0°相位☌——合相／加強／中性相位
180°相位☍——對相／對立、與外在衝突／負性相位
90°相位□——掙扎相／緊張、與內在矛盾／負性相位
120°相位△——諧和相／諧和／正性相位
60°相位✱——半諧和相／合作／正性相位

最後，我們稍稍整理關於土、冥相位可能內蘊的靈魂密碼。

土星及冥王星相位的靈魂印記舉例：

1 **日土掙扎相**：土星爸爸／命中注定艱難的童年／長大後會性格嚴肅、保守、缺乏彈性／所生子女也容易身心健康不良，尤其是這個相位發生在第一宮的情形；子女易患骨骼、牙齒或慢性疾病

2 **日土對相**：土星爸爸／星圖主人會有嚴厲、冷漠或實質「消失」的父親／長大後會變得難相處、不合群、情感關係困難／也會排斥自己的孩子，子女的牙齒也容易不好

3**日冥掙扎相**：這個相位象徵冥王星爸爸的業力／星圖主人會承受父親過度的要求與使命感／長大後會發展出主宰別人的內在慾望

4**日冥對相**：這個相位象徵冥王星爸爸的業力／星圖主人會承受父親過度的要求與使命感／長大後會發展出抱怨環境、挑剔他人、強烈想改變世界的性格。這種人會讓人感到恐懼或困擾，也容易有情感及性的衝動

5**月土掙扎相**：這個相位象徵土星媽媽的業力／這是著名的「憂鬱症相位」，容易有陰暗、憂鬱、悲觀的情緒

6**月土對相**：這個相位象徵土星媽媽的業力／星圖主人長大後會在各種人際及親密關係中表現出極度的苛刻與困難

7**月冥掙扎相**：這個相位象徵冥王星媽媽的業力／這是著名的「躁暴症相位」，星圖主人容易有過度強烈的情緒及內在衝突

8**月冥對相**：這個相位象徵冥王星媽媽的業力／星圖主人會出現強烈的控制慾及行動

9**火冥掙扎相**：這是著名的「性暴力相位」／星圖主人隱藏性、慾望內在的強烈衝動及意志，性喜暴力場面／例：陳進興有此相位

10**火冥對相**：這是著名的「性暴力相位」／星圖主人可能是性、慾望的行兇者或受害者／例：白曉燕有此相位

11 **海土掙扎相**：這是著名的「自閉相位」／星圖主人會有潛意識中的恐懼及焦慮／也可能參與獨裁式的宗教甚至殉教
12 **土冥合相**：星圖主人擁有強大的工作力及耐力／這是一個可能改變、影響世界的相位
13 **土冥對相**：這是著名的「自殺相位」：厭世的靈魂印記／星圖主人會對他人產生莫名奇妙的恐懼及不信任
14 **土冥掙扎相**：星圖主人會有沉重的人生負擔／也可能是一個陰謀家
15 **土冥諧和相**：這是一個意志力堅強的神祕學家或組織者

補充說明：

(1)後天冥王、天王、土星運行的0 90 180度相位，也會觸發、喚醒前世業力的能量。
(2)出生星圖的冥王及土星宮位，也會影響自己與別人相關的靈魂密碼。

（二）日月宿緣

在這一小節裡，我們嘗試提出如何從日、月行星去觀察「父母宿緣」的技巧。親子的宿緣與債務關係，當然是靈魂占星學裡的一個重要課題。那麼，我們先行將太陽與月亮的多元象徵整理成下表，方便參考：

日月行星的多重象徵與意義

1太陽月亮象徵外在性格與內在性格	——主流人格與情緒人格。
2太陽月亮是父親的象徵與母親的象徵	——從日月的星座可以看出與父母親互動的模式。
3太陽月亮也象徵父母親的婚姻關係	——從日、月之間的相位觀察。
4太陽月亮也說明不同的父母型態	——從日月與土天海冥之間的相位觀察。
5太陽月亮也透露出不同的父母前緣	**——從日月坐落的宮位觀察。**

從上表第五項可以清楚看到，要觀察「父母宿緣」的靈魂密碼，得從日、月坐落的宮位去了解。

接著，我們先對宮位的基本資料作一個迅速的回顧：

第一宮	**自我之宮**	
第二宮	**財富之宮**	又稱自財宮
第三宮	**知識之宮**	又稱初等教育宮、短期（途）旅行宮、寫作宮、兄弟宮
第四宮	**家庭之宮**	
第五宮	**創造之宮**	又稱戀愛宮
第六宮	**工作之宮**	又稱健康宮
第七宮	**人際關係之宮**	又稱婚姻宮
第八宮	**業力之宮**	又稱他財宮
第九宮	**哲學之宮**	又稱高等教育宮、長期（途）旅行宮、思想宮
第十宮	**事業之宮**	
第十一宮	**大我之宮**	又稱理想宮
第十二宮	**無我之宮**	又稱宗教宮

所以在「父母宿緣」的命題上，**如果太陽月亮落在三、四、五、七、十一幾個與人際關係有關的宮位上，即顯示了前世父母緣分的可能性**，見下表：

太陽月亮坐落宮位所代表的父母前緣

日、月在第3宮（兄弟宮）	星圖主人是某兄弟姐妹的前世父母（善、惡緣看正、負相位）
日、月在第4宮（家庭宮）	星圖主人與父母雙向可能的累世緣（善、惡緣看正、負相位）
日、月在第5宮（戀愛宮）	星圖主人是某戀人或子女的前世父母（善、惡緣看正、負相位）
日、月在第7宮（婚姻宮）	星圖主人可能是配偶的前世父母（善、惡緣看正、負相位）
日、月在第11宮（理想宮）	星圖主人可能是同道朋友的前世父母（善、惡緣看正、負相位）

（三）宮位前塵

在靈魂占星學的第三個專題裡，探討的是十二宮（宗教宮）的前世密碼。

一般來說，跟生命業力最有關的，是同一個向度的三角宮位：四、八、十二宮。

相關的意義見下表：

宮位	深層主題	意義	占星學領域
4H家庭宮、父母宮	夙緣	前世債務關係的延續。	家庭占星學
8H業力宮、分配宮	責任	業力上的現世報，本人較要負責任。	人際關係占星學
12H宗教宮、因果宮	無明	隱藏在前世中的業力原因，本人較難負責任。 備註： 前世的業力原因，都有好或壞的可能，而本人一般來說較難覺察或掌握。 例：1H的病通常是基因造成的病（先天病）。 6H的病通常是機能性或職業性的病（後天病）。 12H的病則往往是因果病（無明病）。	靈魂占星學

所以「十星」在十二宮，正是重要的輪迴印記及靈魂線索。而在一一介紹之前，我們再溫習、回顧一次第十二宮的資料及意義：

十二宮面面觀

所屬星座	雙魚座
保護星	海王星、木星
高能星	金星
名稱	宗教宮、因果宮、祕密之宮、無我之宮
掌管	胎內狀態、前世因緣、靈魂印記、想隱藏的弱點、自卑感、祕密、無意識的記憶與機械式反應、前世已做好的功課與未做好的功課、較與世隔絕的地方、未知的心靈層面……

接下來，我們介紹十星在十二宮所透露的靈魂密碼：

1 太陽在12H

太陽在12H的人性格容易羞怯、寂寞，喜歡將自己隱藏在潛意識的開拓或研究上。

如果太陽的相位不好：會有神經質傾向，可能與父親擁有祕密的債務，或者擁有用私密手法控制他人的慾望。

2 月亮在12H

月亮在12H的人個性極敏感、內向害羞，喜歡躲在家裡或隱閉的地方。

如果月亮的相位不好：會有心理疾病或性格孤僻，可能與母親擁有祕密的債務，而且在進行催眠時容易發生危險。

3 水星在12H

水星在12H的人易受潛意識記憶影響，直覺思考力很強，也可能擁有預知危險的敏銳能力，或許容易得到天啟的知識。

如果水星的相位不好：會有學習障礙，容易迷戀（信）某類知識，也容易產生陰暗思想。

4 金星在12H

金星在12H的人喜歡寧靜及孤獨，他們在這一世收割前世完成的藝術靈感，也可能擁有無意識的情感和諧、個性善感，對他人充滿同情與愛，擁有天生的魅力（雖然不一定美貌）。

如果金星的相位不好：容易發生祕密戀情或畸戀，因為這個族群擁有前世未處理好的情感債務，也可能對藝術過度狂熱。

5 火星在12H

火星在12H的人前世學會了如何與慾望或衝動和平相處，是一個內斂、低調的行動家。

如果火星的相位不好：會擁有無法理解卻不能抑制的憤怒或慾望，容易有緋聞，也容易喜歡陰謀行動或被他人禁閉。

6 木星在12H

木星在12H的人的前世善行演變成今世的福報。這個族群的人大都性情慷慨、深富同情心、喜行善舉及慈善事業，也可能對修行及心靈探索懷抱極大的興趣，人緣佳，貴人也多。

如果木星的相位不好：會是一個不切實際的理想主義者，容易迷信或受宗教騙子欺騙，修行也容易「走火」。

7 土星在12H

土星在12H的人已經相當程度的消解了前世的惡業，但性格不免保守謹慎。適合在宗教、慈善或醫療機關從事行政或服務工作。

如果土星的相位不好：會性格膽怯、孤僻、悲觀，容易沮喪，容易受挫折，也可能容易患被迫害妄想症或嚴重的心理疾病，修行也容易「入魔」。

8 天王星在12H

天王星在12H的人深深懂得人生「無常」的本質，可能是一個宗教修行上的科學及自由主義者，洞察力很強。

如果天王星的相位不好：會容易躁動、神經質、性情詭異、愛幻想。

9 海王星在12H

海王星在12H的人前世已經領悟了人生「如幻」的本質而懂得不執著。這個族群對潛意識有十分強烈的直覺，可能是宗教修行上的神祕主義者。性喜隱居，追求內心的寧靜；相位良好的話會通靈，擁有前世記憶，具有分析及治療精神疾病的能力，或擁有藝術上很強的敏感度。

如果海王星的相位不好：會受前世記憶所苦，精神壓力大，容易受困在負面情緒、混亂情緒或潛意識的恐懼之中。要小心酗酒、藥癮、溺水、神棍或不正派宗教的欺騙。

10 冥王星在12H

冥王星在12H的人前世修得深刻的洞察力與透視力，可能是一個宗教修行上的治療家，能從事深沉的治療，能了解無解的神祕現象，能察知他人的心意，或擁有預知凶兆的超凡能力。

如果冥王星的相位不好：可能會心魔重、殺業重，容易患精神方面的怪病，也容易染上毒癮。要避免參加降神會及暴露在未知怪異力量之前。另外，這種人的因果業報的效應會很強烈，要注意趨善避惡。

補充說明：

12H相位好壞的影響會很大：

(1) 12H的好相位代表前世已修好的功課，12H的壞相位代表前世未解決的問題。

(2) 12H相位好的人容易通靈及擁有神通力，12H相位壞的人容易被欺騙及受控制。

(3) 12H相位好的人適合宗教及修行，易有成就；

12H相位壞的人要慎選修行法門。

(4) 而不管相位好壞，6H 12H有星辰的星圖，都要注意因果病。

（四）月交點的輪迴印記

在靈魂占星學中，月交點是一個很重要的課題，也是一個沿用已久的占算技術，是月位占很重要的一種。那，什麼是月交點呢？

月交點是指月亮運行的兩個敏感點，更正確的說法是「白道」（月球運行地球的軌道）與「黃道」（古人假想及計算太陽運行地球的軌道）的能量交叉感應區，所以稱為月交點。這個感應區會一直循環相遇兩次，又稱為北交點及南交點，兩者永遠是180度的關係。

在中國與西方的占星學中，都有注意到南、北交點的問題，而給予不同的名稱，整理如下：

☊ North Node 北交點　龍頭　羅喉　貴人星——白道與黃道相交的北高點。

☋ South Node 南交點　龍尾　計都　業報星——白道與黃道相交的南低點。

而在靈魂占星學的角度與意義，月亮掌管一個人的感覺、心情、依賴與不安全感……可以說是一個最直覺的自己，月亮事實上是一個很敏感的星辰——月亮代表我的心。(註)因此，同樣與月亮有關的月交點，也提供了非常敏感的前世角度及資訊。

註：即使在天文學上，月球也有它強烈的特殊性——

1　內行星中，水、金皆無衛星，地球卻擁有體積極其龐大的月亮，月亮的直徑比冥王星更大。月亮與地球的直徑大約超過1：4之比，而其他外行星像木、土、天王、海王、冥王，與其最大衛星的比例都不超過1：100。

2　月球岩石的年齡甚至比地球及太陽更年老。從月球岩石分析，月亮生成的年代大約在五十至五十二億年前，太陽生成的年代約在50億年前，地球生成的年代則約在四十六至四十八億年前。那意思是指月亮的起源是在太陽系之外或比太陽系更古老？

照天文學法則，月亮如此比例龐大的天體，不應有繞行地球的現象。

3　月亮只有一面朝向地球，另一面卻永遠相背，這是眾衛星中絕無僅有的現象。

4　美國太陽神登月計畫中留下許多可疑的資料，據聞曾發現月球上有圓形屋頂建築及幽浮基地。

那麼，接下來，我們先看看南北交點的相對性涵義：

☊北交點的意義	☋南交點的意義
1北交點所處的星座及宮位，代表應該小心、持續檢視及學習的行為模式。（今世的功課）	1南交點所處的星座及宮位，代表過去幾世以來，個性中被過度強調的能量，影響到今世產生失衡現象。（前世的業力）
2前世所種的善業和今世獲得的助力。也代表前世你幫助過的人或事，帶來今世的福報，但也是一種未斷的餘習。	2前世所種的惡業和今世必須清償的債務或障礙。也代表前世幫助過你（或你沒幫助）的人或事，形成今世的債務，但未嘗不是一種成長的動力。
3過去世留下的正面能量。	3過去世留下的負面能量。
4北交點是一種平衡指導——指導。	4南交點指出了負面習慣——缺失。
5北交點象徵應發展的特質、應學會的功課。	5南交點象徵應擺脫的傾向、應避免的陷阱——阿奇里斯的腳踵。
6星辰與北交點合相代表助力。	6星辰與南交點合相代表困難。
7與北交點同星座的人交往難。	7與南交點同星座的人交往易。

尤其北交點的意義是深刻的：**每一種快樂背後都會跟隨著一種不快樂**。一個人學會北交點的功課是很重要的。

補充說明：除了觀察南北交點的星座以外，還可以參考「十星」與南北交點之間的相位。

月交點的相位以0、180度的力量最大——角差在2度內。

90度主要是看南交點。

好了！想知道你的南北交點的星座嗎？可以通過下列的北交點星曆表去尋找。找到北交點，自然就知道對宮180度的星座（相隔六個星座）即是你南交點的星座。

北交點星曆表

出生年月日（西元）		☊北交點
1899/ 5/10 →	1901/ 1/21	♐
1901/ 1/22 →	1902/ 7/21	♏
1902/ 7/22 →	1904/ 1/15	♎
1904/ 1/16 →	1905/ 9/18	♍
1905/ 9/19 →	1907/ 3/30	♌
1907/ 3/31 →	1908/ 9/27	♋
1908/ 9/28 →	1910/ 3/23	♊
1910/ 3/24 →	1911/12/ 8	♉
1911/12/ 9 →	1913/ 6/ 6	♈
1913/ 6/ 7 →	1914/12/ 3	♓
1914/12/ 4 →	1916/ 5/31	♒
1916/ 6/ 1 →	1918/ 2/13	♑
1918/ 2/14 →	1919/ 8/15	♐
1919/ 8/16 →	1921/ 2/ 7	♏
1921/ 2/ 8 →	1922/ 8/23	♎
1922/ 8/24 →	1924/ 4/23	♍
1924/ 4/24 →	1925/10/26	♌
1925/10/27 →	1927/ 4/16	♋
1927/ 4/17 →	1928/12/28	♊
1928/12/29 →	1930/ 7/ 7	♉
1930/ 7/ 8 →	1931/12/28	♈
1931/12/29 →	1933/ 6/24	♓
1933/ 6/25 →	1935/ 3/ 8	♒
1935/ 3/ 9 →	1936/ 9/14	♑
1936/ 9/15 →	1938/ 3/ 3	♐
1938/ 3/ 4 →	1939/ 9/12	♏
1939/ 9/13 →	1941/ 5/24	♎
1941/ 5/25 →	1942/11/21	♍
1942/11/22 →	1944/ 5/11	♌
1944/ 5/12 →	1945/12/13	♋
1945/12/14 →	1947/ 8/ 2	♊
1947/ 8/ 3 →	1949/ 1/26	♉

出生年月日（西元）			☊北交點
2000/ 4/10	→	2001/10/12	♋
2001/10/13	→	2003/ 4/13	♊
2003/ 4/14	→	2004/12/25	♉
2004/12/26	→	2006/ 6/21	♈
2006/ 6/22	→	2007/12/18	♓
2007/12/19	→	2009/ 8/21	♒
2009/ 8/22	→	2011/ 3/ 3	♑
2011/ 3/ 4	→	2012/ 8/29	♐
2012/ 8/30	→	2014/ 2/18	♏
2014/ 2/19	→	2015/11/11	♎
2015/11/12	→	2017/ 5/ 9	♍
2017/ 5/10	→	2018/11/ 6	♌
2018/11/ 7	→	2020/ 5/ 4	♋
2020/ 5/ 5	→	2022/ 1/18	♊
2022/ 1/19	→	2023/ 7/17	♉
2023/ 7/18	→	2025/ 1/11	♈
2025/ 1/12	→	2026/ 7/26	♓
2026/ 7/27	→	2028/ 3/26	♒
2028/ 3/27	→	2029/ 9/23	♑
2029/ 9/24	→	2031/ 3/20	♐
2031/ 3/21	→	2032/12/ 1	♏
2032/12/ 2	→	2034/ 6/ 3	♎
2034/ 6/ 4	→	2035/11/29	♍
2035/11/30	→	2037/ 5/29	♌
2037/ 5/30	→	2039/ 2/ 9	♋
2039/ 2/10	→	2040/ 8/10	♊
2040/ 8/11	→	2042/ 2/ 3	♉
2042/ 2/ 4	→	2043/ 8/18	♈
2043/ 8/19	→	2045/ 4/18	♓
2045/ 4/19	→	2046/10/18	♒
2046/10/19	→	2048/ 4/11	♑
2048/ 4/12	→	2049/12/14	♐
2049/12/15	→	2051/ 6/28	♏

出生年月日（西元）			☊北交點
1949/ 1/27	→	1950/ 7/26	♈
1950/ 7/27	→	1952/ 3/28	♓
1952/ 3/29	→	1953/10/ 9	♒
1953/10/10	→	1955/ 4/ 2	♑
1955/ 4/ 3	→	1956/10/ 4	♐
1956/10/ 5	→	1958/ 6/16	♏
1958/ 6/17	→	1959/12/15	♎
1959/12/16	→	1961/ 6/10	♍
1961/ 6/11	→	1962/12/23	♌
1962/12/24	→	1964/ 8/25	♋
1964/ 8/26	→	1966/ 2/19	♊
1966/ 2/20	→	1967/ 8/19	♉
1967/ 8/20	→	1969/ 4/19	♈
1969/ 4/20	→	1970/11/ 2	♓
1970/11/ 3	→	1972/ 4/27	♒
1972/ 4/28	→	1973/10/27	♑
1973/10/28	→	1975/ 7/10	♐
1975/ 7/11	→	1977/ 1/ 7	♏
1977/ 1/ 8	→	1978/ 7/ 5	♎
1978/ 7/ 6	→	1980/ 1/12	♍
1980/ 1/13	→	1981/ 9/24	♌
1981/ 9/25	→	1983/ 3/16	♋
1983/ 3/17	→	1984/ 9/11	♊
1984/ 9/12	→	1986/ 4/ 6	♉
1986/ 4/ 7	→	1987/12/ 2	♈
1987/12/ 3	→	1989/ 5/22	♓
1989/ 5/23	→	1990/11/18	♒
1990/11/19	→	1992/ 8/ 1	♑
1992/ 8/ 2	→	1994/ 2/ 1	♐
1994/ 2/ 2	→	1995/ 7/31	♏
1995/ 8/ 1	→	1997/ 1/25	♎
1997/ 1/26	→	1998/10/20	♍
1998/10/21	→	2000/ 4/ 9	♌

找到你南北交點的星座了，在分析南北交點不同星座的意義之前，似乎有必要重溫一下十二星座的基本涵義：

十二星座的優缺點、主題、象徵、陰陽二分法、學習分享二分法、及火土風水四分法

星座	優缺點	主題	象徵	陰陽	學習／分享	四分法
1 ♈ 白羊	衝勁／衝動	注意力集中在自我的發展	火車頭	陽	學習性	火象
2 ♉ 金牛	穩重／遲鈍	能量集中在表層的感官	地主	陰	學習性	土象
3 ♊ 雙子	靈活／膚淺	相對思考的活潑	疾風	陽	學習性	風象
4 ♋ 巨蟹	敏銳／過敏	照顧家庭的感性責任與能量	湖泊	陰	學習性	水象
5 ♌ 獅子	大度／專制	個體的創造性能量	火炬	陽	學習性	火象
6 ♍ 處女	嚴謹／挑剔	現實的理想主義者	土地測量師	陰	學習性	土象
7 ♎ 天平	隨和／猶豫	注意力集中在人我的關係	和風	陽	分享性	風象
8 ♏ 天蠍	深刻／深沉	能量集中在深層的情感	深潭	陰	分享性	水象
9 ♐ 射手	直率／固執	絕對思考的洞見	火箭	陽	分享性	火象
10 ♑ 魔羯	負責／壓抑	照顧國族的理性責任與能量	國王	陰	分享性	土象
11 ♒ 水瓶	自由／散漫	群體的理想性能量	無定向風	陽	分享性	風象
12 ♓ 雙魚	浪漫／濫情	理想的理想主義者	海洋	陰	分享性	水象

那麼，下文可以開始觀察、分析南北交點不同星座所隱藏不同靈魂密碼的內涵。

1【☊♈ ☋♎】——北交點白羊、南交點天平

北交點的今世學習：**在支持他人之前，必須先學習如何使自己成長。**

只有先學會對自己公平，才能獲得真正愛人的力量。

南交點的前世業力：習慣扮演支持別人的人，幫助他人成長、茁壯，往往焦點集中在另一個人身上而不是自己，對別人的需求常常過度敏感。前世可能是家庭主婦、秘書、顧問、助手或幕後英雄。影響到今世可能缺乏自我、性格依賴、慣於犧牲。

應發展的北交點特質	應放下的南交點傾向
獨立	依賴
自我意識	執著和諧
相信自己的勇氣	從別人眼中看自己

2【☊♉ ☋♏】——北交點金牛、南交點天蠍

北交點的今世學習：**讓自己覺得舒適自在，表示這是一個正確的人生方向。**

南交點的前世業力：前世可能與有權勢者緊密結合，知道許多的「祕聞」。

前世可能是皇后、寵妾、首長的幕僚、總統的助理、將軍的心腹等等——將所有的能量貢獻給有力的夥伴，但最後的決定由夥伴做成，而從別人處獲得賞識與庇護。

影響到今世可能容易依賴另一個人，也容易陷入危險的情況及陰沉的情緒。

應發展的北交點特質	應放下的南交點傾向
耐心	偏執
溫和	激情
感官享受	依賴感情
感受大地的滋養	對他人的事情過度關心

3【☊♊ ☋♐】——北交點雙子、南交點射手

北交點的今世學習：**思想不必然是直線的，生命擁有許多角度。**

象牙塔裡的修士，應當學習相對性的思考與溝通。

訓練先行發問及了解的能力及品格。

南交點的前世業力：有兩種極不同的前世可能，但擁有一個共同點——追求真理。

前世或許是一個孤獨的真理追尋者，譬如：苦行僧、隱士、探險家；也可能是某個真理團體的信徒，對靈性、真理、道德的追尋驅動了整個生命，而造成社會性的人際關係被疏忽。

影響到今世的性格可能會固執、傲慢、難跟別人溝通及建立關係。

應發展的北交點特質	**應放下的南交點傾向**
健康的好奇心	驕傲的判斷力
對同一事情多面相的觀察	對同一事情絕對性的判斷
邏輯	直感
對新觀念及新經驗的開放	抗拒與自己信念不同的新觀念
以不具壓力的方式表達意見	以自以為是的方式表達意見

4【♌♋☋♑】——北交點巨蟹、南交點魔羯

北交點的今世學習：**不要吝嗇流露自己真正的感覺。勇敢承認自己的內心感受。**

南交點的前世業力：前世可能生活在嚴格管理的團體環境中，缺少了家庭經驗，曾經經歷嚴格的紀律訓練。

前世可能是高官、名流、領袖、政客、經理或總管—具有強烈的「老闆」我執。

影響到今世的性格可能會壓抑情感、直覺與性。往往過於嚴肅，內心渴求尊敬及權力。

應發展的北交點特質	應放下的南交點傾向
維持注意並肯定自己的感情	習慣隱藏與逃避自己的感情
逐步建立內心的家及安全感	過分注意外在的尊重與成就感
適當的溫暖	過度的冷靜
包容	控制
培養情感性與非目的性的生命導向	過度社會性與目的性的生命導向

5【☊ ♌ ☋ ♒】——北交點獅子、南交點水瓶

北交點的今世學習：**學習站在責任舞台的正中央。自由不等於逃避與散漫。**

南交點的前世業力：過去許多世都是冷靜的旁觀者——科學家、觀察家、人道主義者……習慣顧及群體的夢想，而忽略自己的需要及渴望。影響到今世的性格可能會缺乏熱情、不敢表達自我、脫離現實。

應發展的北交點特質	應放下的南交點傾向
個人的特質	團體的能量
願意站上舞台當主角	選擇進入遊戲的人生
意志、熱情、自信、冒險	散漫、冷漠、膽怯、隱藏
適當的表現自我	過度的融入人群

6【♌♍☋♓】——北交點處女、南交點雙魚

北交點的今世學習：**今生，我不再是一個苦難者，而是一個計畫者**。

南交點的前世業力：前世可能擁有對生命、精神、靈性的高層次經驗，性格敏感，容易受傷，也會非常小心不去傷害別人，有時關心別人的程度會比關心自己更甚。

前世也可能投入大量時間在傷害自我上面—酗酒、嗑藥、沉迷藝術、情感迷失、或者曾經過過修道院、庇護所、監獄的生活。

影響到今世的性格可能會感情用事、規避現實、迷失自我、同情心氾濫等等。

應發展的北交點特質	應放下的南交點傾向
參與者意識	受害者意識
建立秩序	混亂迷失
創造規律	規避計畫
腳踏實地	逃避現實
為他人服務	對他人濫情
分析、分類、注重細節	幻想、夢想、做白日夢
堅定、務實	退縮、放棄

7【☊♎ ☋♈】——北交點天平、南交點白羊

北交點的今世學習：**如果與他人分享，可以得到更多**。

南交點的前世業力：前世可能習慣了獨自行動、自給自足、追求個人成就，是一個具有競爭力、目標導向、富謀略的行動家。

前世也可能是戰士或競爭者。

影響到今世的性格可能會渴望愛與人際關係，但不懂得如何表達與建立；性格容易自我中心、過度自我防衛、自戀或容易暴怒。

應發展的北交點特質	應放下的南交點傾向
合作、分享、創造雙贏	衝動、自私、堅持己見
學會了解他人的需求	對他人的需求忽略、盲目
從別人的角度觀察事情	以自我為中心考慮問題
不要求回報的支援別人	要求掌聲的支援別人

8【☊♏ ☋♉】——北交點天蠍、南交點金牛

北交點的今世學習：**透視物質底層的靈魂悸動。**

靈魂是不可見的物質，物質是可見的靈魂。

南交點的前世業力：前世可能對物質及財富過於執著、眷戀。

前世擁有很多舒適、享樂、肉慾的經驗，是一個財富累積者與辛勤工作者，可能是農夫、商人、地主、營造商、富戶……對這個族群來說，財富的增加是最重要的自我肯定及價值。

影響到今世可能對食物、美酒、財富累積過度耽溺；性格容易工作導向，也容易固執。

但有一個奇怪的現象：南交點金牛座的人往往在今世會有一個嚴厲或問題的家庭。

應發展的北交點特質	應放下的南交點傾向
選擇具建設性的改變	執著舒適閒逸的現狀
勇於改變	固執重複
了解別人的內心	對物質的佔有慾
深刻	膚淺

9【☊♐ ☋♊】——北交點射手、南交點雙子

北交點的今世學習：**直覺的心會指出正確的路**。

南交點的前世業力：前世擁有可以和任何人談任何事的天賦、饒舌的本領及洞察別人想法的能力。但往往和內在的自我失去聯繫，今世當學會與內在的精神面重新連結。

前世可能擔任過需要了解他人想法的職務——老師、作家、演說家、業務人員……等等。

影響到今世的性格容易過分相信自己的知識，或捲入與他人的口舌之爭之中，也可能造成與自我疏離、依賴別人、想法浮面、好辯、喜歡操縱別人等等的性格弱點。

應發展的北交點特質	應放下的南交點傾向
信賴直覺、預言、靈性的能力	依賴邏輯、分析、知識的結果
自由、冒險、自發性	自卑、猶豫、依賴性
相信自己、相信自己觀點	揣測他人、相信別人的觀點
勇敢表達自己的看法	說別人喜歡聽的話
花時間獨處及徜徉於大自然之中	過度沉迷在他人肯定及相對思考的狀態之中
學習深層的真理世界	耽溺淺層的資訊世界

10【☊ ♑ ☋ ♋】——北交點魔羯、南交點巨蟹

北交點的今世學習：**勇於負責，自我控制**。

南交點的前世業力：前世可能是一家之主、族長、保守家庭中的母親、維護家族利益的人。這個族群的性格往往太保守及負責，應該學習適度的社會性格，打破家族本位主義。影響到今世的個性可能會太情緒化、放不開、眼光短淺及依賴親人。

應發展的北交點特質	應放下的南交點傾向
自我控制、遵守諾言	依賴情感、缺安全感
以成熟的觀點處理人生	以狹隘的觀點處理問題
以理性的方法解決問題	以小家庭經驗畫地自限
目標導向的生存態度	情緒導向的放縱態度
接受追求成功的承擔	規避擁有風險的工作

11【☊ ♒ ☋ ♌】——北交點水瓶、南交點獅子

北交點的今世學習：**符合每一個人的利益才是致勝關鍵**。

南交點的前世業力：過去許多世可能都是大人物——國王、王后、明星、首長、獨裁者……一直活在掌聲與注目之中，形成了自我中心的冷硬外殼，覺得自己有著與眾不同的「特別」。應學會把過多的能量提供給別人，學會自己承認自己的真正自尊，而不需要通過別人的承認。

影響到今世的性格可能會自尊心過強、虛榮、傲慢、被寵壞、鴨霸。

應發展的北交點特質	**應放下的南交點傾向**
邀請友誼與愛	執著自我的表現
以團體利益為最高利益	以自我利益為最高利益
反傳統、人道主義、平等精神、肯定他人的價值	英雄感、冒險精神、權威主義、需要他人的掌聲
博愛的情懷與寬大	失控的熱情與驕傲

12【☊♓☋♍】——北交點雙魚、南交點處女

北交點的今世學習：**靈性的國度潛藏著更深的秩序**。

南交點的前世業力：前世一直從事治療者、協助者、服務者的工作——醫生、護士、神職人員、治療師、社工……養成做事精確、負責嚴苛、追求完美的個性。影響到今世的性格可能會潔癖、太恐懼疾病、或過強的分析傾向而造成與情感及精神的撫慰力量失聯、也容易給自己太大壓力。

應發展的北交點特質	應放下的南交點傾向
同情心對待他人，不帶批判的眼光	挑剔別人的錯誤，常帶批判的眼光
將焦慮交給更高層次的力量	對現實人生過度焦慮與思考
尋找精神的通路、肯定與宇宙連結	誇大現實的重要、忽略與宇宙連結
傾向相信人生的正面結果	傾向相信人生的負面結果

（五）凱龍星的靈魂密碼

接著要討論的是凱龍星的問題。

占星學中凱龍星的靈魂密碼記載了人生中的分叉點。

簡介

凱龍Chiron與黑月莉莉絲Dark Moon，Lilith是新開發並受觸目的占星學課題。

凱龍星是一九七七年十一月一日（天蠍座月份）被發現。直徑約一百至四百英哩，運行軌道穿越了土星和天王星中間的軌道——傳統與叛逆之間。凱龍星的運行軌道並非橢圓形，而是略呈三角形，運行時間是五十點六年。凱龍星稱為行星好像太小，五十年的公轉周期對小行星來說又太長。這是一個占星學上難測的星辰。

神奇的是，一九六一年兩位占星學家曾預言某神秘之星將會被發現：「運行時間是五十年，約有兩年的上下期間，並且它的運行軌道是搖擺在土星的軌道之上。」

含義與功能

凱龍是希臘神話中的智慧人馬獸，是許多英雄的導師。

主要特性是：「導師」與「治療」，類似中國的「天師星」及「天醫星」。

凱龍星的功能：治療——靈魂傷痕的治療方法。

超越——開放、學習新事物的能量。

使用方法

1 檢查凱龍的星座、相位。

星座代表同齡者的集體意識——不同星座代表不同的靈魂功課。

相位代表個人與凱龍的關係。例：凱龍水瓶座代表開放的靈魂能量或混亂的靈魂功課——看相位好壞。

2 檢查凱龍的宮位。

凱龍所處的宮位代表此生不同的靈魂傷痕及治療場域：

1H 自我存在被威脅的傷痕。
2H 物質擁有慾望不滿足的傷痕。
3H 不善言詞、不被了解的傷痕。
4H 家庭或被保護場所種下的傷痕。
5H 自我表現慾不滿足的傷痕。
6H 對肉體複雜情結的傷痕。
7H 人際關係困擾的傷痕。
8H 對性、死亡、分配不安全感的傷痕。
9H 固執絕對思考的傷痕。
10H 對責任、社會關係恐懼的傷痕。
11H 對朋友、理想不安的傷痕。
12H 深刻的前世靈魂的傷痕。

3 檢查凱龍的週期。

凱龍的週期：人生契機的蒐尋

凱龍週期因人而異，在獅子、處女、天平運行快速，相反在水瓶、雙魚卻相當慢速的通過星座。

例：凱龍天平的人約在五歲會迎接第一次的90度，而凱龍水瓶第一次的90度則要到約二十歲才會遇上。

凱龍星週期的意義如下：

第一次0度：植入靈魂傷痕。

第一次90度：五至二十歲左右的生命巨痛及蛻變。

第一次180度：成年的障礙與轉戾點。

第二次90度：深刻的檢討生命。

第二次0度：新生。

舉一個例子：

0度　一九六〇年一月二十五日生

凱龍　水瓶25度　4H

90度　一九八二年六月二十六日至一九八三年四月十八日　約23歲

凱龍　金牛25度　7H

文學創作時期結束／進入新的人生階段至今／生命的學習

180度　一九九三年八月三日　約33歲

凱龍　獅子25度　10H

革命落幕／進中華／開始學佛、氣功、紫微、占星／生命的療傷到學習

90度　一九九八年十二月七日　約38歲

凱龍　天蠍25度　1H

父母相繼去世／一連串事件／中年危機／另一個人生階段開始／療傷到學習

0度　二〇〇九年五月至二〇一〇年十二月　約50歲

凱龍　水瓶25度　4H

新的生命姿態重新面對一連串的社會工作及服務

好了！你可以從下面的天文曆中，找到你凱龍星的星座，再配合自己的出生星圖，便可以進一步找到屬於你凱龍星的宮位及周期；那麼，或許即能窺見自我人生契機及分叉點的深層意義罷。

凱龍星天文曆：

1950			
7.19	♐16	1.7	♐17
9.21	♐17	1.17	♐18
10.8	♐18	1.27	♐19
10.21	♐19	2.7	♐20
11.2	♐20	2.21	♐21
11.12	♐21	3.13	♐22
11.21	♐22	4.25	♐21
12.1	♐23	5.16	♐20
12.10	♐24	6.1	♐19
12.19	♐25	6.16	♐18
12.28	♐26	7.1	♐17
1951			
7.13	♐28	1.6	♐27
8.1	♐27	1.15	♐28
10.4	♐28	1.25	♐29
10.22	♐29	2.5	♑0
11.5	♑0	2.17	♑1
11.16	♑1	3.3	♑2
11.27	♑2	3.26	♑3
12.1	♑3	5.2	♑2
12.17	♑4	5.26	♑1
12.27	♑5	6.12	♑0
		6.27	♐29
1952			
7.16	♑8	1.5	♑6
8.4	♑7	1.15	♑7
9.6	♑6	1.25	♑8
9.19	♑7	2.5	♑9
10.22	♑8	2.16	♑10
11.7	♑9	3.1	♑11
11.21	♑10	3.18	♑12
12.2	♑11	5.26	♑11
12.13	♑12	6.14	♑10
12.24	♑13	7.1	♑9

1960			
5.18	♓2	1.13	♒25
6.25	♓1	1.29	♒26
7.27	♓0	2.13	♒27
8.17	♒29	2.27	♒28
9.7	♒28	3.13	♒29
9.30	♒27	3.29	♓0
12.16	♒28	4.17	♓1

1961			
5.8	♓3	1.7	♒29
7.14	♓5	1.24	♓0
8.9	♓4	2.8	♓1
8.30	♓3	2.23	♓2
9.21	♓2	3.10	♓3
10.20	♓1	3.26	♓4
12.7	♓2	4.13	♓5

1962			
5.7	♓10	1.4	♓3
7.24	♓9	1.23	♓4
8.18	♓8	2.8	♓5
9.8	♓7	2.24	♓6
9.30	♓6	3.11	♓7
11.7	♓5	3.27	♓8
11.28	♓3	4.14	♓9

1963			
5.11	♓14	1.4	♓7
7.28	♓13	1.24	♓8
8.23	♓12	2.10	♓9
9.13	♓11	2.26	♓10
10.6	♓10	3.14	♓11
11.20	♓9	3.30	♓12
11.24	♓10	4.17	♓13

1956			
6.24	♒10	1.3	♒4
7.16	♒9	1.16	♒5
8.4	♒8	1.28	♒6
8.22	♒7	2.9	♒7
9.15	♒6	2.22	♒8
11.15	♒7	3.6	♒9
12.8	♒8	3.22	♒10
12.24	♒9	4.11	♒11

1957			
6.21	♒16	1.7	♒10
7.16	♒15	1.21	♒11
8.5	♒14	2.2	♒12
8.24	♒13	2.15	♒13
9.15	♒12	3.1	♒14
11.29	♒13	3.15	♒15
12.19	♒14	4.1	♒16
		4.25	♒17

1958			
7.4	♒21	1.4	♒15
7.28	♒20	1.19	♒16
8.16	♒19	2.1	♒17
9.5	♒18	2.15	♒18
10.1	♒17	3.1	♒19
11.25	♒18	3.15	♒20
12.20	♒19	4.1	♒21
		4.22	♒22

1959			
7.6	♒26	1.6	♒20
7.31	♒25	1.22	♒21
8.20	♒24	2.5	♒22
9.10	♒23	2.19	♒23
10.6	♒22	3.5	♒24
12.2	♒23	3.20	♒25
12.27	♒24	4.7	♒26
		4.30	♒25

1953			
7.2	♑18	1.3	♑14
7.18	♑17	1.14	♑15
8.5	♑16	1.24	♑16
8.28	♑15	2.4	♑17
10.18	♑16	2.16	♑18
11.9	♑17	2.28	♑19
11.25	♑18	3.16	♑20
12.8	♑19	4.9	♑21
12.20	♑20	5.20	♑20
12.31	♑21	6.14	♑19

1954			
7.3	♑26	1.11	♑22
7.20	♑25	1.22	♑23
8.6	♑24	2.2	♑24
8.27	♑23	2.14	♑25
11.6	♑24	2.26	♑26
11.25	♑25	3.13	♑27
12.10	♑26	3.31	♑28
12.23	♑27	6.12	♑27

1955			
6.14	♒4	1.4	♑28
7.7	♒3	1.16	♑29
7.25	♒2	1.27	♒0
8.12	♒1	2.8	♒1
9.1	♒0	2.20	♒2
11.16	♒1	3.6	♒3
12.5	♒2	3.21	♒4
12.21	♒3	4.11	♒5

1972

6.2	♈16	2.8	♈10
9.8	♈15	3.1	♈11
10.2	♈14	3.19	♈12
10.24	♈13	4.5	♈13
11.20	♈12	4.22	♈14
		5.11	♈15

1973

6.20	♈20	1.28	♈13
8.29	♈19	2.22	♈14
9.25	♈18	3.14	♈15
10.17	♈17	3.31	♈16
11.10	♈16	4.17	♈17
12.22	♈15	5.5	♈18
		5.25	♈19

1974

6.8	♈23	1.4	♈16
7.15	♈24	2.14	♈17
8.12	♈23	3.8	♈18
9.18	♈22	3.26	♈19
10.12	♈21	4.12	♈20
11.3	♈20	4.29	♈21
11.30	♈19	5.17	♈22

1975

5.29	♈26	2.2	♈20
6.22	♈27	2.28	♈21
9.12	♈26	3.20	♈22
10.8	♈25	4.6	♈23
10.29	♈24	4.23	♈24
11.22	♈23	5.10	♈25

1968

6.27	♈3	1.25	♓26
7.16	♈2	2.15	♓27
8.26	♈1	3.4	♓28
9.19	♈0	3.21	♓29
10.11	♓29	4.7	♈0
11.8	♓28	4.26	♈1
		5.17	♈2

1969

5.10	♈5	1.12	♓29
6.5	♈6	2.7	♈0
8.15	♈5	2.27	♈1
9.11	♈4	3.16	♈2
10.4	♈3	4.2	♈3
10.28	♈2	4.20	♈4

1970

7.8	♈10	1.30	♈3
7.20	♈9	2.21	♈4
9.2	♈8	3.12	♈5
9.26	♈7	3.29	♈6
10.19	♈6	4.15	♈7
11.15	♈5	5.3	♈8
		5.26	♈9

1971

6.14	♈13	1.20	♈6
8.21	♈12	2.15	♈7
9.18	♈11	3.7	♈8
10.11	♈10	3.24	♈9
11.3	♈9	4.10	♈10
12.16	♈8	4.28	♈11
12.28	♈9	5.18	♈12

1964

5.18	♓18	1.8	♓11
7.27	♓17	1.28	♓12
8.23	♓16	2.15	♓13
9.14	♓15	3.2	♓14
10.6	♓14	3.18	♓15
11.11	♓13	4.4	♓16
12.10	♓14	4.23	♓17

1965

6.1	♓22	1.14	♓15
7.21	♓21	2.3	♓16
8.21	♓20	2.21	♓17
9.13	♓19	3.9	♓18
10.5	♓18	3.25	♓19
11.4	♓17	4.12	♓20
12.26	♓18	5.2	♓21

1966

5.14	♓25	1.23	♓19
8.16	♓24	2.12	♓20
9.9	♓23	3.1	♓21
10.1	♓22	3.18	♓22
10.27	♓21	4.4	♓23
		4.22	♓24

1967

5.30	♓29	1.10	♓22
8.7	♓28	2.3	♓23
9.4	♓27	2.22	♓24
9.26	♓26	3.11	♓25
10.20	♓25	3.28	♓26
11.30	♓24	4.14	♓27
12.25	♓25	5.4	♓28

1984			
7.13	♊6	3.13	♉28
8.1	♊7	4.3	♉29
9.6	♊8	4.19	♊0
9.23	♊7	5.4	♊1
10.29	♊6	5.17	♊2
11.17	♊5	5.31	♊3
12.5	♊4	6.13	♊4
12.24	♊3	6.28	♊5

1985			
7.5	♊11	1.20	♊2
7.20	♊12	3.3	♊3
8.7	♊13	3.29	♊4
9.5	♊14	4.16	♊5
10.7	♊13	4.30	♊6
11.6	♊12	5.14	♊7
11.25	♊11	5.27	♊8
12.12	♊10	6.8	♊9
12.30	♊9	6.21	♊10

1986			
7.6	♊17	1.25	♊8
7.19	♊18	3.9	♊9
8.3	♊19	4.3	♊10
8.22	♊20	4.20	♊11
11.6	♊19	5.4	♊12
11.26	♊18	5.17	♊13
12.13	♊17	5.30	♊14
12.30	♊16	6.11	♊15
		6.23	♊16

1980			
6.21	♉16	2.16	♉9
7.13	♉17	3.13	♉10
10.3	♉16	4.1	♉11
10.26	♉15	4.17	♉12
11.15	♉14	5.3	♉13
12.6	♉3	5.18	♉14
		6.3	♉15

1981			
6.17	♉20	1.9	♉12
7.5	♉21	2.6	♉13
8.1	♉22	3.11	♉14
9.24	♉21	3.31	♉15
10.21	♉20	4.16	♉16
11.11	♉19	5.1	♉17
12.1	♉18	5.16	♉18
12.24	♉17	5.31	♉19

1982			
7.15	♉26	3.2	♉18
8.13	♉27	3.25	♉19
9.24	♉26	4.11	♉20
10.23	♉25	4.27	♉21
11.12	♉24	5.11	♉22
12.1	♉23	5.26	♉23
12.23	♉22	6.10	♉24
		6.26	♉25

1983			
7.18	♊1	3.13	♉23
8.11	♊2	4.5	♉24
10.7	♊1	4.18	♉25
11.1	♊0	5.3	♉26
11.21	♉29	5.17	♉27
12.9	♉28	5.31	♉28
12.31	♉27	6.14	♉29
		6.30	♊0

1976			
7.4	♉1	2.17	♈24
9.7	♉0	3.10	♈25
10.4	♈29	3.29	♈26
10.26	♈28	4.14	♈27
11.17	♈27	5.1	♈28
12.20	♈26	5.18	♈29
		6.7	♉0

1977			
6.15	♉4	1.26	♈27
7.14	♉5	2.27	♈28
9.5	♉4	3.20	♈29
10.4	♉3	4.6	♉0
10.26	♉2	4.22	♉1
11.7	♉1	5.9	♉2
12.15	♉0	5.26	♉3

1978			
6.21	♉8	2.8	♉1
7.20	♉9	3.7	♉2
9.8	♉8	3.26	♉3
10.8	♉7	4.12	♉4
10.27	♉6	4.28	♉5
11.20	♉5	5.15	♉6
12.16	♉4	6.1	♉7

1979			
6.23	♉12	2.15	♉5
7.19	♉13	3.12	♉6
9.18	♉12	3.31	♉7
10.15	♉11	4.17	♉8
11.5	♉10	5.2	♉9
11.26	♉9	5.18	♉10
12.23	♉8	6.4	♉11

1987			
7.12	♊24	1.19	♊15
7.24	♊25	3.27	♊16
8.7	♊26	4.16	♊17
8.23	♊27	5.1	♊18
9.17	♊28	5.14	♊19
10.29	♊27	5.26	♊20
11.23	♊26	6.7	♊21
12.10	♊25	6.18	♊22
12.26	♊24	6.30	♊23

1988			
7.8	♋1	1.12	♊23
7.20	♋2	2.3	♊22
7.31	♋3	3.25	♊23
8.13	♋4	4.16	♊24
8.28	♋5	5.1	♊25
9.16	♋6	5.14	♊26
11.15	♋5	5.26	♊27
12.6	♋4	6.6	♊28
12.22	♋3	6.17	♊29
		6.28	♋0

1989			
7.9	♋9	1.6	♋2
7.19	♋10	1.23	♋1
7.29	♋11	2.16	♋0
8.9	♋12	3.27	♋1
8.21	♋13	4.19	♋2
9.3	♋14	5.4	♋3
9.20	♋15	5.17	♋4
10.24	♋16	5.29	♋5
10.31	♋15	6.8	♋6
12.4	♋14	6.19	♋7
12.21	♋13	6.29	♋8

1990			
7.10	♋18	1.5	♋12
7.19	♋19	1.20	♋11
7.29	♋20	2.6	♋10
8.7	♋21	3.9	♋9
8.17	♋22	3.22	♋10
8.28	♋23	4.22	♋11
9.8	♋24	5.8	♋12
9.22	♋25	5.20	♋13
10.9	♋24	6.1	♋14
12.9	♋25	6.11	♋15
12.27	♋24	6.21	♋16
		7.1	♋17

1991			
7.10	♋28	1.10	♋23
7.19	♋29	1.24	♋22
7.27	♌0	2.9	♋21
8.1	♌1	2.28	♋20
8.14	♌2	4.19	♋21
8.23	♌3	5.8	♋22
9.1	♌4	5.22	♋23
9.11	♌5	6.2	♋24
9.22	♌6	6.12	♋25
10.4	♌7	6.22	♋26
10.20	♌8	7.1	♋27

1992			
7.24	♌11	1.11	♌6
8.1	♌12	1.25	♌5
8.9	♌13	2.7	♌4
8.17	♌14	2.22	♌3
8.25	♌15	3.13	♌2
9.2	♌16	4.26	♌3
9.11	♌17	5.15	♌4
9.20	♌18	5.29	♌5
9.29	♌19	6.9	♌6
10.10	♌20	6.19	♌7
10.22	♌21	6.28	♌8
11.6	♌22	7.7	♌9
		7.16	♌10

1993			
8.3	♌25	1.6	♌21
8.11	♌26	1.23	♌20
8.18	♌27	2.5	♌19
8.26	♌28	2.18	♌18
9.2	♌29	3.4	♌17
9.10	♍0	3.22	♌16
9.18	♍1	5.13	♌17
9.26	♍2	5.30	♌18
10.4	♍3	6.11	♌19
10.13	♍4	6.22	♌20
10.22	♍5	7.1	♌21
11.1	♍6	7.10	♌22
11.14	♍7	7.19	♌23
12.2	♍8	7.27	♌24

1994			
8.19	♍11	1.14	♍7
8.26	♍12	2.2	♍6
9.2	♍13	2.16	♍5
9.9	♍14	2.28	♍4
9.16	♍15	3.14	♍3
9.23	♍16	3.28	♍2
9.30	♍17	4.28	♍1
10.8	♍18	5.6	♍2
10.15	♍19	6.4	♍3
10.23	♍20	6.18	♍4
11.1	♍21	6.30	♍5
11.10	♍22	7.9	♍6
11.20	♍23	7.18	♍7
12.2	♍24	7.27	♍8
12.20	♍25	8.4	♍9
		8.11	♍10

1999			
9.25	♏29	1.10	♏29
10.6	♐0	1.20	♐0
10.16	♐1	2.2	♐1
10.25	♐2	2.18	♐2
11.2	♐3	4.11	♐1
11.10	♐4	4.30	♐0
11.19	♐5	5.14	♏29
11.27	♐6	5.28	♏28
12.5	♐7	6.11	♏27
12.13	♐8	6.29	♏26
12.21	♐9	8.27	♏27
12.29	♐10	9.13	♏28

2000			
9.21	♐11	1.7	♐11
10.6	♐12	1.17	♐12
10.18	♐13	1.27	♐13
10.28	♐14	2.8	♐14
11.7	♐15	2.23	♐15
11.16	♐16	5.1	♐14
11.25	♐17	5.18	♐13
12.3	♐18	6.2	♐12
12.12	♐19	6.16	♐11
12.21	♐20	7.2	♐10
12.29	♐21	7.25	♐9
		8.30	♐10

2001			
8.1	♐21	1.7	♐22
9.19	♐22	1.17	♐23
10.9	♐23	1.27	♐24
10.23	♐24	2.7	♐25
11.4	♐25	2.20	♐26
11.15	♐26	3.10	♐27
11.25	♐27	5.6	♐26
12.5	♐28	5.26	♐25
12.14	♐29	6.10	♐24
12.23	♑0	6.25	♐23
		7.11	♐22

1997			
9.29	♏2	1.15	♏0
10.7	♏3	3.17	♎29
10.14	♏4	4.1	♎28
10.21	♏5	4.15	♎27
10.28	♏6	4.28	♎26
11.4	♏7	5.12	♎25
11.11	♏8	5.30	♎24
11.19	♏9	7.17	♎25
11.26	♏10	8.4	♎26
12.4	♏11	8.16	♎27
12.12	♏12	8.26	♎28
12.20	♏13	9.5	♎29
12.29	♏14	9.13	♏0
		9.21	♏1

1998			
9.28	♏16	1.8	♏15
10.6	♏17	1.20	♏16
10.14	♏18	2.7	♏17
10.22	♏19	3.25	♏16
10.30	♏20	4.13	♏15
11.7	♏21	4.27	♏14
11.14	♏22	5.10	♏13
11.22	♏23	5.24	♏12
11.29	♏24	6.10	♏11
12.7	♏25	8.12	♏12
12.15	♏26	8.27	♏13
12.23	♏27	9.8	♏14
12.31	♏28	9.18	♏15

1995			
9.10	♍29	2.1	♍24
9.17	♎0	2.19	♍23
9.24	♎1	3.5	♍22
9.30	♎2	3.18	♍21
10.7	♎3	3.31	♍20
10.14	♎4	4.15	♍19
10.21	♎5	6.20	♍20
10.29	♎6	7.4	♍21
11.5	♎7	7.15	♍22
11.13	♎8	7.25	♍23
11.21	♎9	8.3	♍24
12.1	♎10	8.11	♍25
12.11	♎11	8.19	♍26
12.24	♎12	8.26	♍27
		9.3	♍28

1996			
9.14	♎15	1.14	♎13
9.21	♎16	2.13	♎12
9.28	♎17	3.5	♎11
10.5	♎18	3.19	♎10
10.12	♎19	4.1	♎9
10.19	♎20	4.14	♎8
10.26	♎21	4.29	♎7
11.2	♎22	5.21	♎6
11.9	♎23	6.19	♎7
11.16	♎24	7.11	♎8
11.24	♎25	7.24	♎9
12.2	♎26	8.4	♎10
12.11	♎27	8.13	♎11
12.20	♎28	8.22	♎12
12.31	♎29	8.30	♎13
		9.7	♎14

2002

7.29	♑2	1.2	♑1
8.30	♑1	1.11	♑2
9.15	♑2	1.21	♑3
10.16	♑3	1.31	♑4
11.1	♑4	2.12	♑5
11.14	♑5	2.25	♑6
11.26	♑6	3.13	♑7
12.6	♑7	5.23	♑6
12.17	♑8	6.10	♑5
12.27	♑9	6.26	♑4
		7.11	♑3

2003

7.7	♑13	1.6	♑10
7.23	♑12	1.16	♑11
8.11	♑11	1.26	♑12
10.24	♑12	2.6	♑13
11.11	♑13	2.17	♑14
11.25	♑14	3.3	♑15
12.7	♑15	3.30	♑16
12.16	♑16	6.2	♑15
12.29	♑17	6.21	♑14

2004

7.16	♑21	1.9	♑18
8.2	♑20	1.19	♑19
8.22	♑19	1.30	♑20
10.30	♑20	2.11	♑21
11.18	♑21	2.23	♑22
12.3	♑22	3.8	♑23
12.16	♑23	3.25	♑24
12.28	♑25	6.9	♑23
		6.29	♑22

2005

7.3	♒1	1.3	♑26
7.21	♒0	1.14	♑27
8.8	♑29	1.26	♑28
8.28	♑28	2.6	♑29
11.12	♑29	2.18	♒0
12.1	♒0	3.3	♒1
12.16	♒1	3.19	♒2
12.29	♒2	4.8	♒3
		6.11	♒2

2006

6.30	♒8	1.11	♒3
7.20	♒7	1.22	♒4
8.7	♒6	2.3	♒5
8.26	♒5	2.16	♒6
9.23	♒4	3.1	♒7
11.2	♒5	3.15	♒8
11.29	♒6	4.2	♒9
12.16	♒7	5.3	♒10
12.31	♒8	5.30	♒9

2007

7.5	♒14	1.13	♒9
7.26	♒13	1.26	♒10
8.14	♒12	2.7	♒11
9.3	♒11	2.20	♒12
10.3	♒10	3.5	♒13
11.7	♒11	3.21	♒14
12.6	♒12	4.8	♒15
12.24	♒13	5.13	♒16
		5.30	♒15

2008

6.27	♒20	1.8	♒14
7.21	♒19	1.21	♒15
8.10	♒18	2.4	♒16
8.29	♒17	2.17	♒17
9.22	♒16	3.1	♒18
11.28	♒17	3.16	♒19
12.20	♒18	4.2	♒20
		4.25	♒21

2009

7.5	♒25	1.6	♒19
7.29	♒24	1.21	♒20
8.18	♒23	2.3	♒21
9.8	♒22	2.17	♒22
10.4	♒21	3.3	♒23
11.28	♒22	3.18	♒24
12.23	♒23	4.4	♒25
		4.26	♒26

2010

5.8	♓1	1.10	♒24
7.3	♓0	1.25	♒25
7.30	♒29	2.9	♒26
8.20	♒28	2.23	♒27
9.10	♒27	3.9	♒28
10.5	♒26	3.25	♒29
12.8	♒27	4.12	♓0

2011

4.27	♓5	1.1	♒28
7.24	♓4	1.18	♒29
8.16	♓3	2.3	♓0
9.6	♓2	2.18	♓1
9.28	♓1	3.4	♓2
12.24	♓2	3.20	♓3
12.24	♓2	4.6	♓4

2012

5.22	♓10	1.14	♓3
7.5	♓9	1.31	♓4
8.5	♓8	2.16	♓5
8.27	♓7	3.2	♓6
9.17	♓6	3.17	♓7
10.13	♓5	4.3	♓8
12.18	♓6	4.22	♓9

2023			
5.16	♈19	1.12	♈13
6.8	♈20	2.14	♈14
9.10	♈19	3.7	♈15
10.4	♈18	3.25	♈16
10.26	♈17	4.11	♈17
11.21	♈16	4.28	♈18

2024			
6.23	♈24	2.3	♈17
9.1	♈23	2.27	♈18
9.28	♈22	3.17	♈19
10.20	♈21	4.4	♈20
11.12	♈20	4.21	♈21
12.25	♈19	5.8	♈22
		5.28	♈23

2025			
6.8	♈27	1.6	♈20
7.11	♈28	2.17	♈21
8.22	♈27	3.10	♈22
9.24	♈26	3.28	♈23
10.17	♈25	4.14	♈24
11.8	♈24	5.1	♈25
12.6	♈23	5.19	♈26

2018			
6.16	♈3	1.21	♓26
7.27	♈2	2.12	♓27
8.30	♈1	3.2	♓28
9.22	♈0	3.19	♓29
10.14	♓29	4.5	♈0
11.13	♓28	4.23	♈1
		5.14	♈2

2019			
5.5	♈5	1.6	♓29
5.29	♈6	2.3	♈0
8.21	♈5	2.23	♈1
9.16	♈4	3.13	♈2
10.8	♈3	3.30	♈3
11.2	♈2	4.16	♈4

2020			
6.17	♈10	1.24	♈3
8.7	♈9	2.16	♈4
9.8	♈8	3.6	♈5
10.1	♈7	3.23	♈6
10.24	♈6	4.9	♈7
11.25	♈5	4.27	♈8
		5.18	♈9

2021			
5.10	♈12	1.8	♈6
6.3	♈13	2.8	♈7
8.30	♈12	2.28	♈8
9.24	♈11	3.18	♈9
10.16	♈10	4.4	♈10
11.11	♈9	4.21	♈11

2022			
6.22	♈17	1.29	♈10
8.18	♈16	2.22	♈11
9.17	♈15	3.13	♈12
10.10	♈14	3.30	♈13
11.2	♈13	4.16	♈14
12.6	♈12	5.4	♈15
		5.24	♈16

2013			
5.21	♓14	1.12	♓7
7.15	♓13	1.30	♓8
8.13	♓12	2.15	♓9
9.4	♓11	3.3	♓10
9.25	♓10	3.18	♓11
10.24	♓9	4.4	♓12
12.17	♓10	4.23	♓13

2014			
5.26	♓18	1.13	♓11
7.18	♓17	2.1	♓12
8.17	♓16	2.18	♓13
9.8	♓15	3.6	♓14
9.30	♓14	3.22	♓15
10.29	♓13	4.8	♓16
12.21	♓14	4.27	♓17

2015			
6.5	♓22	1.17	♓15
7.15	♓21	2.6	♓16
8.18	♓20	2.23	♓17
9.9	♓19	3.11	♓18
10.1	♓18	3.27	♓19
10.29	♓17	4.14	♓20
12.29	♓18	5.4	♓21

2016			
5.3	♓25	1.25	♓19
8.14	♓24	2.13	♓20
9.7	♓23	3.1	♓21
9.29	♓22	3.17	♓22
10.25	♓21	4.3	♓23
		4.21	♓24

2017			
5.1	♓28	1.9	♓22
5.27	♓29	2.2	♓23
8.8	♓28	2.20	♓24
9.4	♓27	3.9	♓25
9.26	♓26	3.26	♓26
10.20	♓25	4.12	♓27

（六）黑月莉莉絲的前世記憶

最後介紹的一個靈魂占星學課題，是一個小技巧：黑月莉莉絲的讀圖技術。

黑月莉莉絲Dark Moon，Lilith是巴比倫占星學家認為除了天空中的月亮之外，還存在第二個肉眼看不到的月亮——黑月。黑月莉莉絲象徵平常沒有察覺的另一個意識——酣睡於心底的前世記憶。當然，黑月的讀圖法是一個還未成熟的技巧，在本節的最後稍加介紹，僅僅提供讀者一些些潛意識思考的啟發。

黑月在十二星座的前世象徵：

♈ 前世：生於戰亂、軍事、競爭或比較的環境。

今世的平靜生活會讓內心莫名的不安。

存留著戰鬥者的記憶或生命慣性。

♉ 前世：過著富裕、奢侈的生活。

今世容易執著金錢或物質。

存留著富人的慣性。

♊
前世：擁有自由、隨性、顯赫、有才能的人生。
今世會渴望在現實中繼續受到他人的注意。
存留著名人的記憶及執著。

♋
前世：與現世的家人、親族有著累世的因緣。
今世也會非常渴望家庭的愛。
擁有家庭人的執著。

♌
前世：出生在身份崇高或支配者的家庭。
影響到今世的性格非常不喜歡向人低頭，而渴望得到別人的尊重。
殘留當權者的習性。

♍
前世：過著嚴謹、自律、服務他人、自我要求甚高的人生。
影響到今世的個性會顯得太拘謹，給自己太大壓力。
存留著奉獻者與完美主義者的執著。

♎
前世：身處優雅、隨和、充滿美感及異性緣的生活氣氛之中。
今世會顯得太過仁厚、懦弱、退縮、猶豫不決。
存留著好好先生或文人雅士的執著。

♏ 前世：可能生於神祕經驗或情感陷阱的環境。

今世會過度執著情感。

殘留著情感受害者的執著。

♐ 前世：過著流浪、旅行、冒險、離鄉背井或遠行經商的生活。

今世會不能忘情流浪的記憶，也不想背負人生的責任。

存留著流浪者的執著。

♑ 前世：過著承擔重大責任、犧牲享樂、拼命工作的人生。

影響到今世的個性會過於保守嚴肅，責任感過重。

殘留著領導者的習性。

♒ 前世：可能是一個堅持理想、自由、人道主義、人生意義的革命家。

今世性格會顯得比較散漫、不切實際及不被了解。

殘留著理想主義者的執著。

♓ 前世：擁有一個受到束縛、體弱多病、過於重感情的人生。

今世強烈想得到愉快的生活，卻又常受到坎坷生活的干擾。

殘留著悲劇人物的習性。

附錄：靈魂占星案例示範

根據本節先後介紹過的六項靈魂占星的技巧，我們舉一案例加以分析，好作為讀者學習使用靈魂占星學的示範。這個案主的出生時、地是「一九六〇年一月二十五日凌晨一點四十分生於香港」，讀者可以自行上網製作他的出生星圖。分析如下：

一、土、冥相位的靈魂密碼

星圖中有♇△♂的強度相位，♇在第十宮（事業宮），♂在第二宮（財帛宮）。

含義：這個相位代表天賦案主成熟的意志力、行動力與熱情。加上土象星座的穩健在事業宮與財帛宮。

（從三王星的角度看星圖，星圖中天王星在哲學宮、海王星在宗教宮的能量，根據案主本人的說法，都已經在青年時期即已展開；但冥王星在事業宮的能量，在案主的中年時期以後才逐漸開展。）

二、日、月宮位的靈魂密碼

星圖中☉在第三宮（兄弟宮）而與海王星有一點輕度的負面相位。

含義：案主是他某一兄弟的前世父母。

☉□♆的相位代表兄弟之間有一點小誤會或不對盤，是由於前世業力造成。

（因為♆在宗教宮的緣故。）

三、十二宮的靈魂密碼

星圖中的十二宮（宗教宮）中有天蠍座的海王星。

含義：象徵案主的前世已若干程度的領悟人生「如幻」的本質——可能是案主喜歡老莊哲學的前世因果。

海王星的輕度負面相位則代表案主本人有一點點情緒上的混亂。

四、月交點的輪迴印記

☊♍在十一宮，☋♓在第五宮。

含義：北交點告訴案主當學習處女座的能量及做事方式在人類大家庭裡服務（十一宮的關係）。

南交點則提醒案主在戀愛行為中（第五宮的領域）避免雙魚座的情感用事。

另外，星圖中的金星都與北、南交點成90°的相位，而且是0°的角差！太巧合的前世因果？

象徵愛情的今世昇華與前世陷溺的生命學習。

五、凱龍星的靈魂密碼

案主出生星圖的凱龍星的位置在水瓶25度及第四宮（家庭宮）。

含義：凱龍星的能量治療會發生在「家庭」場域所種下的傷痕之中。

凱龍星的週期如下——

0度　0歲
90度　23歲
180度　33歲
90度　38歲
0度　50歲

（細節請參考前文凱龍星的舉例。）

這幾個分叉點幾乎都是受傷後重大的生命學習與轉變。

六、黑月莉莉絲的前世記憶

星圖中的莉莉絲位在雙子座。

含義：案主今世會渴望在現實中繼續受到他人的注意。存留著前世名人的記憶及執著。

看完這個個案分析，是不是對案主的業力慣性、兄弟情緣、人際關係、生命週期等等的靈魂課題有了進一步的觀察呢？當然，你可以根據同樣的技巧，去走一趟前世今生的靈魂之旅。但筆者還是要再一次強調：靈魂占星是一門新興、幽微的占星技術，而在每一張星圖裡能夠看到的靈魂密碼的輕重多寡，其實都是因人而異的。

第四章

解讀流運星圖的各種技法

——運的清查：週期、大運與流年

本書的前三章談先天的「命」，在這一章專論後天的「運」。談後天推運，本章採取從大時間單位到小時間單位的行文方式，順序如下：

一、人生階段（行星時期），

二、大運（冥海天週期），

三、流年（土木週期），最後推算

四、個別事件（相位）。

由大而小，層層推演，由此嘗試掌握巨觀與微觀的生命歷程。

一、行星時期與生命週期

（一）行星時期與生命週期的推移大勢

本章開始討論「流運占星學」。

談完「命」，接著談「運」；談完「出生星圖」，接著談「流運星圖」；出生星圖代表「命」——先天命格，流運星圖則象徵「運」——生命後天發展的可能性。命加上運，出生星圖與流運星圖之間產生種種的共鳴與指令，才構成完整的人生。

流運占星學牽涉的技法很多：從技術類型來說，主要分成「推進法」（Transit）與「移位法」（Progressions）兩大類；移位法又細分為「一日一年法」、「一度一年法」、「太陽返照法」、「太陰返照法」等等不同技法；如果從時間長度來說，又可以分成大運、小運、流年、流日等等的推算。

那麼，我們就從大說到小，從大尺度時間單位談到小尺度時間單位，先行介紹「行星時期」及相關的「生命週期」的問題。

占星學根據出生星圖將人的一生分成八個行星時期——月亮時期、水星時期、金星時期、太陽時期、火星時期、木星時期、土星時期及三王星時期。八個行星時期各有不同的人生階段、起訖年齡、生命課題、深層意義；也各自涵蓋象徵不同人生挑戰的生命週期。而不同的行星時期當然是由出生星圖中不同星辰的星座、宮位、相位來決定不同人生階段的意義。

行星時期與生命週期既有普遍性，也有獨特性——從普遍性來說，每個人都會一一經歷八個行星時期及相關的生命週期（除非提前逝世）；從獨特性來說，相同的行星卻隨著每一張星圖的不同而落在不同的星座、宮位與相位，進一步影響到每一個人不同的後天流運。當然，八個行星時期的年齡層只是大概標準，不同星圖主人的生命發展與推移自然擁有不同的個別性。好了！接下來，我們先將八個行星時期及相關生命週期的基本內容，通過下表作一個初步的說明。

行星時期與生命週期對照表

行星時期	生命週期
一、月亮時期 觀察出生星圖中月亮的星座、宮位及相位，即此一時期的主題。 傳統觀點：0↓4歲 莎比恩觀點：0↓7歲 **蒙特梭利教育理論認為0↓6歲是生命中最接近完美人格的幼兒階段** **主題：心靈的學習時期** 占星學認為月亮其實是前世的太陽，所以這是一個人潛在人格的塑造時期。	
二、水星時期 觀察出生星圖中水星的星座、宮位及相位，即此一時期的主題。 傳統觀點：4↓14歲 莎比恩觀點：8↓14歲 **兒童到青少年期** **主題：知性的學習時期** 這是一個人心智建構的階段。	**1第一個生命週期的挑戰：** **兒童反抗期** 本命木星☍行運木星 本命土星□行運土星 的相位約出現在5↓8歲
三、金星時期 觀察出生星圖中金星的星座、宮位及相位，即此一時期的主題。 傳統觀點：14↓22歲 莎比恩觀點：15↓24歲 **青春期的萌芽到成人期的開始** **主題：兩性戀愛的學習** 這是一個人情感模式塑造的階段。	**2第二個生命週期的挑戰：** **青春期** 本命木星□行運木星 本命土星☍行運土星 的相位約出現在12↓16歲 **3第三個生命週期的挑戰：** **成年期** 本命木星□行運木星 本命土星□行運土星 本命天王星□行運天王星 的相位約出現在18↓22歲

行星時期	生命週期
四、太陽時期 觀察出生星圖中太陽的星座、宮位及相位，即此一時期的主題。 傳統觀點：22↓41歲 莎比恩觀點：25↓34歲 **成年期到中年期** **主題：外在自我認同——社會地位** **內在自我認同——心靈身分** 這是一個人自我探索及創造的階段。	**4第四個生命週期的挑戰：** **成熟期** 本命木星☍行運木星 本命土星☌行運土星 的相位約出現在27↓30歲 **5第五個生命週期的挑戰：** **中年危機** 本命木星☍行運木星 本命天王星☍行運天王星 本命海王星□行運海王星 本命冥王星□行運冥王星 的相位約出現在36↓42歲
五、火星時期 觀察出生星圖中火星的星座、宮位及相位，即此一時期的主題。 傳統觀點：41↓56歲 莎比恩觀點：35↓44歲 **壯年期** **主題：人生奮鬥時期——最後邁向人生高峰及發揮影響力的機會** 這是一個人生命奮進的階段。	**6第六個生命週期的挑戰：** **更年期** 本命土星□行運土星 本命木星□行運木星 的相位約出現在48↓52歲
六、木星時期 觀察出生星圖中木星的星座、宮位及相位，即此一時期的主題。 傳統觀點：56↓68歲 莎比恩觀點：45↓54歲 **盛年期** **主題：內心世界的靈性成長** 這是一個人生命之旅的回顧。	**7第七個生命週期的挑戰：** **前老年期** 本命土星☌行運土星 本命天王星□行運天王星 本命木星☌行運木星 的相位約出現在59↓62歲

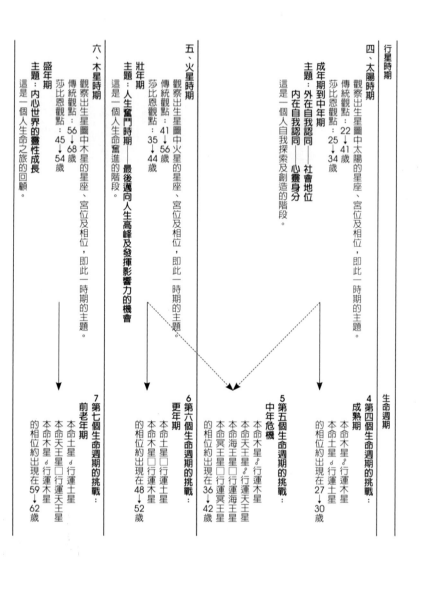

行星時期	生命週期
七、土星時期 觀察出生星圖中土星的星座、宮位及相位，即此一時期的主題。 傳統觀點：68歲↓死亡 莎比恩觀點：55↓70歲 **老年期** **主題：享受、傳承內在的智慧** **並準備接受死亡帶來的淨化與昇華** 這是一個人接受深邃智慧洗禮的階段。	**8第八個生命週期的挑戰：** **後老年期** 本命木星☌行運木星 本命木星□行運木星 本命土星□行運土星 本命土星☍行運土星 本命海王星☍行運海王星 的相位約出現在70↓80歲
八、三王星時期 觀察出生星圖中三王星的星座、宮位及相位，即此時期的主題。 莎比恩觀點：70歲↓死亡 **死亡期** **主題：超越意識的開放與接觸** 這是一個人進入靈性領域的最佳時刻。	**9第九個生命週期的挑戰：** **高齡晚年期** 本命木星☌行運木星 本命土星☌行運土星 本命天王星☌行運天王星 本命海王星☍行運海王星 本命冥王星☍行運冥王星 的相位約出現在80↓90歲

從上表可以清楚看到星辰不斷的推進與移動，彷彿敲響不同人生階段的鐘聲，提醒人們準備接受不同生命週期的挑戰、試鍊與洗禮。

「月亮時期」是一個敏感、細膩的生命初階，在這個階段，月亮的課題最主要是對出生嬰兒提供養育、撫慰與愛的能源。但是，如果當事人的出生星圖或這個階段的流年星圖出生月亮的剋相，即可能形成種種童年時期的不幸，譬如：母親疾病、死亡、離異、或家破、家暴等等。總之，坎坷的月亮時期會讓當事人長大後極度缺乏安全感，與隱藏著內心深層的恐懼。

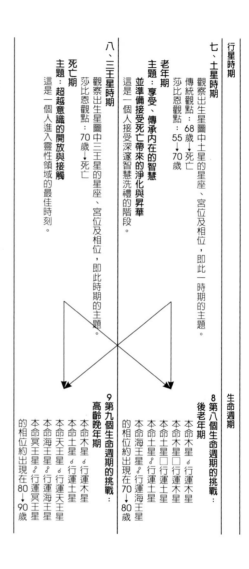

「水星時期」則是知性能量的萌動階段，如果水星在出生星圖或流年星圖出現剋相，則代表少年時代的求學困難。

至於「金星時期」則是戀愛的學習階段，如果出現剋相，會讓當事人產生處理兩性及情感關係的恐懼與困難。

到了成年、中年的「太陽時期」的剋相，會讓當事人覺得無法肯定自我，也無法得到他人的認同與掌聲，因此內心會產生強烈的失落感及寂寞感。

壯年時的「火星時期」，如果遇到剋相，會讓當事人碰上事業或社會關係方面的衝突，事情可能會比少年時代闖的禍嚴重許多。

盛年期的「木星時期」的負面相位則會讓星圖主人變得自我膨脹或姿態過亢，甚至衝刺過頭而再度迷失人生方向。步入老年的「土星時期」的負面相位讓星圖主人失去老年的智慧，甚至會出現種種老耄的人生弱點與貪婪。到了人生最後階段的「三王星時期」的負面相位卻可能使星圖主人變得恐懼死亡及錯失邁入靈性國度的關鍵時刻。

不同的「行星時期」各自擁有不同況味的人生階段，一般的說法，譬如說：探索的二十、動盪的三十、繁榮的四十、輝煌的五十、和諧的六十、以及沉潛寧靜的七十等等，那麼，在下文，我們進一步更詳細一一介紹每一個行星時期與人生階段獨特的生命命題與挑戰罷。

（二）新生到青年時代的生命學習——月亮、水星、金星時期及相關的生命週期

看完八個行星時期的「大勢」，接著分析每一個時期的詳細內涵。

一、月亮時期【心靈的學習時期】

0→4歲——前世太陽、潛在人格的塑造

新生嬰兒是依附母親成長的生命，因此在這個時期象徵母性能量的月亮特顯重要。

這是被「無意識」所主宰的懵懵懂懂的生命階段，會對成人世界、外在環境的影響毫不抗拒的照單全收，而成了生命藍圖烙印下來的重要線索。所謂「三歲定八十」，即是這個意思。這是心靈極度敏感的時期，這個階段所鍵入的生命指令會影響一生，不管正面或負面。

二、水星時期【知性的學習時期】

4→14歲——心智的塑造

這是知性學習的時期。包括學習語言、心智啟蒙、基本智能及教育、知性傾向、溝通能力及模式、學習方法等等，都是這一個時期所要面對的生命功課。

這個階段的孩子通過心智探險，逐步建立與外界的溝通網路，如果水星時期未能得到足夠的知性啟蒙，將會影響孩子長大後的溝通能力。

＊第一個生命週期的挑戰：兒童反抗期

本命木星☍行運木星
本命土星□行運土星
（約5→8歲）

◇木星對相：兒童強烈的好奇心及探索衝動。

◇土星刑相：反抗權威，要求獨立。

◇某些小孩這兩個相位會出現得很接近，例如：

筆者長女謙謙的木星對相出現在六歲一個月，土星刑相出現在七歲半。

次女中謙的木星對相出現在六歲二個月，土星刑相出現在六歲五個月。

這個階段父母會覺得過去那個依賴父母的幼童突然變得很難帶，小大人出現了！變得愛頂嘴、有主見、不喜接受命令。

◇正確的道路：這時候父母如過份在意自己的權威，親子即容易衝突，太過壓制小孩會對小孩的人格獨立性造成長期性的傷害。正確之道是父母要懂得讓小孩通過各種小小的反抗去學習成長及錯誤，因為魯莽無禮也是成長的必修學分。

三、金星時期【兩性戀愛的學習時期】

14→22歲——情感作用模式的培養

這是學習兩性愛戀的階段。人間最美的愛情往往都出現在這個階段。這是質地最純粹、彼此之間最沒機心、也最沒有功利考量的愛情能量萌吐的階段。這也是能夠最順利進入戀愛的階段。好好談戀愛罷！摸索兩性情感的互動模式，是金星時期最重要的生命功課。

金星時期是一個人青春期的萌芽到成人期的開始。這時候的男孩女孩性徵逐漸明顯，變得特別容易感動，對藝術、愛情、美感、身體產生極大的關注，而且喜歡吸引異性的注意。

如果這個階段的功課受到壓抑及破壞，譬如該好好談戀愛卻被迫接受填鴨教育，將會使人失去在愛中成長、學習的契機。而且對日後兩性關係的處理也會變得笨拙、困難。

＊第二個生命週期的挑戰：青春期　本命木星□行運木星

本命土星☍行運土星

（約12→16歲）

◇木星刑相：激起強烈探索慾的少男少女，不必事事靠父母了，心離開了家，飛向群體、異性與愛情，心都野了，成天想往外跑。

◇土星對相：反抗父母權威的力量更強悍了。這個相位象徵兩個頑固力量的對峙。

◇這兩個相位會在兩、三年之間出現，例如：

筆者長女謙謙的木星刑相出現在十五歲，土星對相出現在十三歲半。

次女中謙的木星刑相出現在十五歲一個月，土星對相出現在十三歲半。

◇正確的道路：動盪不安的青春期會讓當事人身、心理都產生激烈變化，如果剛好遇上父母的中年危機，等於在家中放了兩座火藥庫。所以最好的態度是平等、開放、以及勇敢的溝通與諮商。

＊第三個生命週期的挑戰：成年期　本命木星□行運木星

本命土星□行運土星

本命天王星□行運天王星

（約18→22歲）

◇木星刑相：人生新階段的探索、衝動及艱辛。

◇土星刑相：新舊兩個規範的過度及衝突。

◇天王星刑相：人生的急劇改變，及隨之而來的壓力及困惑。

◇正確的道路：成年期充滿各種壓力、困惑與選擇，令人不知何去何從？很多人在這個階段匆匆結婚、糊塗懷孕、拖延畢業或隨便找個工作，目的都是為了拖延成年期的考驗。所以在這個轉戾點，理當沉靜、深思、沉澱自己，好好反思成年的內在意義及勇敢擁抱日漸複雜的現實人生。因為面對永遠是「減壓」的唯一正確途徑；選擇逃避，壓力反而永遠跟著你跑。

（三）青年到壯年時代的生命學習——太陽、火星時期及相關的生命週期

四、太陽時期【自我探索的時期】

22→41歲——自我探索及自我創造

太陽代表自我形象，太陽時期是每個人尋找自我認同的重要階段。如果說金星時期是旭日東昇，太陽時期就是日正當中了，這是積極開拓自我人生的階段。而自我認同主要可以分成兩個方面：

1 外在自我認同——要得到外界肯定及社會地位。

2 內在自我認同——要建立自我肯定及心靈身分。

「土星回歸」（約29歲半）前的太陽時期依然會受到月亮的影響（象徵先天、雙親、潛意識的控制及保護）。所以在太陽子民逐漸尋求社會獨立與心靈獨立的歷程中，「積極」與「自覺」便成了兩個重要的因素。

在太陽時期中，如果過度發展及追尋外在的自我認同，而忽略了內在自我的對話及建立，將使太陽時期的自我完成出現嚴重的缺陷，進一步加深了四十左右的中年危機的嚴重性。中年危機的說法是由心理學家榮格提出，他說人在四十前後，容易發生精神挫折及自我反省，這是起源於生命前期過度

重視外在自我的發展，而造成生命內在的巨大陰影，遮住了太陽，造成了人生中年時期的「日蝕」。

＊第四個生命週期的挑戰：成熟期　本命木星☍行運木星
本命土星☌行運土星
（約27→30歲）

◇木星對相：探索、開創人生新階段的衝動。

◇土星合相：舊、新人生規範及責任的結合。

◇花了約29年半才繞黃道一週回到出生位置的土星，稱為「土星回歸」或「土星返照」，是人生中重要的轉戾點。不管是否準備好，人到此時都覺得必須成熟、長大了。孔子說的「三十而立」，指的正是這種土星回歸的意識狀態。而負面的土星意識則是：覺得自己老了，生活變得沉重、疲倦、悲觀、甚至感到無法解決的壓力及自我迷失。

◇正確的道路：許多人面對憂鬱的土星的方法，是藉由吃喝玩樂或找事忙去逃避。這種做法當然會錯過成熟期的生命學習，反而會加緊了中年危機的嚴重性。正確之道是鼓起勇氣的去面對人生的低潮、探索憂鬱的意義、反思深層的人生、藉以茁壯與洗滌內在的自我。

＊第五個生命週期的挑戰：中年危機　本命木星☍行運木星
本命天王星☍行運天王星
本命海王星□行運海王星

本命冥王星□行運冥王星

（四個相位分別擁有三、四、六個月及三年的長度）

（約36↓42歲）

◇木星對相：一般膽小的中年人突然變得勇敢、衝動、不知天高地厚。

◇天王星對相：第一次天王星的對相使人渴望改變，以往愈是生活刻板的人愈會按捺不住。如果這個時候能夠自覺而積極的面對，可能可以發生充實的人生變化，譬如：高齡深造、事業第二春、心靈的轉化等等；如果對生活不滿，又缺乏改變的勇氣，則可能會轉化為事業、婚姻或身體上的意外及危險。

◇海王星刑相：海王星的作用可以分為正負兩途。負面的海王能量會讓人變得不切實際、沉迷酒精、渴望外遇、不理智、不現實、做糊塗決定；正面的海王能量則會讓人變得較有理想、開始創作、投身公益、追求獨立、結束錯誤關係等等。

◇冥王星刑相：冥王星的能量表現在內在掙扎與外在衝突兩方面。這時候冥王星要求激烈的行動，但當事人自己會猶豫掙扎，環境及親友也會阻撓改變，因此形成內外的雙重壓力。

◇中年危機的發生有人早、有人晚、有人拖得很長、有人維持的時間很短，每個人感受到的壓力與型態都不一樣。例如：

筆者的冥王星刑相發生在三十六歲十一個月、天王星對相發生在四十歲一個月、海王星刑相發生在四十一歲、木星對相發生在四十一歲五個月——歷時約六年。

筆者妻子的冥王星刑相發生在三十八歲兩個月、海王星刑相發生在四十歲、天王星對相發生在四十歲五個月、木星對相發生在四十歲十個月——歷時約三年。

筆者的中年危機時間長度是妻子的兩倍。

◇三王星都會影響一個人的深層意識，如果當事人缺乏自我認識，可能會在中年危機中把一切的人生波折都訴諸環境，而忘記檢查內心騷動的根源。心理學家榮格曾自述他在39及40歲時突然精神崩潰，於是隱居起來潛心研究自我，而發展出「人格一號與人格二號」理論。所謂人格一號，是外向、樂觀、社會性的自我，人格二號則指內向、悲觀、心理性的自我。容格發現自己在39歲以前除了在青春期偶見二號人格之外，二號人格一直處於壓抑狀態之中，於是在生命內部慢慢累積了巨大的陰影，到了中年時期開始反抗，也就是二號人格要求被一號人格承認，而精神崩潰則是一號二號人格在整合過程中承受著龐大壓力的心理反應。

◇正確的道路：中年危機是不容易卻珍貴的生命課程，如果當事人面對挑戰，只懂得改變環境，而繼續壓抑自我，沒去嘗試整合內外人格，那新生是不可能的，只是將老問題埋得更深，等待下一個階段更大的爆發。所以中年危機是詛咒、也是祝福，正確之道是坦然面對、開放自我、讓生命的內在與外在對話、連線，如此才能完成更高層的蛻變、整合與更生。

五、火星時期【最後奮鬥的時期】

41↓56歲——生命奮進與邁向高峰

火星時期是邁向人生老年前的最後一個階段，也是邁向人生高峰的最後機會。所以這個階段的生命主題是：生命的奮鬥。火星子民基本上都充滿活力、能量十足，正是把太陽時期儲備的自我能量推向社會意義的工作及貢獻上。這個時候已經愈來愈少煩惱「我是誰」的形上關懷，反而轉向關心「自己能為世界帶來哪些影響」的現實考量。這是躍躍欲試渴望證明自己能力的壯年階段。火星時期的衝刺力有時甚至會把當事人帶往與過去人生全然不同的職業及跑道。

如果一個人未能做好中年危機的功課，到了火星時期勢將無法操控暴躁、衝動、執著……等等負面的火星能量。所以協調、連線好內、外在的自我，是進入火星時期必須做好的行前功夫。

＊第六個生命週期的挑戰：更年期　本命土星□行運土星

本命木星□行運木星

（約48↓52歲）

◇土星刑相：土星第二個循環的衝突相，帶來了人們對衰老的恐懼；女性生育能力停止，男性性慾降低，都讓更年期的男女擔憂老之將至。

◇木星刑相：木星衝突相象徵展開生命新頁的不容易。土、木的雙重刑相引發新的可能和舊的規律的戰爭，正是更年期壓力的來源。

◇男性的更年期不像女性那麼明顯，但不管男女，都會在面對「陰陽反轉」的生命變化時顯得羞澀、怯懦。「陰陽反轉」是跟更年期相關的生、心理現象：

一個人的嬰兒、幼兒、兒童時期是生命的「陰陽合一」階段↓到了青春期性徵開始明顯，女性開始分泌較多的「動情激素」（女性荷爾蒙），男性開始分泌較多的「睪丸脂酮」（男性荷爾蒙）。從生命更深層的意義來看，這是進入了陰陽分裂的時期↓三十歲高峰後，男、女性荷爾蒙逐漸衰退↓到了更年期，男女性荷爾蒙出現反轉現象，即稱為「陰陽反轉」。這時候女性身體製造更多的「睪丸脂酮」，身體變乾燥，性格變得好強、獨立、自信、暴躁，人愈來愈堅強；相對的男性身體製造更多的「動情激素」，身體變柔軟，性格變得溫和、感傷、依賴、被動，人愈來愈軟弱↓而到了七十、八十之後，兩性的外表及生理差異愈來愈少，逐漸回到青春期之前的生命狀態，這又回歸「陰陽合一」的階段了。

所以生命的途徑是從陰陽合一（太極）↓陰陽二分（兩儀）↓陰陽反轉（兩儀顛倒）↓陰陽合一（回歸太極）。所以不論男女，在更年期要面對的，即是陰陽顛倒的尷尬與艱辛。

◇正確的道路：更年期是生命的中站。在進入第二個土星回歸（約六十歲）之前預先警示老之將至。許多更年期的女性覺得自己失去女性的魅力，男性則強裝許多假男子漢行為來掩飾內心的脆弱及惶恐。正確的途徑是在更年期到來時做好身、心的準備、整修及療護。在生命走下坡路前，先行做好深刻的身、心調養。

（四）老年到死亡的生命學習——木星、土星、三王星時期及相關的生命週期

六、木星時期【整理生命的時期】

56→68歲——內心世界的靈性成長

木星時期是正式邁入人生老年的開端，這是一個人生絢麗的夕陽時刻，生命儘管即將西沉，但成熟的餘暉仍會讓人目眩神迷。這也是一個人回顧、整理一生經驗的盤整時期，也可能是一個人體力、智力融合得最成熟的階段。總之，木星子民是真正成熟的人類，雖然年華日老，但仍自然而然的散發出不可小覷的人格魅力。

負面的木星能量卻會讓人不服老、不認老而做出許多跟時間拔河的糊塗行為。木星男女彷彿要死命執著那最後一點的生命熱力，卻反而造成人生晚年的諸多錯誤決定。譬如死捉著權力不肯放手交棒、與比自己年輕幾十年的人結婚、花痴老頭的臨老入花叢、仍然干涉已經成年子女的生活方式……等等，總之，伴隨最後熱情的必需是深刻的智慧與經驗，這才是真正的成熟。

＊第七個生命週期的挑戰：前老年期

本命土星☌行運土星
本命天王星□行運天王星
本命木星☌行運木星
（約59→62歲）

◇土星合相：土星在一個人六十歲時二度回歸，土星的象徵是時間之神，第二次土星合相等於是敲響年老、沉重、衰弱的生命鐘聲。

◇天王星刑相：這個相位隱喻由壯年到老年的劇烈改變，改變得是那麼劇烈，讓人有點不甘、慌亂與手足無措。

◇木星合相：這是一股夕陽返照、抗拒年華老去的生命能量。

◇正確的道路：人到老年不是要放棄，而是要沉穩；不是要消沉，而是要準確。面對「老」的現象，逃避、放縱、反抗，都是徒勞無功的。懂得收放之道的運用自如，才可能綻放出最美麗的暮年之光。

七、土星時期【沉潛靜養的時期】

68歲↓死亡——享受、傳承內在的智慧

這個時期的土星子民真的覺得老了，活力、體力、心力都明顯衰退了，心理年齡與生理年齡都真正感到夕陽西沉的遲暮感。土星時期的第一門功課是「智慧」，進一步焠鍊一生的智慧金塊，同時把畢生的智慧、經驗、心得，通過各種形式傳承給下一代。土星時期的第二門功課是「死亡」，這是學習擁抱死亡的時候了，死亡的造訪只有一次，這是為它的來臨好好準備的時候了，完成生死之環，正是這群地球資深公民最重要的一堂課。

土星時期最大的生命陷阱是「貪婪」。這是由於對快速消逝的生命的不捨與留戀，而造成各種不同形式的貪心與執著，有些老人貪財、有些老人捉權、有些老人特愛控制他人。其實，既然任何形式的「貪」必然注定沒有任何結果，死亡的趨勢是不可違逆的，那何不學習放下的智慧，然後從容而毅然的走向深邃的死亡國度之中。

八、三王星時期【擁抱死亡的時期】

70歲→死亡——超越意識的開放與接觸

這不是傳統占星學的觀點，傳統占星學到土星時期就結束了，這是一個新的視野。這個視野的主題是擁抱死亡、進入神祕、修煉超越意識，這是一個人進入靈性領域的最佳時刻。即像莊子說的：你怎麼知道死亡是很可怕呢？你怎麼知道死後不正是像一個人終於回家呢？也許，死亡是另一場比賽的起跑點，這正是三王星子民要領悟及準備的進階課程。當然，如果星圖中三王星的相位有點艱難，就象徵這一場進階考試有一點難度罷。

三王星時期會遇到人生第三次的「土星回歸」（約在90歲），土星功課都是不好玩的。第一次土星回歸說：「你該長大了！」第二次土星回歸說：「你老了！」第三次土星回歸說：「你該死了！」也許，第三次土星回歸真正要告訴我們的是：「別害怕！這只是進場考試的時候到了。」

至此八個行星時期都一一介紹完畢，接著我們把時間單位稍稍縮小，開始討論「冥海天」與「土木」的大運及流年週期。

二、大運分析：冥海天土木週期

三王星的運行決定了人生的大運及不同的目標，而土星及木星則顯示了比較短期的生命方向。因為冥王、海王、及天王停留在一個宮位分別約是二十年、十四年、及七年的時間，所以三王星對一個特定的人生場域會發生較長與較深的影響力。因此觀察不同星圖中不同的三王星週期，即可窺見不同星圖主人不同的人生大運及「命格」。

至於木星與土星停留在一個星座或宮位的時間，則約是一年及兩年半，所以觀察一個人的木星與土星週期，即可以分析他的流年。

也就是說，從三王星可以看出一個人長時間的「運」，而從土、木則可以掌握他短時間的「勢」。

那麼，下文即嘗試從運行最緩慢的冥王星開始談論生命週期的故事罷。

（二）冥王星週期

冥王星是偏激之星，絕不走中庸之道。冥王星讓人經歷死亡與再生，好從中體驗靈魂的超越或沉淪。冥王星的生命試煉是嚴峻的。由於冥王星的力量太大，逃避變成是沒有用的動作，因此我們要學習勇敢、覺醒的面對冥王星的功課；勇敢、覺醒的程度愈高，冥王星發出的力量就愈正面。也許，冥王星功課要告訴我們的是：人生問題的難度本來就是由內心的清明或無明來決定，真正嚴峻的不是外在的挑戰，其實是我們內心的業力與無明。

冥王星停留在一個宮位約需要十五至二十多年的時間，而走完黃道一圈約需時248年，所以人的一生大概只能經歷四到五個冥王星的宮位，而經歷的是哪幾個宮位即演成不同的人生主題與格局了。譬如：人到中年花了十幾二十年的時間停留在第五宮（戀愛宮）還是第十宮（事業宮），整個人生的意義與格局都會變得不一樣了。另外，從占星的角度，一個人是不是應該活過整個冥王星的週期（248年）好體會生命的完整意義？也許，這並不是一個純粹的想像力的問題，而有著更深刻的論述意義。

冥王星在十二宮的週期與行運：

1H自我之宮——冥王星通過上昇點，當事人會強烈感受到既有的生活方式行將結束，生命即將跨越舊與新、死與生、沉落與升起的人生界線。重點是我們自覺的去面對，還是被命運操弄。

這是挑戰、考驗自我意識是否具備割捨的勇氣的蛻變時期。

2H財富之宮——冥王星在第二宮是有形或無形的財富急劇轉變的時期，變好或變壞得看相位。在這個階段理當覺知的看待現實財富與精神財富的平衡發展。

3H知識之宮——冥王星在這個宮位代表兄弟、近親、或鄰居的衝突。或指契約、文書的失誤。

如果相位好，這是一個寫作、溝通、學習的輝煌時期。

如果童年時期的冥王星在第三宮的位置，小孩容易發生學習、教育的挫折及困難。

4H家庭之宮——冥王星在家庭宮如果相位不好，容易有喪親、家破的危險。或者指文化、社會、情感上的失根飄零。

冥王星在第四宮的功課，最重要的是如何重建內心的家及安全感。

如果童年時期的冥王星在第四宮的位置，隱喻家中有神祕事件的發生。

5H創造之宮——冥王星在第五宮可能象徵一場刻骨銘心、生別死離的愛戀，而星圖主人藉此事件再次經驗童年時期的失落或傷痛。

當然，創造力的激化與新生，才是冥王星在第五宮最深刻的主題。

如果童年時期的冥王星在第五宮的位置，代表激烈、不好帶的孩子。成年時期的冥王星在第五宮，則象徵與子女的衝突；如果負面相位太強，則可能會有喪子之痛。

6H工作之宮——冥王星進入第六宮，如果遇到嚴重的負面相位，會容易發生健康上的問題，可能是不容易根治，甚至是嚴重的疾病。也可能代表工作上沉重的身、心壓力。

7H人際關係之宮——冥王星進入第七宮，象徵夫妻關係的深深契合、諧和，或者是雙方發生糾紛、背叛、反目、及痛苦。

這是人際關係能否和諧相處的挑戰時期。分享、合作是這一階段的主題。

8H業力之宮——冥王星回到充滿幽暗、無明、原慾的本命宮，容易爆發各種正面、負面的能量風暴及人性戰爭。

在這個階段，容易發生在金錢、性、權力、情感上很麻煩的糾葛。

如果童年時期的冥王星在第八宮的位置，可能代表星圖主人是一個業力很重的小孩。

這是學習放下、轉化、治療原慾的痛苦的生命階段。

9H哲學之宮——冥王星在第九宮如果相位不好，容易發生宗教狂熱事件。譬如：占星學家把中世紀歐洲的十字軍東征看成是冥王星進入九宮的負面歷史事件。

當然，相位不好也容易觸犯法律。

但，這也可能是攀登心靈高峰、精神能量蓬勃發展的時期。

這也是學習融合精神律法與人間律法的生命成長時期。

10H事業之宮——冥王星在十宮是象徵事業、權力、社會地位大成大敗、大起大跌的人生階段。

在這個階段更深層的人生課題是：權力的分享與反省。

11H大我之宮——冥王星進入十一宮會熱中號召同道、積極提出自己的看法、成立組織、鼓吹社會改革運動。

如果相位不好，可能參與極端、怪異、甚至具有暴力傾向的組織或運動。

這是一個全力衝刺人生理想的階段，但帶有一點不計後果的味道。

12H無我之宮——冥王星在十二宮會引起潛意識或深層心靈訊息的甦醒與激化。

如果相位很不好，容易罹患精神疾病、靈性折磨、或酒精毒品的糾纏。

這是一個心靈豐收的季節，或靈魂沉淪的低潮時期。

（二）海王星週期

海王星是夢幻之星。夢想，是人類珍貴的特質，也是一個民族的希望。但夢想具有雙面性，一方面隱藏著心靈深處最澎湃的愛與理想，另方面卻也可能讓人在現實生活裡吃鱉連連。其實真正的關鍵在：究竟是人在做夢？還是夢捉弄人？我們要尋找、認識自己生命底層的夢，覺知它、了解它，然後在現實人生裡築夢，讓人間飽含著夢的溫度與水分，而不至變得太冷峻與現實，並且同時要悟夢外之身，而不是做夢中之夢。海王星停留在一個宮位約需要十四年的時間，而走完黃道一圈約需時164年，所以人的一生大概會經歷六至七個海王星的宮位，而不同的宮位趨向即說明了不同的人生背景及命運。譬如：一個人的一生從一宮發展到六宮（從自我走向社會的格局），跟另一個人的人生從七宮運行到十二宮（從人間回歸天上的道路），即具有全然不同的生命意義及課題了。

海王星在十二宮的週期與行運：

1H自我之宮——海王星在第一宮象徵一個迷失、寂寞、捉不住自己的人生階段。在這個階段，星圖主人會強烈的自我懷疑、犧牲、不安、與尋找。這是一趟充滿生命之霧的旅途。當然，星圖主人生命底層的空虛與渴望也會被喚醒，強烈希望尋回在過去人生裡曾經失落的愛。

2H財富之宮——海王星在第一宮象徵自我迷失，在第二宮則是一個價值混亂的階段。在這個階段，金錢或人生價值會容易被誤用。當然這也是實現、發展內在財富的黃金時刻。

3H知識之宮——海王星在第三宮代表在初等教育時期裡的傻孩子。海王星小孩拙於正規學習，需要大人們給予更多的寬容、耐心、及鼓勵。也可能象徵在言語、契約、近親、鄰居方面的失當行為。當然，夢幻、不專注的海王星特質也可以轉化為藝術、詩、音樂、傳播等等領域的天賦。

4H家庭之宮——海王星在第四宮象徵對家人、田園、土地、國家的困惑、猶豫、失落、犧牲、或嚮往。

在這個時期，與父母（尤其父親）的關係會變得困難。

5H創造之宮——海王星進入第五宮象徵夢幻般創造能量甦醒的時期。可能發生在孩子、戀愛、藝術、嗜好等方面的犧牲、沉迷、或災難事件。

6H工作之宮——海王星進入健康宮隱喻潛伏、奇特的疾病，尤其當海王星與出生星圖中的日、月、土等行星成對相（180度）的時候。因為對宮十二宮（宗教宮）的潛意識及深層經驗，正是造成六宮海王星疾病的根本原因。

海王星進入第六宮，也可能代表工作上的倦怠感，或者對工作存在著不切實際的想法。「逃避現實」正是海王星進入第六宮的毛病，也許適當的休息與沉澱是解決之道。

7H人際關係之宮——海王星進入第七宮象徵婚姻、夥伴之間的犧牲、奉獻、或受騙。也可能代表遇見海王星氣質的戀人或夥伴。

8H業力之宮——海王星在第八宮（業力宮），隱喻對金錢、性、死亡、權力的誤解、混亂、迷惑、或錯失。

在這個階段，會發生對死亡的困惑、衝動、及強烈感受。也可能象徵對藝術、宗教、神祕經驗的強烈感受。

9H哲學之宮——海王星在第九宮會讓人沉浸在宗教、哲理、異國文化的沉思氣氛之中。也可能成為偏激思想的追隨者或一個不切實際的書呆子。

在這個階段要保持清醒，才能達成思想與生命的超越。

10H事業之宮——海王星進入第十宮，是一個在人生方向、事業取向上的困惑、不甘、或失意的階段。也可能象徵藝術性、創造性、宗教性、公益性等大我事業上的犧牲奉獻。

11H大我之宮——海王星在十一宮會讓當事人渴求或獻身於理想性、學術性、或人道主義的組織及同道感情。好的相位會帶領當事人進入更寬廣的天地，不好的相位則可能代表理想的幻滅。

12H無我之宮——海王星回到本宮，生命進入了夢、潛意識、神祕的世界。這是一個容易對生命不安、對人生絕望、靈魂深感種種不安與痛苦的人生階段。在這個階段，會經歷種種身心症、精神疾病、癮頭、逃避人生、童年陰影、前世經驗、潛意識的恐懼……等等的困擾及考驗。也可能會與醫院、監獄、療養院等人生痛苦場域結緣。這也是一個靈魂要求治療、淨化、修行的時機。

（三）天王星週期

天王星是革命之星、變化之星。而且天王星的革命能量洶湧澎湃，想要在天王星闖入的人生領域裡逃避變化，幾乎是不可能的。所以「冷靜」與「勇氣」是面對天王星的兩項基本配備：前者讓我們不至跟天王星衝得暈頭轉向，後者則讓我們能夠毅然擁抱人生的變化與學習。總之，天王星課題絕不會是平淡乏味的，它打破人生的一成不變及單調重覆。當然，天王星與不同的人打交道會帶來不同的結果：它會給太保守的心帶來「恐懼」，給太衝動的心帶來「瘋狂」，而給勇敢的心帶來生命的超越與提昇。

天王星停留在一個宮位大約要七年，而走完黃道一圈約需時84年，所以人有機會經歷一個完整的天王星週期。但從哪一個宮位開始起跑發動，即形成不同的人生命局與運數。譬如：從一、二宮開始的人生是從小我推擴到大我的境界，但從九、十宮開始的人生則是從大我返歸自我的命題。也就是說，天王星起跑的不同舞步，會造就全然不同的生命型態。

天王星在十二宮的週期與行運：

1H自我之宮——天王星進入第一宮，會引發強烈的自我改革意識及想法。

在這個階段，有可能發生內心、外表、或生活的突然改變。

星圖主人也可能在這個時候致力於生命事業的改革，但也可能只是接連闖禍。

如果天王星進入第一宮是發生在童年時期，多象徵家庭的變異；發生在中年時期，則要注意中年危機。

2H財富之宮——天王星進入第二宮象徵一個精神財富或物質財富的變局。

在這個階段，星圖主人會對「快錢」或精神糧食產生強烈的渴望。

3H知識之宮——天王星進入第三宮是一個知識革命的人生階段。有可能發生資訊、溝通、短途旅行、或手足近親方面的變遷。如果天王星進入第三宮是發生在童年時期，則要注意不該對小孩子的教育墨守成規。

4H家庭之宮——天王星進入第四宮可能隱喻房子、家、父母、安全感的突然生變。如果天王星進入第四宮是發生在幼年時期，象徵父母意外、居無定所等人生變數；發生在中年時期，則常與事業或婚姻帶來的心理危機有關。

5H創造之宮——天王星進入第五宮，象徵生命創造能量的激化。在這個階段，可能出現異常或變化很大的愛情，也可能隱指出現不按理出牌的生命遊戲。

6H工作之宮——天王星進入第六宮代表工作或健康上的突然改變。也可能出現工作或健康上的革命性觀念及做法。

7H人際關係之宮——天王星進入第七宮隱喻夫妻或夥伴關係的變化或離異。在分手前不妨多想想，不要匆匆做決定，因為天王星的能量來得凶、去得也快。

8H業力之宮——天王星進入第八宮，象徵性、金錢、權力、生死能量的顛覆及劇變。譬如：黛安娜王妃就是死於天王星進入八宮的人生階段。

其實這個階段也是代表親密、分享、肯定的強烈需要。

當然，天王星不適合第八宮，除非星圖主人具有研究靈性學問的興趣。

9H哲學之宮——天王星進入第九宮是心智探險之旅。在旅程中，可以讓旅人一飽思想糧食。在這個階段，也象徵異國文化或新興文化的思想革命。相位不好，會產生心智上寂寞疏離的強烈感受。

10H事業之宮——天王星進入第十宮，會讓星圖主人心生不甘寂寞、平凡，想開創事業新局面的能量及衝動。

在這個階段，容易喚起傳統與叛逆、主流與夢想衝突的心理能量。

11H大我之宮——天王星進入十一宮，是革命情感、大我情懷、理想組織的開創時期。

在這個階段，天王星回到本命宮的主題：關於同道、社團、理想的集體探索。

12H無我之宮——天王星進入十二宮，容易引發突如其來的好因果或壞因果。

在這個階段，會遇上不容易遇上的人、事、物。理當學習謙虛、自覺、深沉的面對日漸膨脹的靈性意識。

（四）土、木週期

土星是收斂之星、壓力之星。所以土星週期的功課往往都不容易，土星落入哪一個宮位即代表不同人生領域的挑戰及困難；也許，土星的現實是嚴峻的，但，這就是人生。尤其遇到負面的土星相位時，所帶來的壓力就會更沉重了。其實更深刻的土星課題的意義是：人生的難關常常也是良機的開始，因此，土星隱藏得很深的雙重性格，其實一直為艱辛的人間世默默準備著一處桃源的入口。

至於木星則是擴張之星、幸運之星。木星週期提供生命「富有」的契機，所以木星落入哪一個宮位即代表吉星高照不同的人生場域。但，當面對木星的幸運時，要注意不能違反生命更深層的律則：如果身處木星的富饒而變得太興奮、放縱，小心變成有財無富或有財無品的有錢的貧民。所以當面對木星的富饒時，一顆寧靜的心便成了很重要的元素。

土星停留在一個宮位大約要兩年半的時間，而走完黃道一圈約需時29至30年，剛好是孔子所說的「三十而立」的時間，在占星學的術語稱為「土星回歸」，代表人生成熟及責任的開始。木星停留在一個宮位則大約要一年，走完黃道一圈約需時12年，所以一個完整的木星週期代表把人生的功課演練了一遍。如果從單一宮位的角度來看，則土、木週期所代表的涵義是人生「小運」及「流年」的問題。

土星及木星在十二宮的週期與行運：

土星週期（約兩年半）

1H自我之宮——自我被壓抑、不得意的人生階段。

2H財富之宮——土星進入第二宮，如沒有任何吉相，象徵財運上的低點；如果加上月、金、木、天王或其他行星的凶相，那麼理財要非常保守，少從事擴張、投資、借貸等等行為。

3H知識之宮——學習能力困難的階段。

4H家庭之宮——家庭、內心的困頓時期。

5H創造之宮——不適合投機事業或象徵創造力困難的時期。

6H工作之宮——工作、健康上的困難時期。如果出生星圖的第六宮也不好，極可能在這一段時間生大病。

木星週期（約一年）

1H自我之宮——建立自信、開展新生的良機。

2H財富之宮——木星進入財宮，可考慮短期投資，但要見好就收。如果木星與土、天王成凶相，則要小心大意失財。

3H知識之宮——學習各種新技能的良機。

4H家庭之宮——多關注家庭及心靈生活的時機。

5H創造之宮——木星進入第五宮，如果相位佳，可以小投機，也是創造力蓬勃的時候。

6H工作之宮——工作、服務上多用心、衝刺的人生階段。

7H人際關係之宮——人際關係的困難時期。如果出生星圖的第七宮也不好，有可能出現婚姻危機。

8H業力之宮——土星進入第八宮與種種金錢問題有關，譬如：借貸、作保、糾紛、遺產、稅務等等。不是受別人牽累，就是自己找別人麻煩。在這個階段，理財要非常謹慎保守。八宮是原慾之宮，所以如何面對貪婪便成了最大的挑戰。

9H哲學之宮——高層次學習的困難時期。

10H事業之宮——事業發展的困難時期。

11H大我之宮——自私、小器、自利、大我無法展開的時期。

12H無我之宮——修道及生命進化的難關。

7H人際關係之宮——學習與他人相處的良機。

8H業力之宮——通過木星的熱力，這是了解生命深層奧祕（尤其是深層的人性黑暗面）的良機。

9H哲學之宮——學習宗教、哲學、與異國文化的契機。

10H事業之宮——開發事業的良機。

11H大我之宮——崇高、人道、博愛、淑世情懷的激化時期。

12H無我之宮——靜思、禪坐、冥想的沉澱生命的良機。在這個階段的生命進化，是為下一個木星循環做好準備。

附錄一：近五十年三王及土木運行的天文曆

二〇〇一年

木	土	天	海	冥	
♊1	♉24	♒19	♒5	♐13	一
♊2	♉24	♒20	♒6	♐14	二
♊5	♉26	♒22	♒7	♐15	三
♊10	♉29	♒24	♒8	♐15	四
♊17	♊3	♒24	♒8	♐14	五
♊24	♊7	♒24	♒8	♐13	六
♋1	♊10	♒23	♒7	♐13	七
♋7	♊13	♒22	♒6	♐12	八
♋11	♊14	♒21	♒6	♐12	九
♋15	♊14	♒20	♒6	♐13	十
♋15	♊12	♒20	♒6	♐14	十一
♋12	♊10	♒21	♒7	♐15	十二

二〇〇二年

木	土	天	海	冥	
♋8	♊8	♒22	♒7	♐16	一
♋5	♊8	♒24	♒8	♐17	二
♋6	♊9	♒26	♒9	♐17	三
♋9	♊11	♒27	♒10	♐17	四
♋13	♊15	♒28	♒10	♐16	五
♋20	♊19	♒28	♒10	♐16	六
♋26	♊23	♒28	♒9	♐15	七
♌3	♊26	♒26	♒9	♐15	八
♌9	♊28	♒25	♒8	♐15	九
♌14	♊29	♒25	♒8	♐15	十
♌17	♊28	♒24	♒8	♐16	十一
♌17	♊25	♒25	♒9	♐17	十二

二〇〇三年

木	土	天	海	冥	
♌15	♊23	♒26	♒10	♐18	一
♌12	♊22	♒28	♒11	♐19	二
♌8	♊22	♓0	♒12	♐19	三
♌8	♊24	♓1	♒12	♐19	四
♌10	♊27	♓2	♒13	♐19	五
♌15	♋0	♓2	♒12	♐18	六
♌21	♋5	♓2	♒12	♐17	七
♌28	♋9	♓1	♒11	♐17	八
♍1	♋11	♓0	♒10	♐17	九
♍9	♋13	♒29	♒10	♐17	十
♍15	♋12	♒28	♒10	♐18	十一
♍18	♋10	♒29	♒11	♐19	十二

二〇〇四年

木	土	天	海	冥	
♍18	♋8	♓0	♒12	♐20	一
♍16	♋6	♓2	♒13	♐21	二
♍12	♋6	♓4	♒14	♐22	三
♍9	♋7	♓5	♒15	♐22	四
♍9	♋10	♓6	♒15	♐21	五
♍11	♋13	♓6	♒15	♐21	六
♍15	♋17	♓6	♒14	♐20	七
♍20	♋21	♓5	♒13	♐19	八
♍27	♋24	♓4	♒12	♐19	九
♎4	♋26	♓3	♒12	♐19	十
♎10	♋27	♓2	♒12	♐20	十一
♎15	♋26	♓3	♒13	♐21	十二

二〇〇五年

木	土	天	海	冥	
♎18	♋23	♓4	♒14	♐22	一
♎18	♋21	♓6	♒15	♐23	二
♎16	♋20	♓7	♒16	♐24	三
♎12	♋21	♓9	♒17	♐24	四
♎9	♋22	♓10	♒17	♐23	五
♎9	♋26	♓10	♒17	♐23	六
♎11	♋29	♓10	♒16	♐22	七
♎15	♌3	♓9	♒16	♐22	八
♎21	♌7	♓8	♒15	♐21	九
♎28	♌10	♓7	♒14	♐22	十
♏3	♌11	♓6	♒14	♐23	十一
♏10	♌10	♓7	♒15	♐23	十二

二〇〇六年

木	土	天	海	冥	
♏15	♌8	♓8	♒16	♐24	一
♏18	♌6	♓9	♒17	♐25	二
♏18	♌4	♓11	♒18	♐26	三
♏16	♌4	♓13	♒19	♐26	四
♏12	♌5	♓14	♒19	♐26	五
♏9	♌8	♓14	♒19	♐25	六
♏9	♌11	♓14	♒19	♐24	七
♏11	♌15	♓13	♒18	♐24	八
♏15	♌19	♓12	♒17	♐24	九
♏21	♌22	♓11	♒17	♐24	十
♏28	♌24	♓10	♒17	♐25	十一
♐4	♌24	♓11	♒17	♐26	十二

二〇〇七年

木	土	天	海	冥	
♐10	♌23	♓12	♒18	♐27	一
♐16	♌21	♓13	♒19	♐28	二
♐18	♌19	♓14	♒20	♐28	三
♐19	♌18	♓16	♒21	♐28	四
♐17	♌18	♓18	♒22	♐28	五
♐13	♌20	♓18	♒22	♐28	六
♐10	♌23	♓18	♒21	♐27	七
♐10	♌27	♓17	♒20	♐26	八
♐12	♍1	♓16	♒19	♐26	九
♐16	♍4	♓15	♒19	♐26	十
♐22	♍7	♓14	♒19	♐27	十一
♐29	♍8	♓14	♒19	♐28	十二

二〇〇八年

木	土	天	海	冥	
♑5	♍7	♓15	♒20	♐29	一
♑13	♍5	♓17	♒21	♑0	二
♑17	♍3	♓18	♒22	♑1	三
♑21	♍1	♓20	♒23	♑1	四
♑22	♍1	♓21	♒24	♑0	五
♑20	♍3	♓22	♒24	♑0	六
♑16	♍5	♓22	♒23	♐29	七
♑13	♍9	♓21	♒22	♐28	八
♑12	♍13	♓20	♒21	♐28	九
♑15	♍17	♓19	♒21	♐28	十
♑19	♍19	♓18	♒21	♐29	十一
♑25	♍21	♓18	♒22	♑0	十二

二〇〇九年

木	土	天	海	冥	
♒3	♍21	♓19	♒22	♑1	一
♒9	♍20	♓21	♒24	♑2	二
♒15	♍18	♓22	♒25	♑3	三
♒21	♍15	♓24	♒25	♑3	四
♒25	♍14	♓25	♒26	♑2	五
♒27	♍15	♓26	♒26	♑2	六
♒25	♍17	♓26	♒25	♑1	七
♒21	♍21	♓25	♒25	♑1	八
♒18	♍24	♓24	♒24	♑0	九
♒17	♍28	♓23	♒23	♑0	十
♒18	♎1	♓22	♒23	♑1	十一
♒23	♎3	♓22	♒24	♑2	十二

二〇一〇年

木	土	天	海	冥	
♒28	♎4	♓23	♒25	♑3	一
♓6	♎4	♓24	♒26	♑4	二
♓13	♎1	♓26	♒27	♑5	三
♓20	♍29	♓28	♒27	♑5	四
♓26	♍28	♓29	♒28	♑4	五
♈1	♍28	♈0	♒28	♑4	六
♈3	♍29	♈0	♒28	♑3	七
♈2	♎2	♓29	♒27	♑3	八
♓29	♎5	♓28	♒26	♑2	九
♓25	♎9	♓27	♒26	♑2	十
♓23	♎12	♓26	♒25	♑3	十一
♓25	♎15	♓26	♒26	♑4	十二

二〇一一年

木	土	天	海	冥	
♓28	♎17	♓27	♒27	♑5	一
♈4	♎16	♓28	♒28	♑6	二
♈11	♎15	♈0	♒29	♑7	三
♈18	♎12	♈1	♒29	♑7	四
♈25	♎11	♈3	♓0	♑6	五
♉2	♎10	♈4	♓0	♑6	六
♉6	♎11	♈4	♓0	♑5	七
♉9	♎13	♈4	♒29	♑5	八
♉10	♎16	♈3	♒28	♑4	九
♉7	♎20	♈1	♒28	♑4	十
♉3	♎24	♈0	♒28	♑5	十一
♉0	♎27	♈0	♒28	♑6	十二

二〇一二年

木	土	天	海	冥	
♉1	♎29	♈1	♒29	♑7	一
♉4	♎29	♈2	♓0	♑8	二
♉9	♎28	♈3	♓1	♑9	三
♉16	♎26	♈5	♓2	♑9	四
♉23	♎23	♈7	♓3	♑9	五
♉29	♎22	♈8	♓3	♑8	六
♊5	♎23	♈8	♓2	♑7	七
♊12	♎24	♈8	♓2	♑7	八
♊15	♎27	♈7	♓1	♑6	九
♊16	♏0	♈5	♓0	♑7	十
♊13	♏4	♈4	♓0	♑7	十一
♊9	♏8	♈4	♓0	♑8	十二

二〇一三年

木	土	天	海	冥	
♊6	♏10	♈5	♓1	♑9	一
♊6	♏11	♈6	♓2	♑10	二
♊9	♏10	♈7	♓3	♑11	三
♊14	♏9	♈9	♓4	♑11	四
♊20	♏7	♈10	♓5	♑11	五
♊28	♏5	♈11	♓5	♑10	六
♋4	♏4	♈12	♓4	♑9	七
♋10	♏5	♈12	♓4	♑9	八
♋16	♏8	♈11	♓3	♑8	九
♋19	♏11	♈10	♓3	♑9	十
♋20	♏15	♈9	♓2	♑10	十一
♋18	♏18	♈8	♓2	♑10	十二

二〇一四年

木	土	天	海	冥	
♋14	♏21	♈8	♓3	♑11	一
♋11	♏23	♈9	♓4	♑12	二
♋10	♏23	♈11	♓5	♑13	三
♋12	♏21	♈12	♓6	♑13	四
♋17	♏19	♈14	♓7	♑13	五
♋23	♏17	♈15	♓7	♑12	六
♋29	♏16	♈16	♓7	♑11	七
♌6	♏16	♈16	♓6	♑11	八
♌12	♏19	♈15	♓5	♑10	九
♌18	♏21	♈14	♓5	♑11	十
♌21	♏25	♈13	♓4	♑11	十一
♌22	♏29	♈12	♓5	♑12	十二

二〇一五年

木	土	天	海	冥	
♌20	♐1	♈12	♓5	♑13	一
♌16	♐3	♈13	♓6	♑14	二
♌13	♐4	♈14	♓7	♑15	三
♌12	♐3	♈16	♓8	♑15	四
♌14	♐2	♈18	♓9	♑15	五
♌18	♐0	♈19	♓9	♑15	六
♌24	♏28	♈20	♓9	♑14	七
♌29	♏28	♈20	♓8	♑13	八
♍5	♏29	♈19	♓7	♑12	九
♍13	♐1	♈18	♓7	♑12	十
♍18	♐5	♈17	♓7	♑13	十一
♍22	♐9	♈16	♓7	♑14	十二

二〇一六年

木	土	天	海	冥	
♍23	♐12	♈16	♓8	♑15	一
♍20	♐15	♈17	♓9	♑16	二
♍17	♐16	♈18	♓10	♑17	三
♍14	♐16	♈20	♓10	♑17	四
♍13	♐14	♈22	♓11	♑17	五
♍15	♐12	♈23	♓12	♑16	六
♍19	♐10	♈24	♓11	♑15	七
♍25	♐9	♈24	♓11	♑15	八
♍29	♐10	♈23	♓10	♑14	九
♎5	♐12	♈22	♓9	♑14	十
♎13	♐15	♈21	♓9	♑15	十一
♎19	♐19	♈20	♓9	♑16	十二

二〇一七年

木	土	天	海	冥	
♎22	♐22	♈20	♓10	♑17	一
♎22	♐25	♈21	♓11	♑18	二
♎20	♐27	♈22	♓12	♑19	三
♎17	♐27	♈24	♓13	♑19	四
♎14	♐26	♈26	♓14	♑19	五
♎13	♐24	♈27	♓14	♑18	六
♎15	♐22	♈28	♓14	♑18	七
♎19	♐21	♈28	♓13	♑17	八
♎24	♐21	♈27	♓12	♑16	九
♎29	♐23	♈26	♓11	♑16	十
♏6	♐25	♈25	♓11	♑17	十一
♏13	♐29	♈24	♓11	♑18	十二

二〇一八年

木	土	天	海	冥	
♏18	♑2	♈24	♓12	♑19	一
♏22	♑6	♈25	♓13	♑20	二
♏23	♑8	♈26	♓14	♑21	三
♏21	♑9	♈28	♓15	♑21	四
♏17	♑8	♈29	♓16	♑21	五
♏14	♑7	♉1	♓16	♑20	六
♏13	♑4	♉2	♓16	♑19	七
♏15	♑2	♉2	♓15	♑19	八
♏19	♑2	♉1	♓14	♑18	九
♏25	♑3	♉0	♓14	♑18	十
♏29	♑5	♈29	♓13	♑19	十一
♐7	♑9	♈28	♓13	♑20	十二

二〇一九年

木	土	天	海	冥	
♐14	♑12	♈28	♓14	♑21	一
♐20	♑16	♈29	♓15	♑22	二
♐23	♑18	♉0	♓16	♑22	三
♐24	♑20	♉1	♓17	♑23	四
♐22	♑20	♉3	♓18	♑22	五
♐19	♑18	♉5	♓18	♑22	六
♐15	♑16	♉6	♓18	♑21	七
♐14	♑14	♉6	♓18	♑21	八
♐16	♑13	♉6	♓17	♑20	九
♐20	♑14	♉5	♓16	♑20	十
♐26	♑16	♉4	♓15	♑21	十一
♑2	♑19	♉3	♓16	♑21	十二

二〇二〇年

木	土	天	海	冥	
♑9	♑23	♉2	♓16	♑22	一
♑16	♑26	♉3	♓17	♑23	二
♑21	♑29	♉4	♓18	♑24	三
♑25	♒1	♉5	♓19	♑24	四
♑27	♒1	♉7	♓20	♑24	五
♑26	♒0	♉9	♓20	♑24	六
♑22	♑29	♉10	♓20	♑23	七
♑18	♑27	♉10	♓20	♑23	八
♑17	♑25	♉10	♓19	♑22	九
♑19	♑25	♉9	♓18	♑22	十
♑23	♑26	♉8	♓18	♑22	十一
♑29	♑29	♉7	♓18	♑23	十二

二〇二一年

木	土	天	海	冥	
♒6	♒3	♉6	♓18	♑24	一
♒13	♒7	♉7	♓19	♑25	二
♒19	♒10	♉8	♓20	♑26	三
♒25	♒12	♉9	♓21	♑26	四
♒29	♒13	♉11	♓22	♑26	五
♓1	♒12	♉13	♓23	♑26	六
♓0	♒11	♉14	♓23	♑25	七
♒27	♒9	♉14	♓22	♑24	八
♒24	♒7	♉14	♓21	♑24	九
♒22	♒6	♉13	♓20	♑24	十
♒23	♒7	♉12	♓20	♑24	十一
♒27	♒10	♉11	♓20	♑25	十二

二〇二二年

木	土	天	海	冥	
♓3	♒13	♉10	♓21	♑26	一
♓10	♒17	♉11	♓22	♑27	二
♓17	♒20	♉12	♓23	♑28	三
♓24	♒23	♉13	♓24	♑28	四
♓29	♒24	♉15	♓25	♑28	五
♈5	♒25	♉16	♓25	♑28	六
♈8	♒23	♉18	♓25	♑27	七
♈8	♒21	♉18	♓24	♑26	八
♈5	♒19	♉18	♓23	♑26	九
♈1	♒18	♉17	♓23	♑26	十
♓29	♒19	♉16	♓22	♑26	十一
♓29	♒20	♉15	♓22	♑27	十二

二〇二三年

木	土	天	海	冥	
♈3	♒24	♉14	♓23	♑28	一
♈8	♒27	♉15	♓24	♑29	二
♈15	♓1	♉16	♓25	♑29	三
♈23	♓4	♉17	♓26	♒0	四
♈29	♓6	♉19	♓27	♒0	五
♉6	♓7	♉20	♓27	♑29	六
♉11	♓6	♉22	♓27	♑29	七
♉15	♓4	♉23	♓27	♑28	八
♉15	♓2	♉22	♓26	♑28	九
♉12	♓0	♉22	♓25	♑27	十
♉8	♓0	♉21	♓24	♑28	十一
♉5	♓2	♉19	♓24	♑28	十二

二〇二四年

木	土	天	海	冥	
♉6	♓4	♉19	♓25	♑29	一
♉8	♓8	♉19	♓26	♒0	二
♉14	♓11	♉20	♓27	♒1	三
♉20	♓15	♉21	♓28	♒2	四
♉27	♓17	♉23	♓29	♒2	五
♊5	♓19	♉25	♓29	♒1	六
♊11	♓19	♉26	♓29	♒0	七
♊17	♓17	♉27	♓29	♒0	八
♊20	♓15	♉27	♓28	♑29	九
♊21	♓13	♉26	♓27	♑29	十
♊18	♓12	♉25	♓27	♑29	十一
♊14	♓13	♉24	♓27	♒0	十二

二〇二五年

	木	土	天	海	冥
一	♊11	♓15	♉23	♓27	♒1
二	♊11	♓18	♉23	♓28	♒2
三	♊14	♓22	♉24	♓29	♒3
四	♊18	♓26	♉25	♈0	♒3
五	♊26	♓29	♉27	♈1	♒3
六	♋1	♈1	♉28	♈2	♒3
七	♋8	♈1	♊0	♈2	♒2
八	♋15	♈0	♊1	♈1	♒2
九	♋20	♓29	♊1	♈1	♒1
十	♋24	♓26	♊0	♈0	♒1
十一	♋25	♓25	♉29	♓29	♒1
十二	♋22	♓25	♉28	♓29	♒2

二〇二六年

	木	土	天	海	冥
一	♋19	♓27	♉27	♓29	♒3
二	♋15	♓29	♉27	♈0	♒4
三	♋15	♈3	♉28	♈1	♒4
四	♋17	♈7	♉29	♈2	♒5
五	♋21	♈10	♊1	♈3	♒5
六	♋27	♈13	♊2	♈4	♒5
七	♌3	♈14	♊4	♈4	♒4
八	♌10	♈14	♊5	♈3	♒3
九	♌16	♈12	♊5	♈3	♒3
十	♌22	♈10	♊5	♈2	♒3
十一	♌25	♈8	♊4	♈1	♒3
十二	♌27	♈7	♊3	♈1	♒3

二〇二七年

	木	土	天	海	冥
一	♌25	♈9	♊1	♈1	♒4
二	♌21	♈11	♊1	♈2	♒5
三	♌18	♈14	♊2	♈3	♒6
四	♌17	♈18	♊3	♈4	♒7
五	♌18	♈22	♊5	♈5	♒7
六	♌22	♈25	♊6	♈6	♒6
七	♌28	♈27	♊8	♈6	♒6
八	♍4	♈27	♊9	♈6	♒5
九	♍10	♈26	♊9	♈5	♒4
十	♍17	♈24	♊9	♈4	♒4
十一	♍22	♈22	♊8	♈4	♒4
十二	♍26	♈21	♊7	♈3	♒5

二〇二八年

	木	土	天	海	冥
一	♍27	♈21	♊6	♈4	♒6
二	♍25	♈23	♊5	♈5	♒7
三	♍21	♈26	♊6	♈6	♒8
四	♍18	♈29	♊7	♈7	♒8
五	♍17	♉4	♊9	♈8	♒8
六	♍19	♉7	♊11	♈8	♒8
七	♍22	♉10	♊12	♈8	♒7
八	♍28	♉11	♊13	♈8	♒7
九	♎4	♉10	♊14	♈7	♒6
十	♎11	♉8	♊13	♈6	♒6
十一	♎17	♉6	♊12	♈6	♒6
十二	♎22	♉4	♊11	♈6	♒7

二〇二九年

	木	土	天	海	冥
一	♎26	♉4	♊10	♈6	♒8
二	♎27	♉5	♊10	♈7	♒9
三	♎25	♉8	♊10	♈8	♒9
四	♎21	♉12	♊11	♈9	♒10
五	♎18	♉16	♊13	♈10	♒10
六	♎17	♉20	♊14	♈10	♒10
七	♎19	♉22	♊16	♈11	♒9
八	♎23	♉24	♊17	♈10	♒8
九	♎28	♉24	♊18	♈10	♒8
十	♏5	♉23	♊18	♈9	♒8
十一	♏11	♉21	♊17	♈8	♒8
十二	♏18	♉19	♊16	♈8	♒8

二〇三〇年

	木	土	天	海	冥
一	♏23	♉18	♊15	♈8	♒9
二	♏26	♉19	♊14	♈9	♒10
三	♏27	♉20	♊14	♈10	♒11
四	♏25	♉24	♊15	♈11	♒11
五	♏22	♉28	♊17	♈12	♒12
六	♏19	♊2	♊18	♈13	♒11
七	♏17	♊5	♊20	♈13	♒11
八	♏19	♊7	♊22	♈13	♒10
九	♏23	♊8	♊22	♈12	♒9
十	♏29	♊8	♊22	♈11	♒9
十一	♐4	♊6	♊21	♈10	♒9
十二	♐12	♊4	♊20	♈10	♒10

二〇三一年

木	土	天	海	冥	
♐18	♊2	♊19	♈10	♒11	一
♐24	♊2	♊18	♈11	♒12	二
♐27	♊3	♊19	♈12	♒12	三
♐28	♊6	♊19	♈13	♒13	四
♐27	♊10	♊21	♈14	♒13	五
♐23	♊14	♊23	♈15	♒13	六
♐20	♊17	♊24	♈15	♒12	七
♐19	♊21	♊26	♈15	♒12	八
♐20	♊22	♊27	♈14	♒11	九
♐24	♊22	♊27	♈13	♒11	十
♐29	♊21	♊26	♈13	♒11	十一
♑7	♊18	♊25	♈12	♒11	十二

二〇三二年

木	土	天	海	冥	
♑13	♊16	♊24	♈12	♒12	一
♑20	♊16	♊23	♈13	♒13	二
♑26	♊16	♊23	♈14	♒14	三
♑29	♊19	♊24	♈15	♒15	四
♒2	♊22	♊22	♈16	♒15	五
♒0	♊26	♊27	♈17	♒15	六
♑27	♊29	♊29	♈17	♒14	七
♑23	♋3	♋0	♈17	♒13	八
♑22	♋6	♋1	♈17	♒13	九
♑23	♋7	♋1	♈16	♒12	十
♑27	♋6	♋0	♈15	♒12	十一
♒3	♋4	♊29	♈15	♒13	十二

二〇三三年

木	土	天	海	冥	
♒10	♋2	♊28	♈15	♒14	一
♒17	♋0	♊27	♈15	♒15	二
♒23	♋0	♊27	♈16	♒15	三
♒29	♋1	♊28	♈17	♒16	四
♓4	♋4	♊29	♈18	♒16	五
♓7	♋8	♋1	♈19	♒16	六
♓6	♋12	♋3	♈20	♒16	七
♓3	♋16	♋4	♈19	♒15	八
♒29	♋19	♋5	♈19	♒14	九
♒27	♋21	♋6	♈18	♒14	十
♒28	♋21	♋5	♈17	♒14	十一
♓2	♋19	♋4	♈17	♒15	十二

二〇三四年

木	土	天	海	冥	
♓7	♋17	♋3	♈17	♒15	一
♓14	♋15	♋2	♈18	♒16	二
♓21	♋14	♋2	♈19	♒17	三
♓29	♋15	♋2	♈20	♒18	四
♈5	♋17	♋3	♈21	♒18	五
♈10	♋21	♋5	♈22	♒18	六
♈13	♋24	♋7	♈22	♒17	七
♈13	♋29	♋9	♈22	♒16	八
♈11	♌2	♋10	♈21	♒16	九
♈6	♌4	♋10	♈20	♒15	十
♈4	♌5	♋10	♈20	♒16	十一
♈4	♌4	♋9	♈19	♒16	十二

二〇三五年

木	土	天	海	冥	
♈7	♌2	♋7	♈19	♒17	一
♈13	♋29	♋6	♈20	♒18	二
♈19	♋28	♋6	♈21	♒19	三
♈27	♋28	♋7	♈22	♒19	四
♉4	♌4	♋8	♈23	♒19	五
♉11	♌3	♋9	♈24	♒19	六
♉16	♌6	♋11	♈24	♒19	七
♉19	♌11	♋13	♈24	♒18	八
♉20	♌14	♋14	♈23	♒17	九
♉18	♌17	♋15	♈23	♒17	十
♉14	♌19	♋14	♈22	♒17	十一
♉11	♌18	♋13	♈21	♒18	十二

二〇三六年

木	土	天	海	冥	
♉10	♌17	♋12	♈21	♒18	一
♉13	♌15	♋11	♈22	♒19	二
♉18	♌12	♋10	♈23	♒20	三
♉25	♌12	♋11	♈24	♒21	四
♊3	♌13	♋12	♈25	♒21	五
♊9	♌15	♋13	♈26	♒21	六
♊15	♌19	♋15	♈26	♒20	七
♊21	♌23	♋17	♈26	♒20	八
♊25	♌27	♋18	♈26	♒19	九
♊26	♌29	♋19	♈25	♒18	十
♊24	♍2	♋19	♈24	♒19	十一
♊20	♍2	♋18	♈24	♒19	十二

二〇三七年

木	土	天	海	冥	
♊17	♍1	♋17	♈24	♒20	一
♊16	♌29	♋16	♈24	♒21	二
♊18	♌27	♋15	♈25	♒22	三
♊23	♌26	♋15	♈26	♒22	四
♊29	♌26	♋16	♈27	♒22	五
♋5	♌28	♋18	♈28	♒22	六
♋12	♍1	♋20	♈29	♒22	七
♋19	♍5	♋21	♈29	♒21	八
♋24	♍8	♋23	♈28	♒20	九
♋28	♍12	♋24	♈27	♒20	十
♋29	♍14	♋23	♈26	♒20	十一
♋28	♍16	♋23	♈26	♒20	十二

二〇三八年

木	土	天	海	冥	
♋24	♍15	♋22	♈26	♒21	一
♋20	♍14	♋20	♈26	♒22	二
♋19	♍11	♋20	♈27	♒23	三
♋21	♍10	♋20	♈28	♒23	四
♋25	♍9	♋21	♈29	♒24	五
♌2	♍10	♋22	♉0	♒24	六
♌7	♍11	♋24	♉1	♒23	七
♌14	♍16	♋26	♉1	♒22	八
♌21	♍19	♋27	♉0	♒22	九
♌26	♍23	♋28	♉0	♒21	十
♌29	♍26	♋28	♈29	♒21	十一
♍1	♍28	♋27	♈28	♒22	十二

二〇三九年

木	土	天	海	冥	
♍0	♍29	♋26	♈28	♒23	一
♌26	♍27	♋25	♈28	♒24	二
♌22	♍25	♋24	♈29	♒24	三
♌21	♍23	♋24	♉0	♒25	四
♌23	♍22	♋25	♉1	♒25	五
♌26	♍22	♋26	♉2	♒25	六
♍2	♍24	♋28	♉3	♒25	七
♍8	♍28	♌0	♉3	♒24	八
♍14	♎1	♌2	♉3	♒23	九
♍21	♎5	♌3	♉2	♒23	十
♍26	♎8	♌3	♉1	♒23	十一
♍29	♎10	♌2	♉0	♒23	十二

二〇四〇年

木	土	天	海	冥	
♎1	♎11	♌1	♉0	♒24	一
♎0	♎11	♌0	♉1	♒25	二
♍27	♎9	♋29	♉2	♒26	三
♍22	♎7	♋29	♉3	♒26	四
♍21	♎5	♌0	♉4	♒27	五
♍23	♎5	♌1	♉5	♒27	六
♍27	♎6	♌3	♉5	♒26	七
♎2	♎9	♌4	♉5	♒25	八
♎8	♎12	♌6	♉5	♒25	九
♎15	♎16	♌7	♉4	♒24	十
♎21	♎19	♌8	♉3	♒24	十一
♎27	♎22	♌7	♉3	♒25	十二

二〇四一年

木	土	天	海	冥	
♎29	♎24	♌6	♉3	♒25	一
♏1	♎24	♌5	♉3	♒26	二
♏0	♎23	♌4	♉4	♒27	三
♎27	♎21	♌3	♉5	♒28	四
♎23	♎18	♌4	♉6	♒28	五
♎21	♎17	♌5	♉7	♒28	六
♎23	♎18	♌7	♉7	♒27	七
♎26	♎20	♌9	♉8	♒27	八
♏2	♎22	♌11	♉7	♒26	九
♏8	♎27	♌12	♉7	♒26	十
♏15	♏1	♌12	♉6	♒26	十一
♏21	♏3	♌12	♉5	♒26	十二

二〇四二年

木	土	天	海	冥	
♏26	♏5	♌11	♉5	♒27	一
♏29	♏6	♌10	♉5	♒28	二
♐2	♏5	♌9	♉6	♒28	三
♐0	♏3	♌8	♉7	♒29	四
♏27	♏1	♌9	♉8	♒29	五
♏23	♏0	♌10	♉9	♒29	六
♏22	♎29	♌11	♉10	♒29	七
♏23	♏1	♌13	♉10	♒28	八
♏27	♏4	♌15	♉10	♒28	九
♐2	♏7	♌16	♉9	♒27	十
♐8	♏11	♌17	♉8	♒27	十一
♐16	♏14	♌17	♉7	♒27	十二

二〇四三年

木	土	天	海	冥	
♐22	♏22	♌16	♉7	♒28	一
♐28	♏18	♌14	♉7	♒29	二
♑1	♏18	♌13	♉8	♓0	三
♑3	♏16	♌13	♉9	♓0	四
♑2	♏14	♌13	♉10	♓1	五
♐28	♏12	♌14	♉11	♓1	六
♐25	♏11	♌16	♉12	♓0	七
♐23	♏12	♌18	♉12	♓0	八
♐24	♏14	♌20	♉12	♒29	九
♐28	♏18	♌21	♉11	♒29	十
♑4	♏21	♌22	♉10	♒29	十一
♑10	♏25	♌22	♉10	♒29	十二

二〇四四年

木	土	天	海	冥	
♑17	♏28	♌21	♉9	♒29	一
♑24	♏29	♌19	♉10	♓0	二
♑29	♐0	♌18	♉10	♓1	三
♒4	♏29	♌18	♉11	♓2	四
♒6	♏27	♌18	♉12	♓2	五
♒6	♏24	♌19	♉13	♓2	六
♒3	♏23	♌20	♉14	♓2	七
♑29	♏23	♌22	♉14	♓2	八
♑27	♏25	♌24	♉14	♓1	九
♑28	♏29	♌25	♉14	♓0	十
♒1	♐1	♌26	♉13	♓0	十一
♒7	♐5	♌26	♉12	♓0	十二

二〇四五年

木	土	天	海	冥	
♒14	♐8	♌26	♉12	♓1	一
♒21	♐10	♌24	♉12	♓2	二
♒28	♐11	♌23	♉12	♓2	三
♓4	♐11	♌22	♉13	♓3	四
♓9	♐9	♌22	♉14	♓4	五
♓11	♐7	♌23	♉15	♓4	六
♓12	♐5	♌25	♉16	♓3	七
♓9	♐5	♌27	♉17	♓3	八
♓5	♐6	♌29	♉16	♓2	九
♓2	♐8	♍0	♉16	♓2	十
♓2	♐11	♍1	♉15	♓1	十一
♓6	♐15	♍1	♉14	♓2	十二

二〇四六年

木	土	天	海	冥	
♓11	♐18	♍0	♉14	♓2	一
♓18	♐21	♌29	♉14	♓3	二
♓26	♐23	♌28	♉15	♓4	三
♈3	♐23	♌27	♉16	♓4	四
♈9	♐21	♌27	♉17	♓5	五
♈14	♐19	♌28	♉18	♓5	六
♈18	♐17	♌29	♉19	♓5	七
♈18	♐16	♍1	♉19	♓4	八
♈16	♐17	♍3	♉19	♓3	九
♈13	♐19	♍5	♉18	♓3	十
♈9	♐22	♍6	♉17	♓3	十一
♈9	♐25	♍6	♉16	♓3	十二

二〇四七年

木	土	天	海	冥	
♈11	♐29	♍5	♉16	♓3	一
♈17	♑2	♍4	♉16	♓4	二
♈23	♑3	♍3	♉17	♓5	三
♈29	♑4	♍2	♉18	♓6	四
♉7	♑3	♍2	♉19	♓6	五
♉14	♑1	♍2	♉20	♓6	六
♉20	♐29	♍3	♉21	♓6	七
♉24	♐28	♍5	♉21	♓6	八
♉25	♐28	♍7	♉21	♓5	九
♉23	♐29	♍9	♉20	♓4	十
♉19	♑2	♍10	♉20	♓4	十一
♉16	♑5	♍11	♉19	♓4	十二

二〇四八年

木	土	天	海	冥	
♉15	♑9	♍10	♉18	♓5	一
♉17	♑12	♍9	♉18	♓5	二
♉22	♑14	♍8	♉19	♓6	三
♉29	♑15	♍7	♉20	♓7	四
♊5	♑15	♍7	♉21	♓8	五
♊12	♑13	♍7	♉22	♓8	六
♊19	♑11	♍8	♉23	♓7	七
♊25	♑9	♍10	♉23	♓7	八
♊29	♑9	♍12	♉23	♓6	九
♋1	♑10	♍14	♉23	♓6	十
♊29	♑12	♍15	♉22	♓5	十一
♊25	♑15	♍15	♉21	♓6	十二

二〇四九年

月	木	土	天	海	冥
一	♊22	♑19	♍15	♉21	♓6
二	♊20	♑22	♍14	♉21	♓7
三	♊22	♑25	♍13	♉21	♓8
四	♊26	♑27	♍12	♉22	♓8
五	♋2	♑27	♍11	♉23	♓9
六	♋8	♑26	♍12	♉24	♓9
七	♋15	♑23	♍13	♉25	♓9
八	♋22	♑21	♍14	♉26	♓8
九	♋28	♑20	♍16	♉26	♓7
十	♌2	♑21	♍18	♉25	♓7
十一	♌4	♑22	♍19	♉24	♓7
十二	♌3	♑25	♍20	♉23	♓7

二〇五〇年

月	木	土	天	海	冥
一	♌0	♑29	♍20	♉23	♓7
二	♋26	♒2	♍19	♉23	♓8
三	♋24	♒6	♍18	♉23	♓9
四	♋25	♒8	♍17	♉24	♓10
五	♋29	♒8	♍16	♉25	♓10
六	♌4	♒8	♍16	♉26	♓10
七	♌10	♒6	♍17	♉27	♓10
八	♌17	♒4	♍19	♉28	♓10
九	♌23	♒2	♍21	♉28	♓9
十	♌29	♒2	♍23	♉27	♓8
十一	♍3	♒3	♍24	♉27	♓8
十二	♍5	♒6	♍25	♉26	♓8

附錄二：冥海天大運週期示範分析表

冥海天的週期象徵「人生大運」，時間單位較大，所以比較好掌握及查閱。讀者不妨參照下面的例子，把自己一生冥海天運行的週期及宮位調查出來，製成表格，好方便參考人生發展的大趨勢。下表即是筆者與筆者妻子從出生到七十歲的冥海天週期及宮位的一覽表。

冥王	海王	天王		
所處的宮位			週期	
10H 0→ 7歲	12H 0→ 4歲	9H,10H 0→ 7歲	1	筆者的生命週期
11H 7→20歲	1H 5→18歲	11H 7→13歲	2	
12H 20→30歲	2H 18→32歲	12H 13→18歲	3	
1H 30→42歲	3H 32→47歲	1H 19→24歲	4	
2H 42→57歲	4H 47→61歲	2H 25→32歲	5	
3H 57→75歲	5H 62→74歲	3H 33→40歲	6	
		4H 40→48歲	7	
		5H 49→56歲	8	
		6H 56→63歲	9	
		7H 63→70歲	10	
8H 0→ 6歲	10H 0→ 4歲	8H 0→ 6歲	1	妻子的生命週期
9H 6→20歲	11H 5→16歲	9H 6→12歲	2	
10H 20→31歲	12H 16→27歲	10H 13→19歲	3	
11H 31→44歲	1H 27→43歲	11H 19→24歲	4	
12H 41→51歲	2H 43→59歲	12H 25→30歲	5	
1H 52→71歲	3H 59→74歲	1H 31→39歲	6	
		2H 39→47歲	7	
		3H 48→56歲	8	
		4H 56→63歲	9	
		5H 63→70歲	10	

這樣做是不是對自己生命發展的大方向一覽無遺呢？譬如，可以清楚看到當前筆者與妻子的冥海天週期分別運行到「245」宮及「123」宮，這樣就可以立即觀察到當前生命主題的內涵。又譬如，從整體觀察，筆者的三王星大勢是從「9宮起跑↓到7宮」，而妻子的三王星大勢是從「8宮起跑↓到5宮」，夫妻二人都有一點從天上往人間發展的命格趨向。如果再加上土星與木星的週期，就可以在大運上再加上流年的觀察了。

介紹完「冥海天土木」週期之後，下一節，跟著談到觀察後天流運所發生的具體事件——相位——的技法。

三、推進法（Transit）——流運流年星法

（一）關於推進法的基本說明

生命是複雜的！

如果出生星圖加上流運星圖（命＋運），可以擁有接近無限種的可能組合，也就是說，每個人的星圖都是獨一無二的，推算命運是非常艱難而複雜的工作，好的占星師也只是較少犯錯，而非絕不犯錯。（因此民間算命的「鐵口直斷」常常是欺騙或不負責任的行為。）地圖不等於疆界！命理、占星畢竟不是真實的人生。如果用占星學的行話來說，哪怕是星圖中的重要相位，也不一定會演變成人生裡的真實事件。因為大部分的生命能量其實都消耗在不曾出現於現實世界的內心想法及意念之中，人，往往想的，不一定就會化為行動。所以物質人生常常只是生命的冰山一角。

那麼，占星學的功能就不只是算命了，它幫助我們更深入的了解我們未曾出現的過去與深層意識（人類的潛意識活動佔大腦能量90％以上），更深入的了解我們的「失落的記憶」。也就是說，占星

學的功能不僅在未來，也在過去，更指向每一個當下生命內在的心理幽微[1]。

總之，占星學是一個開放的智識系統，它永遠等待開發更精準的技術及知識，也許，它更深刻的目的不在了解或控制命運，而更在靈性意識的進化。通過占星知識的學習、看圖經驗的累積、直觀能力的鍛鍊、細膩感受的穿透，慢慢的幫助我們聆聽到更高層、更深邃的靈魂密碼。也就是說，通過占星學明心見性，才能真正了解自我的精神堂奧，而從中窺見宇宙業力的運作軌跡，那麼，人才真正有機會了解與掌握自己，真正當自己的主人，甚至有機會改變自己的命運。

在這一節的內容，筆者要介紹一個占星學中很有名推算流運流年的技法——推進法。這是一個經常被使用的推運工具；當然，我們再一次強調：通過推進法，不只是要掌握未來的軌跡，更重要的是要去發現內在心靈的祕密。

一般來說，在占星學，判斷後天運勢的技術主要有兩種：

[1] 關於占星學過去、當下、未來的深層意義，占星名家韓良露也曾提過一個例子。她說隨意閱讀不同的宮位及相位，也會有助於回想埋藏心底的記憶及編織可能的未來，凡此都可能引領我們認識更深層的自己。語見韓良露《生命歷程全占星》頁25、26、38。（方智，1999年7月初版。）

1推進法（Transit）

這是一種根據「行運星進入出生星圖的宮位」與「行運星與本命星所構成的相位」的反應來推算流運、流年、流月、甚至流日的一種技法。

2移位法（Progressions）

移位法主要是用來判斷人生大體的運勢，但不適合用來判斷個別事件的發生時間。移位法又可以細分成「一日一年法」、「一度一年法」、「太陽返照法」、「太陰返照法」等等的不同技術。

事實上，推進法與移位法代表了不同的價值系統。推進法可以推算具體事件的發生時間，移位法則只能觀察人生發展的大趨勢；推進法可以「察小」（微觀法），移位法只能「觀大」（宏觀法）；推進法重視「三王星」的運用，移位法並不重視，而三王星強調的正是隱藏在海平面下沒有顯露於外更龐大的冰山本體——潛意識及深層心理的世界。也就是說，推進法重視看不到的冰山下部，移位法聚焦海面上的冰山一角；推進法的特點是精神分析，移位法的強項在預測趨勢；推進法強調事件發生的深層心理因素，移位法著重預測事件而藉以趨吉避凶；所以推進法接近靈魂診斷的治本，移位法則重視現世趨避的治標（移位法與中國的命理學性格其實很接近）。

通過下表的比較，可以清楚看出兩種推運技術的差別：

	推進法	移位法
推算大運的技術	冥海天週期	一日一年法（次限法） 一度一年法
推算流年的技術	土木週期	太陽返照法
推算事件的技術	相位	無
對三王星的重視	重視	不重視
基礎向度、 性格與功能	精神分析 心理事件 接近靈魂診斷的治本 宏觀法＋微觀法	預測趨勢 現實事件 重視現世趨避的治標 宏觀法

當然，上文已經提到只有通過明心見性、自我了解，占星學才能發揮最深刻的功能與意義，人也才有可能真正掌握自我的命運與道路。

（二）基礎技術及宮位

使用推進法，必須先行準備好兩個基本工具：

1出生星圖（Natal Chart）

出生星圖是所有論「命」算「運」的基本工具。而出生星圖的時間誤差最好在15分鐘以內，超過30分鐘，則後天運勢的推算就開始模糊了。再加上出生地點的經緯度，利用電腦軟體製作一張屬於自己的出生星圖。

2天文星曆

記載行星運轉的天文星曆也是必備工具，因為行星的週期及位置必須從天文曆中查出，而天文曆可以在市面上購買或從電腦下載。本章上一節也備有「冥海天土木」的簡易天文曆，讀者可自行參考、計算這五顆外行行星推進至你的出生星圖的宮位與所形成的相位的時間點。

工具準備好了，可以開始推算後天流運星圖的宮位及相位。宮位、與相位的推算，是推進法的兩個主要技巧，因此必須將其涵義清楚說明：

1宮位　代表人生的「背景」與「情境」。

推運的宮位是由「行運的外行行星（冥海天土木）進入出生星圖的地域」所構成。

推運宮位象徵不同的人生階段。

2相位　象徵人生的「細節」與「事件」。

推運的相位是由「行運的外行行星（冥海天土木）與出生星圖的本命星」所構成。

推運相位代表人生路上重要的時刻及接觸點。

練習推運，可以先從自己過去的生命事件入手，細心檢查自己的「生命大事紀」，用心回想時間與年齡，看看是否符合相關宮位及相位的涵義。宮位＋相位的觀察，應該可以整理出完整的人生樣式。但如果不確定出生的時間，就只能多注意相位，宮位只能參考，即只能看出事件細節，而看不出事件發生的舞台及背景。譬如：只要出生時間相差30分鐘，宮位就會有約7度的前進或後退，那麼像冥王星、海王星就會差好幾年才進入或離開某宮位，即會影響到整個人生道路的發展都變得不一樣了。

那麼，接下來的一個問題是：對推進法來說，究竟哪一顆行運星所進入的宮位及相位來得更重要呢？基本的原則是：「行星距離愈遠，影響力愈大。」

對推進法的後天推運來說，外行行星（冥海天土木）的影響甚鉅，它們影響的是重大的「生命趨勢、歷程及主題」。

而內行行星（火金水月日）由於推進的速度很快，與本命星發生的0度相位有時只經歷幾小時頂多幾天的時間。像行運日、月推進的相位約只能持續一到數天的影響，水、金、火的相位也不會超過一至數週，內行行星影響的都是「日常事件」，譬如請客、出差、演講、吵架、微恙、約會、購物、出遊等等小事，實在不足掛齒。而影響人生較大的事件，都必然和「冥海天土木」有關。所以，從行運星進入出生星圖宮位所形成的「人生劇場」，其重要性的判讀原則是：

1 冥海天 ⇩ 流運。

土木 ⇩ 流年。

最重要。

（請參考本章上一節的「冥海天土木週期」的內容。）

2 火金日 ⇩ 流月。（須參考流運流年。）

水月 ⇩ 流日。（須參考流運流年流月。）

不重要。

最後，可以整理出推進法的幾個基本原則：

1 由遠而近

2 先宮後相

先看「冥王星宮位、冥王星相位」↓「海王星宮位、海王星相位」↓「天王星宮位、天王星相位」↓「土星宮位、土星相位」↓最後看「木星宮位、木星相位」。

3 行星互動

也要注意後天行運星之間互動的能場變化。

譬如：一九八〇年後，天王及海王都進入水瓶座，會產生能量彼此激發的情形。

又如：二〇〇〇及二〇二〇年，每二十年一次的木星土星合相，會造成生命情境兩難的窘困，也會影響後天推運的變化。

推進法由於必須考慮正在運行的宇宙星圖，因此如果出生星圖準確，那推進法預測的重大事件有時能準確至某年某月某天，彷彿窺見了生命內藏的計時器，所以能對於人生事件的發生與流轉、內在心理的變遷與幽微，都掌握到詳細的日程，所以是比較被常用、喜愛的推運技術。

可以想見，後天行運星的一一推進，必然會造成許多漫長人生裡的低潮時期與負面事件。但從生命進化的角度來說，成熟的靈魂不怕困難的宮位及相位，因為生命必須經歷試煉、考驗、鎔鑄、磨合，才能深化、純化、強化、以及還源出淨美的終極靈性。這是人間道場的必然歷練，生命道路必然間隔出現彩虹及風雨，那麼，讓我們充分享受及學習每一個後天推運的彩虹歲月與震撼教育罷。

（三）相位面面觀

行運星進入出生星圖不同的宮位，代表開啟不同的人生階段與舞台；而在這個階段與本命星之間會產生一些重要的「接觸點」，即推進的相位，則象徵不同人生階段中所發生的具體事件。

而推進法相位的「角差容許度」，比起個人占星學與合盤技術所使用的，都要更窄更小。而相位進入0度的角差，才代表事件發生的正確時間。譬如當行運天王星推進本命水星形成120度的諧和相時，星圖主人會感覺到思潮泉湧，但只有等到0度角差時，才會有一個具體、創新的計畫或點子形成。

又譬如當行運木星推進本命金星形成120度的諧和相時，星圖主人可能沐浴在一片美好的戀愛氣氛之中，而推進至0度角差時，才有可能出現一個正式的定情事件或結婚典禮。

接著，我們先行將推進法的主要相位一一說明如下：

1合相（0度）

合相的容許度——個人占星學及合盤：±8度　推進法：±4度

合相是推進法中最強的相位。合相性質的正負，判斷方法與個人占星學相同（參考本書第二章的「相位、星相」）；當然，星圖主人生命的成熟度也會影響合相的正負向度。而合相代表的是行運星與本命星力量的混合及加強。

2對相（180度）

對相的容許度——個人占星學及合盤：±8度　推進法：±4度

對相是指行運星與本命星的能量對峙但並未真正開打，好像雙頭馬車卻往相反的方向跑，所以造成的緊張感與對立感有時更強於合相。

3諧和相（120度）

諧和相的容許度——個人占星學及合盤：±4度　推進法：±2度

力量略遜於合相及對相，因為人生的幸福往往比痛楚更難覺知與感受，幸福常常是很難說得清楚的，而痛感卻總是讓人印象深刻，但這是收割、奮進的人生良機。

4 掙扎相（90度）

掙扎相的容許度——個人占星學及合盤：±4度　推進法：±2度

掙扎相代表行運星與本命星終於短兵相接，這是最消耗生命能量的相位。緊張、焦慮、衝突的心理感受也最強。

這是生命之旅中難熬的時刻。如果同時出現120度或60度等正面相位，將有助於改善衝突。

（另外，可以參考：行運土木的容許度以2度為主要參考值。行運天海冥的容許度以4度為主要參考值。）

知道了推進法中四種主要相位的意義之後，可以開始一一認識幾個關於相位的特殊問題，譬如：相位推進三部曲、逆行現象、不同相位的律動、「生命事件相位」與「意識事件相位」的差別性等等。首先看「相位推進三部曲」的現象。

相位推進三部曲

所謂「相位推進三部曲」，其實是行運星相位「隱相期」及「顯相期」的問題。

當行運星推進至本命星形成相位的容許度內，稱為「隱相期」。進一步推進至0度角差的時候，稱為「顯相期」。所以每個行運星與本命星的相位都會經歷「隱↓顯↓隱」的推進三部曲。這象徵了星圖主人的心理意識與具體事件發生的三個流程：

隱相期 →	顯相期 →	隱相期
進入容許度	0度角差	未脫離容許度
先覺	事件發生	後驗
（感應到某些徵兆）	（外、內在事件的爆發點）	（正、負面情緒的餘波盪漾）

舉例說明：行運冥王星合相本命土星。

進入第一個隱相期，星圖主人內心浮現出想換工作或轉換環境等不安定情緒。

推進至顯相期，土星的不良相位可能導致解僱，土星的良好相位則代表高就。

進入第二個隱相期，則是事件之後正、負面情緒的餘震階段。

再舉一例：行運海王星諧和相本命金星。

進入第一個隱相期，星圖主人內心油然萌生絲絲情懷。

推進至顯相期，則自然發生一段浪漫的愛戀。

進入第二個隱相期，則是夢痕猶在的時光。

行星逆行三部曲

接下來稍稍說明一下外行行星神祕、奇特的逆行現象（retrograde）。

逆行現象的出現是因為地球的運行速度與其他行星的運行速度不同，從地球的角度看去，其他行星的軌道會出現「進↓退↓再進↓再退↓三進↓三退」的「猶豫遲疑」的推進現象。

但逆行現象的進退不會超過三，往往會在同一星座度數停留三次，從正負相位的角度來說，彷彿在說人生的好事、壞事常常都是接二連三的來，這不正是中國俗話說「事不過三」的占星版本，也許這裡頭埋藏著深層的宇宙律則。

逆行現象讓人生過程平添許多變數，為什麼逆行總是出現「三」這個神祕數字？這也許是一個深奧的宇宙謎題，或許，有點是在象徵人生變數的前奏、高潮、結束的不同階段的意味。

譬如：當第一次行運海王星對相本命金星時，星圖主人開始意識到男朋友的背叛，接下來當事人在自我安慰與忐忑不安的矛盾心情下煎熬，而第二次逆行回同樣的對相時，星圖主人震驚的發現到這根本是一個從頭到尾的情感欺騙事件的真相，跟著會有一連串的憤怒、責備、爭吵、傷心、搖擺、原諒……等等的紛紛擾擾，到了第三次逆行回海金對相時，當事人發覺一再被騙而終於關係破裂、戀情告終、空餘情傷。

總之，逆行現象充滿了宇宙業力的神祕性，這中間往往低訴著一個一個幽微曲折的生命故事，等著星圖主人去細心品嚐與學習。

相位律動——生命的舞蹈

不止每個相位本身有推進三部曲、逆行現象有三部曲，而且整體相位的演變也呈現出一定的律動及節奏。我們從0度相位開始去虛擬一場生命之舞。

0度（加強）→30度（幫助）→45度（妨礙）→60度（調和）→90度（困難）→120度（和諧）→150度（掙扎）→180度（衝突）→150→120→……

這是一場宇宙能量之舞。每一個舞步都與其他的舞步息息相關，前一個生命舞步的表現好壞都會影響到下一個舞步的行進。如果能夠熟悉自己星圖中相位之舞的獨特節奏，將可窺見更深層的生命秘辛。

「生命事件相位」與「意識事件相位」的不同意義

最後介紹推進法中兩種類型相位的不同涵義。

1生命事件相位——「行運冥海天土木」與「本命日月水金火」形成的相位

「本命日月水金火」代表一個人的人格、意志、情緒、情感、行動等等顯性意識。所以對「日月水金火」的相位，當事人比較能夠知道「發生了什麼事情」。這一類的相位即所謂的「生命事件相位」，象徵較「現實」的生命能量，也會讓人感覺到比較「準」。

2意識事件相位——「行運冥海天土木」與「本命木土天海冥」形成的相位

這一類相位又可以分為兩種。

「行運冥海天土木」與「本命木土」的相位，代表社會集體意識。

「行運冥海天土木」與「本命天海冥」的相位，則代表宇宙整體意識。這是個體靈魂與宇宙靈魂之間的低語，當然也深藏靈修途徑的宇宙密碼。

當然這兩種「意識事件相位」比較玄奧難知，當事人也會感到比較模糊。

當然，最後，最重要的，是能夠一一解讀「行運冥海天土木」與「本命日月水金火木土天海冥」之間的0、180、90、120等各種相位的不同涵義（總共200個不同的相位），讀者可自行去參閱相關的「相位辭典」。當然，這是最難的部分，也是最需要靠長期經驗的累積，才能具備的分析能力及素養。

附錄：大運流年命書格式

冥王星宮位	
海王星宮位	
天王星宮位	
土星宮位	
木星宮位	

相位＼月份	1	2	3	4	5	6	7	8	9	10	11	12
冥王星相位：20××年至20××年												
海王星相位：20××年至20××年												
天王星相位：20××年至20××年												
土星相位：20××年至20××年												
木星相位：20××年至20××年												

◇分析及建議

一、

二、

三、

四、

五、

六、

結論：

備註：

1.【－】：負面相位　【＋】：正面相位

2. ☌：0度相位（＋－4°）　☍：180度相位（＋－4°）
合相　對相
△：120度相位（＋－2°）　□：90度相位（＋－2°）
諧和相　衝突相

3.「紅色」相位代表事件發生的準確時間點。

4.「藍色」代表特別重要的相位。

第五章

其他技法

在最後的一章裡，我們將介紹兩個傳統占星學以外的技術——古典類型相法及莎比恩。古典類型相法也是一套人格分類學及自我了解的工具，莎比恩的內涵比較特殊，比較類似是一組神祕學系統的寓言詩。雖然不屬於傳統技術的範疇，但這兩個工具仍然與傳統占星學有著共同的背景與法理。

一、古典類型相法

（一）關於這一套人格分類學的深層意義

人格分類學最大的價值在生命的成長、進化，任何命學、相法的原始目的也是在此，而不是關切世俗的成功。但中國傳統講「性命雙修」的觀念，即指人愈均衡、健康、覺醒，就愈能把正面與負面的認知都納入能量，那麼俗世事務的運作也會愈有效率；內在精神生命的強化、純化，使一個人在俗世不管追求什麼都更易成功。老子只簡單的說：「自知者明。」自我了解，可以同時點亮心中的明燈及指出人生的明路。聖經舊約裡也提到所羅門王要求「了解」的智慧，因此也接踵得到諸如財富、家庭、長壽等其他禮物。

總之人格分類學、命學、相法是引導生命走向一個更壯大、更有意義的歷程的工具，至於人際關係的好轉，財富、名聲的累積是副產品，不是目的物。但人確實可以同時活在兩個世界之中——物質世界與覺醒世界。

古典類型相法是一套由「第四道」[1]根據古典占星學[2]原理發展出來的人格分類學，當然，如果按照本書第一章所提到「中國五術」系統的劃分，占星學是屬於「命」的範疇，而古典類型相法是屬於「相」的領域。不管如何，兩者同屬於了解自我、發展靈性的技術工具，而且背後的基礎學理是隱然相通的。接著，我們先行談談這一套人格分類學的深層意義：

一、尋找、確定生命本質

古典類型相法幫助我們把自我生命的「本質」找出來。但人長大後「本質」與「個性」糾纏很深，有時候「本質」只是小孩的年齡便沒機會長大，我們不是有時會覺察到自己性格中有些很稚氣卻很真的成分？兒童時期個性會形成許多不被本質吸取而會在它四周形成一層保護障礙的成分，保護兒童時期敏感的本質不被負面、痛苦的經驗傷害。因此一個怯懦的孩子會訓練得表面強悍，而一個粗心的孩子也會為了避免處罰而顯得拘謹小心。最後個性會在本質四周形成一道牆壁，甚至遏止了本質繼續成長。

---

[1]「第四道」是由希臘裔修行大師葛吉夫（George Ivanovitch Gurdjieff 1872-1949）及其弟子俄國數學家彼得・鄔斯賓斯基（Peter D・Ouspensky 1987-1947）所創立的修行教派。本節所介紹的古典類型相法是根據第四道著作《人的形貌——身體與性格探索》。（方智，2000年11月初版。）讀者可自行參考。

[2]所謂古典占星學是指還沒發現三王星之前（以日、月、水、金、火、木、土為主）的占星學系統。

通過種種人格分類學尋找、定位、觀察自己的「本質」，如果觀察的努力被個性的「我群」困惑、障礙，這就是昏睡、昏沉的真正原因。

二、停止對自我批判、責備

通過古典類型相法了解自我的本質，便停止責怪、批判、壓迫自己，釋放不必要的罪惡感。譬如：無法輕易流露情感，原來自己是☽型；無法充滿企圖心，不管母親多希望自己如此而自己也多麼愛母親，原來自己是♀型；怎麼總是忍不住說話傷人而疑神疑鬼，當了解自己是☿型時，便恍然大悟而不氣自己了。

三、停止虛幻的驕傲、優越

了解到本身自豪的資質與能力只不過是源自自己的人格類型。因此♂型便不以自己的勇氣和誠實居功；♃型便不以自己的熱情與慷慨為榮；♄型也不因自己的眼光和能幹感到驕傲。因為都是本性使然。愈消除罪惡感與虛榮感這對孿生子的幻覺，靈魂也愈能得到解放與滋長。

四、對治每個類型的弱點並找到矯正之道

譬如♀的不存在感或☽的疏離感可能正是其他許多類型尋求「解除我執」的生命境界。

五、達到更高、更進化的自我意識

真正的境界、收穫不是觀察到的一切，而是「觀察者」單純的覺醒與存在。而一旦了解「自我」這座監獄有多狹窄，便會對其他不同的同囚有更多的同情。改變、拋棄幻覺可能很痛苦，卻使我們更接近真理。愈了解自我的局限，愈有機會超越自我的局限。

（二）關於這一套人格分類學的基礎原理及生命成分

關於這一套人格分類學的基礎原理主要有兩項——「天人感應」與「內外如一」的實際運作。所謂「天人感應」的涵義，套用第四道的術語是：「在上如在下。」也就是「天上如此，人間亦然」的宇宙原理，天和人的磁場基本上是相通、互感的。更具體的說，古典類型相法認為太陽系星體的磁場會影響不同時間出生的人不同的「強勢」的內分泌腺體，於是不同的內分泌腺體會造就不同的「人體類型」，而不同的人體類型即擁有各自不同的外觀特徵與內在性格，也就是說一個人的外貌與內在基本上是相呼應的，這就是第二項基礎原理「內外如一」的實際情形。接著我們將這一套人格分類學的兩項基礎原理整理成下列的發展關係：

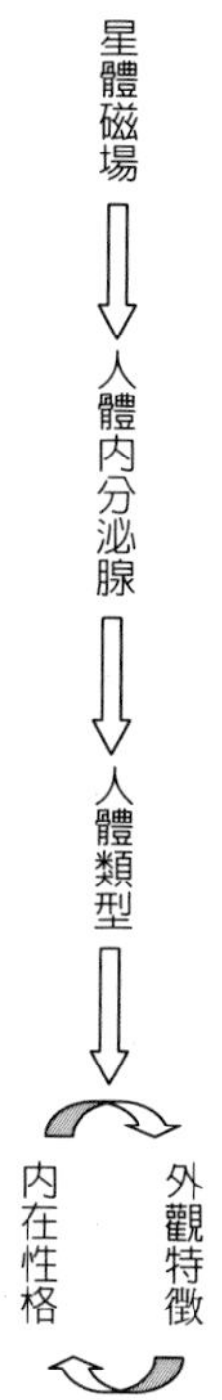

而根據第四道著作的資料，古典類型相法的七個「基本型」，各自對應不同的星體及擁有不同的內分泌腺體，將在下表一一介紹。

基本型相關的星體磁場及內分泌腺

◎ 太陽型	很難想像有比◎與地球更不同的星體，◎直徑是地球的一百倍，整個星體都是能量，幾乎沒有實質。這是一個更高層級的星體。影響到◎型的人不適應地球嚴苛的生活——健康脆弱、容易生病、甚至英年早逝。	可能影響◎型的內分泌腺體： 胸腺→胸腺素→影響兒童成長激素→細緻皮膚及頭髮、純真明亮的眼睛→具有兒童心理上的天真與幼稚。◎型的人的胸腺作用並不像其他類型那麼早停止。擁有比其他人亢奮、發達的胸腺。
☽ 月亮型	由冰冷的月球掌管的月亮型，長得既蒼白又冷漠。月球總以一面向著地球，規避另一面，影響月亮型的個性退縮。而且月球沒有大氣保護，所以飽受隕石及宇宙粒子轟擊，形成月球發展出堅硬的外殼及月亮型自我保護的個性。	可能影響☽型的內分泌腺體： 胰臟→胰島素（消化荷爾蒙）→抑制腎上腺素功能→像一個人吃飽了沒有行動、做事的勁。所以月亮型整天都是吃飽了呆呆的樣子。
☿ 水星型	水星自轉公轉時間相同，約88天，所以造成向陽的一面總是灼熱明亮，背陽的一面永遠是一個黑暗陰寒的世界。影響水星型在愉悅的外表下掩飾了複雜的心思——懷疑、不安、批評別人，但水星人不會與人公然衝突。	可能影響☿型的內分泌腺體： 甲狀腺→甲狀腺素→不足會導致沮喪、冷漠、智力退化。過多會造成神經緊張、異常活躍、焦躁易怒、難以專注。→不同病態的水星行為。

基本型相關的星體磁場及內分泌腺

♀ 金星型	儘管金星上層的大氣瘋狂旋轉，金星仍然慢吞吞的運行。金星也是月亮以外最佳的反光體，影響到金星人追隨者的個性。金星的直徑、體積都跟地球差不多，所以金星人就是enjoy地球的生活。	可能影響♀型的內分泌腺體：甲狀旁腺→甲狀旁腺荷爾蒙→調節血液中鈣的成分。如果血液中鈣的濃度太低，即溶解部分的骨骼以增加鈣。但金星人甲狀旁腺荷爾蒙的機能過度亢奮，血液中鈣的成分一高，即造成金星型懶散、溫吞、緩慢、倦怠的生、心理反應。
♂ 火星型	火星上猛烈的塵暴、火山活動及超級氣旋，都顯示這是一顆所謂「憤怒的行星」。	可能影響♂型的內分泌腺體：腎上腺→腎上腺素→憂懼、焦慮↗強烈的情緒及本能反應 ↙正腎上腺素→主動攻擊↘，譬如：憤怒、暴烈、攻擊或恐懼。產生「打或跑」的快速反應。
♃ 木星型	木星是一個擁有十二個衛星環繞的環境。造就木星人喜歡被簇擁的性格。木星是最大的行星卻自轉週期最短，驚人速度的離心力讓球體中央因此變寬變凸。影響木星人「中廣」的身材。木星也是最大最多采的行星，擁有五采繽紛的大斑點。因此木星人也是熱愛繁華多彩的生活。	可能影響♃型的內分泌腺體：後垂體→催產素與增壓素→前者幫助母體製造乳汁，是母性特質的荷爾蒙，後者與逃避行為有關。影響木星人熱情、喜歡照顧別人的個性。
♄ 土星型	土星擁有九個衛星，其中土衛六甚至比月亮大得多。所以土星型也很喜歡別人的依賴。但比起奪目的鄰居木星，土星是個相對安靜的世界。	（第四道著作沒有記載可能影響♄型的內分泌腺體。）

另外，健康人體擁有所有的內分泌腺，否則根本無法正常存活，所以在這套人格分類學中不同的人體類型只是各有主導的腺體及荷爾蒙，而不是缺乏其他荷爾蒙的運作，事實上，正常的人體會受不同內、外環境的刺激而更替運作不同的腺體。根據第四道的研究，將六個基本型（排除掉特別而層級不同的太陽型）、六個混合型、六個加上太陽的基本型的各不相同的生命成分的百分比分析出來，筆者將其內容整合成下表，相信能夠對下文的閱讀及理解提供相當程度的幫助。

人體類型生命成分分析表一

☽ 月亮型擁有40%的月亮人格 各20%的金星、木星人格 各5%的日、水、火、土人格 （月亮型有80%的被動成份：月、金、木。很被動的類型。）	☉☽ 太陽月亮型擁有65%的日月混合人格 各10%的金星、木星人格 各5%的水、火、土人格
☿ 水星型擁有40%的水星人格 各20%的金星、土星人格 各5%的日、月、火、木人格	☉☿ 太陽水星型擁有65%的日水混合人格 各10%的金星、土星人格 各5%的月、火、木人格
♀ 金星型擁有40%的金星人格 各20%的月亮、水星人格 各5%的日、火、木、土人格 （金星、木星同樣是正面、被動的類型，但比起木星，金星更缺乏腎上腺素的衝動體會。）	☉♀ 太陽金星型擁有65%的日金混合人格 各10%的月亮、水星人格 各5%的火、木、土人格
♂ 火星型擁有40%的火星人格 各20%的木星、土星人格 各5%的日、月、水、金人格	☉♂ 太陽火星型擁有65%的日火混合人格 各10%的木星、土星人格 各5%的月、金、水人格
♃ 木星型擁有40%的木星人格 各20%的金星、火星人格 各5%的日、水、金、土人格	☉♃ 太陽木星型擁有65%的日木混合人格 各10%的月亮、火星人格 各5%的水、金、土人格 （65%的強勢正面人格。）
♄ 土星型擁有40%的土星人格 各20%的水星、火星人格 各5%的日、月、金、木人格 （土星型有80%的主動成份：土、水、火。很主動的類型。）	☉♄ 太陽土星型擁有65%的日土混合人格 各10%的水星、火星人格 各5%的月、金、木人格 （超強的85%主動類型。）

人體類型生命成分分析表二

☽♀	月亮金星型擁有65％的月金混合人格 各10％的水星、木星人格 各5％的日、火、土人格 （75％的被動類型。）
♀☿	金星水星型擁有65％的金水混合人格 各10％的月亮、土星人格 各5％的日、火、木人格
☿♄	水星土星型擁有65％的水土混合人格 各10％的金星、火星人格 各5％的日、月、木人格
♄♂	土星火星型擁有65％的土火混合人格 各10％的水星、木星人格 各5％的日、月、金人格 （75％的主動類型。）
♂♃	火星木星型擁有65％的火木混合人格 各10％的月亮、土星人格 各5％的日、水、金人格
♃☽	木星月亮型擁有65％的木月混合人格 各10％的金星、火星人格 各5％的日、水、土人格

（三）基本型的外觀特徵

與占星學不同，占星學是根據一個人出生的時、地資料製作星圖，藉以分析他人、了解自我。古典類型相法既然稱為「相法」，就是一個根據人的外觀特徵去判斷他的內在本質的技術，即是「由外而內」的觀人法及自我了解工具。這一個工具把人的性格類型分成七個基本型，即是：太陽型、月亮型、水星型、金星型、火星型、木星型及土星型。也就是古典占星學的七個主要星體的範疇。接著在七個基本型的基礎上再演化出六個混合型，所以可說是一套7-6的人格分類工具。既然這個工具是從外觀特徵開始，所以下頁列出的七個基本型的外型特徵與行為模式，可以說是這個人格分類工具最基本及核心的部份。

基本型的外觀特徵

☉

這是最具魅力的人類體型／清新脫俗的美麗、太精緻、不適合這個粗俗的行星／個子相當高、身材纖細、骨骼細緻、比例勻稱、平肩、細腰、窄臀、身體修長／肌膚白皙／美麗的公主王子型／會說話的大眼睛、長長的睫毛／鵝蛋臉或心型臉／顴骨、額頭分明／雌雄同體的外型，男人欠缺雄性氣概，女人則有男孩流浪兒般的神采／☉與其他類型結合也會產生光澤細緻，靜脈隱隱可見的肌膚，間隔寬、會說話的大眼睛，及較細緻的外表

☽

月亮型高矮胖瘦不一／大部分短小圓潤／略顯笨拙或不成形的外貌，像兒童身體，輪廓不分明，像未烤熟的糕餅／外形纖細、體毛稀疏／皮膚蒼白／有點彎腰駝背／可能有圓圓的月亮臉／眼睛大而微凸／有些人戴眼鏡，像貓頭鷹／常常眼神飄移，不正視別人／臉部輪廓、下巴不分明／代表名人：導演伍迪艾倫

☿

水星是太陽系最小的行星，不比☽大多少，因此也產生個頭最小的人類體型／身材矮小、結實、勻稱／手腳協調／男人肩膀寬闊、胸膛厚實、細腰、窄臀／女人則嬌小玲瓏、手腳纖細／水星人外表孩子氣／笑容燦爛、一口白牙、眼神明亮、友善外表／聲音低沉悅耳／常常坐立不安、動個不停／天生整潔／在乎外表形象／短小精悍／代表名人：女演員黛咪摩爾

♀

金星人的外型像變色龍，可以擁有自己希望的外表／一般塊頭不小、體積龐大、有時很高／外表圓滾、像一張舒服的搖椅／臉龐很少稜角分明，但勻稱好看／有吸引力／男子可以蓄鬍／非常肉感／曲線誘人、肌肉柔軟／重量集中在下半部，擁有高腰線、大臀部、粗壯大腿／喜飄逸服裝，有點邋遢／但金星型會刻意改變外表取悅別人

♂

火星人常常中等身材或略矮／結實健壯／男子肩膀寬厚、胸膛發達、手臂強壯／女人身材也結實，但較修長／身手協調、耐力好、運動員型／有點O型腿，但強壯／往往擁有一個圓形頭顱／皮膚微紅、易曬傷、受刺激、有雀斑／頭髮粗，可能不容易服貼，體毛多／或有獅子鼻、圓臉頰／五官不細緻／手腳粗短方正／身上可能有疤痕，常常因粗心大意而受傷

♃

木星是太陽系中最巨大行星，質量是其他行星加起來兩倍多，因此產生身材龐大的人體類型，通常高、健壯、至少豐滿／♃型沒有腰線，如果有，可能就不是♃型，圓滾滾的身材，特別在腹部（木星是最大的行星卻自轉週期最短，不到10小時即自轉一周而產生驚人的速度及離心力，球體中央因此變寬、變凸起來）／重量集中在上半身、胸部、腹部，可能雙腿纖細／年紀輕輕像已婚婦女，男人也柔軟多肉／可能大頭／頭髮稀疏，可能禿頭或前額頭髮往後退／視力可能有問題／皮膚很細／臉部渾圓、雙頰紅潤、小而圓的粉紅色鼻頭／易出汗、過熱／熱愛花、誇張、飄逸的衣服（因為木星是最大最多采的行星、擁有五采繽紛的大斑點）／木星人往往性情活潑

♄

土星人是外表最好認的類型之一／個子高／骨骼強壯／骨架緊密突出／關節、手、腳很大／手、腳趾修長／堅實修長的骨架支起結實的肌肉／厚實的存在感／頭與身一樣修長／眉毛、顴骨、下巴顯著／慣以穩健而若有所思的姿態看著世界／動作緩慢慎重／不常動，比較愛坐或站著靜靜觀察／看似高不可攀而疏離／代表名人：英王王夫、查爾斯王子、林肯、李登輝／女性也骨架突出、高挑苗條

（四）基本型的人格特質、人際關係、職業人格與國家人格

找到你是屬於哪一個基本型的外觀特徵了嗎？

當然，你的人體類型可能不是純粹的基本型，而是屬於混合型，那就需要更耐心的進行自我了解的遊戲了。

其實，判斷人體類型可以採用「排除法」，譬如：一個很高的高個子就不可能是純然小個的水星型及中等身材的火星型，那麼選項就從七剩下五了，如果這高個子不只高，還有瘦，那就可以進一步排除掉肥胖的木星及金星型，選項即剩下三，再更精細的觀察，這個高瘦的當事人其實並不瘦弱，相反是屬於那種鋼條型的結實體格的，那就可以排除較纖細的太陽、月亮型了，所以這個人很可能是一個土星人。

現在，初步確定你的人體類型了，那麼可以開始從你的人體類型去尋找、閱讀、連線相關的人格特質、人際關係與職業人格了——七個基本型的內在世界都記載在下頁的幾個表格之中，嘗試去尋找你內在的家罷。

另外，七個基本型還可以分析成四種屬性——主動、被動、正面、負面，而錯綜構成更複雜豐富的人格內涵，意義如下：

主動（陽）：認為人群及環境是可以改變、組織、調整、改善、有辦法、有行動需要的。

被動（陰）：認為人群及環境是不可以改變、組織、調整、改善、無能為力、沒有必要行動的。

正面（陽）：任何經驗較易轉化為正面覺受——正確、動、舒適、喜歡。

看一杯水半滿。

覺得人群與環境是好玩、刺激、有趣、友善，所以要去學習、面對、參與的。

負面（陰）：任何經驗較易轉化為負面覺受——錯誤、靜、不舒適、不喜歡。

看一杯水半空。

覺得人群與環境是危險、深具威脅、傷害、壓迫的，所以要忽略、隱藏、拒絕、逃避或戰鬥、防衛、攻擊、控制。

好了，準備從你的外觀訊息慢慢走進你的內在世界罷。

基本型人格特質

◎ 主動 正面（純陽）

・【天真】活在具有許多神奇可能性的童話世界中，擁有許多兒童的心理特徵。看不出局限（自己與別人）的人體類型。

◎型在這行星活得很不自在（心理及生理），與其他人也相處得不自在。

無法記錄人生的負面經驗，無法評估人生的黑暗面，不了解別人的虛情假意與自私自利，負面資訊接收系統嚴重發育不良。

◎型喜歡夢想、烏托邦、形上哲學、神秘宗教、社會改革。他們可能會被欺騙金錢、情感、信仰或友誼。在婚姻上，則容易選擇在情感或肉體上虐待他們的人；不然也可能會選擇另一個太陽型，雙方都不知如何過活與安排人生。

天真的特點是能量高亢但無法記取教訓。

天真的特點是膚淺：缺乏深刻的人間情感。◎型具有非人間的美及性格。

☿ 主動 負面（陽中有陰）

・【敏捷】動作敏捷、頭腦轉得快、善於觀察、性情活潑、迷人幽默，但也有難以看見的黑暗面。

☿型新陳代謝率很高，容易失眠，對外界刺激敏感、疑神疑鬼、缺乏安全感。☿型易有不誠實或欺騙傾向，快手快腳、善佔人便宜。愉悅的外表下掩飾了複雜的心思。

・【操控】利用策略而非蠻力迫使別人做他想要的事。而水星型的行動敏捷及聰明伶俐往往使他成為可怕的敵人。水星型不耐別人的不聰明，性格急躁衝動，而因為缺乏安全感造成的自我中心常常讓人煩厭。病態的水星型有可能成為智慧型罪犯。

☽ 被動 負面（純陰）

・【隱藏】安靜、內省、退縮、無法果決、喜歡說不。夜貓子、喜歡孤寂、千篇一律、鑽研細節，對朋友或一項主張忠心耿耿，易對嗜好沉迷。生理上快不起來、興奮不起來，卻反而擁有一流的應變及危機處理能力。平時膽怯，卻是救災英雄。

・【敏感】敏感→膽怯→恐懼→陰暗思想→偏執狂→自殺傾向。

月亮人一旦走太遠了，朋友要記得幫他回頭。

・【恐懼】認為外界深具威脅，需要保護自己。

・【任性】遭受壓迫，會任性反抗。頑固地抗拒別人的強迫。

♀ 被動 正面（陰中有陽）

・【隨順】♀型是天生的追隨者。你問他喜歡什麼？有什麼感覺？想做什麼？想要什麼？答案竟然是「沒什麼」！金星人的想法跟週遭的人大同小異，喜歡跟從身邊的強者或領導者。金星型也是耐心的傾聽者及安慰者，你好他好、你壞他壞，易被情緒感染。他們喜歡人、喜歡家。喜歡做什麼？你喜歡做什麼，♀朋友就喜歡做什麼。♀型喜歡地球生活，他們喜歡的事，已經在做了。金星人擁有植物般的閒散，♀型就是過得很舒服。

・【不存在】容易在別人的世界失去自己，通過別人而活。與♀相處＝獨處，不用擔心他會惹麻煩。金星人很可能既沒有察覺外在世界的差異，也沒有察覺內在世界的存在。

基本型人格特質（續）

♂
主動
負面
（陽中有陰）

・【衝動】行動迅速，不管攻擊或撤退，對於任何挑戰都很快回應，常常沒停下來深思熟慮。

♂型衝動、直接、真誠，往往心裡想什麼就脫口而出，不計後果。常常做事不懂外交手腕，容易把事情推向兩極化。

♂是理想派、赤膽忠心的捍衛高貴原則。

・【破壞】♂經常高估敵人或阻力↓「打或跑」的快速腎上腺素反應↓造成破壞、受傷。

♂型飽受脾氣火爆折磨，傾向先攻擊再問原因。以目標為導向，視野狹窄，除了目標即目中無物，一旦著手一項計畫，即鍥而不捨，直到任務完成，再開始另一項計畫。

♂型最好遠離酒館，♂型的性能量也超強，也可能為了反抗束縛而不結婚。火星人工作賣力，玩得也凶。

♃
被動
正面
（陰中有陽）

・【滋養】木星人具有母性心理特質，保護、滋養、餵養別人的能量很強。愛朋友、擅組織、好客、喜歡介入別人生活。但過度的愛有時也會造成壓力。

・【繁榮】興趣多元、喜愛藝術，心智深刻敏銳、調和力強、創造力強、慷慨衝動。木星人天生有避開生活中無趣部分的能力，懂得享受生活樂趣，喜歡美食美酒。

・【虛榮】木星人容易表現傑出↓被仰慕者圍繞↓助長虛榮↓需求他人的情感。

受傷的♃型會仔細紀錄他所施予的每一項恩惠、禮物、好意，心裡暗藏著一張「恩惠收支表」，如果別人沒有回報，會暗生怨恨甚至報復心。

木星型如果興趣太多元，容易流於玩票、膚淺、搖擺、愛空談，常常改變本來「堅定」的目標。飲食方面容易暴飲暴食。而且虛榮的性格讓木星型對孤獨的生活恨之入骨。

♄
主動
正面
（純陽）

・【控制】控制（別人、自己、環境）正是♄型的主要特性——天生的苦行者與領導者。但土星人在任何行動之前都太過深思熟慮，思慮太多，太謹慎保守，反而容易錯失行動的最佳時機。

・【宰制】性格陰沉嚴肅、自我克制、深思熟慮、高膽遠矚、公而忘私、喜秩序、不喜即興、也不喜歡幽默及社交。傾向選擇內在、審慎的決策及活動。土星人會孜孜不倦的將自己奉獻給家庭、企業、團體、宗教或政黨。

♄人物往往比先聲奪人者更快完成一件苛求而複雜的工作。

♄的計畫一旦做成決定，實現目標時會非常強悍。又能夠隨時修正策略。而且知人善任，能夠認真聆聽別人意見。接著在鎖定目標之後，即全力以赴，並運用權力說服別人合作。土星的威力不在機智或人格魅力，而在全然信任真善美，並認清正確實行的行動，而表現出惱人卻可靠的自信。

♄容易表現傑出↓勝任要職↓完全知道更好的做事方法↓別人更依賴↓宰制性格也更嚴重。

有事找♄，小事則免。以免破壞氣氛。

基本型人際關係

☉

☉小孩【天才脆弱型】準備照顧一個多病、敏感的小孩。☉孩子對兒童疾病來者不拒，照單全收。要準備許多無眠的夜晚。要有更多指導、監督、訓練☉孩子養成良好健康習慣：食物、睡眠、穿衣、認識危險。（要教會☉孩子認識人生負面當然好，難！）

・父母、老師幫助☉孩子養成照顧自己的習慣很重要。

☉型會有一種寂寞感，沒有歸屬，好像不應該在這個地方，與別人格格不入。往往缺乏強烈吸引的對象、熾熱愛情及深刻友誼。☉型連情感都不屬於人間的。

☽

☽小孩【神經質型】敏感、頑固、膽怯、害羞、不喜成注意力焦點的孩子。強迫他外向、大膽，變成另外的樣子會帶來大禍：怨恨、自卑、沮喪。

☽孩子也許最不討喜、親切，不喜被催促，不受驚喜，很難接受任何東西。

・孩子需要最多的支持與愛心、保護與安全，老師與父母明確的接納、疼愛非常重要。

☽不喜社交、人群，寧願獨處。是持久、深厚、忠誠的朋友。喜family life。

☿

☿小孩【聰明搗蛋型】準備從嬰兒開始面對許多焦躁不安、深夜無眠、急性腹痛、無盡好奇、哭鬧不休、精力過盛及各種危險、麻煩。而且要準備當☿孩子的同黨及辯護人。

・童年愈多的愛心包容，☿孩子長大後愈有安全感，不要把天才懲罰成平庸。

但對待☿孩子要有以一貫之的標準，要做耐心但堅定的家長、老師。

☿喜社交、人群、熱鬧；愛佔人便宜，交遊廣闊但容易生變。

♀

♀小孩【乖乖型】♀孩子容易被忽略，他很乖、安靜，容易被取悅。跟著哥哥姐姐看著他們玩或迷失在電視的卡通王國中。入學後的♀孩子很容易被老師忘記。

・♀孩子需要人來鼓勵他做決定。所以要確定♀孩子在主動參與，而非被動接受發生的一切。ex：衣服、食物、故事……讓他做事並追蹤他確保完成。早日養成良好習慣，否則怠惰的他長大後會很麻煩，注意不要太多甜食及注意鈣的攝取。

♀溫暖可靠，深受家人、朋友、僱主喜愛。生命中有一個♀型是一顆幸運星：溫暖的朋友，忠實的支持者，不挑剔的夥伴。

♂

♂小孩【小公牛型】要份外警覺安全，跌斷骨頭、割傷、瘀傷對♂小孩來說都是家常便飯。

♂小孩很誠實，不要懷疑孩子的話，他犯錯了，他會告訴你。

・愛他的第一守則：讓他知道危險。第二守則：當然很難讓♂小孩知道圓滑或外交辭令，因火星人是天生的野蠻人，最好能教會♂小孩沉默是美德及基本禮儀，但不要期望太高。

♂容易樹敵，傷害別人情感，但天生誠實，不會隱藏心機。人際關係會因太用力而破壞。

♃

♃小孩【小甜心型】♃孩子是塊寶，安祥、順從、快樂、活潑、善良的成長。小♃會有許多甜食、玩具與禮物，小♃那麼喜歡他們得到的東西，讓大人覺得送禮物給他真是愉快。小♃會像小魚戲水那樣天然成長。

・孩子最缺乏的特質是紀律。他們容易過度放縱，很難有始有終完成一項計畫。

♃孩子已經具有許多正面特質，父母如能幫助他加強紀律、毅力，將是一份美好的人格組合。

♃型的調和能力受朋友歡迎。這是一個熱情、慷慨的朋友，也是一個需要仰慕、讚美的朋友。

♄

♄小孩【小大人型】有時很難記得♄孩子只是一個孩子，他太能幹，有時挑起責任會超過一個孩子應承擔的極限。

・愛♄小孩的方法是：即便他是一個驕傲、能幹的孩子，他還只是一個孩子，不要全聽他的，當然也不要忘記滿足他的領導感。

♄只要不表現太愛宰制的特性，人際關係會不錯。當他們位處父母、校長、行政主管時確實和藹待人，為他人著想；但當與他人平起平坐或臣服他人之下時，關係則出現困難了。

基本型的職業人格

☉

・適合表演工作。但小心嗜酒、嗑藥。（源自喜幻想，魅力才華橫溢，成功慾強，工作狂，無法屈就次等的成功及情緒容易不穩定的太陽個性。）
・喜從事天真的計畫，不可能的工作。

☽

・看守墓園、殯儀館、大夜班、醫護人員。（因為月亮型的夜貓子性格。）
・會計、書記、資料輸入員、圖書館員、統計工作。（源自月亮型能夠照顧細節、處事精準、能長時間專注及偏愛孤寂的個性。）
・詩人、作家。（敏感、細緻的寫作風格。）

☿

・成功的生意人、廣告商、律師、行銷業務員，以思路敏捷競爭為尚的行業。（因為水星人喜歡佔便宜的性格。）
・舞者、演員、歌手、音樂家、政客、演說家、老師。（水星人沒安全感，自我懷疑，需要別人讚美，所以喜歡有許多觀衆的行業。）
・運動員、舞者。（水星型身手靈敏、協調力佳。）
・（水星型在需要維持注意力及千篇一律的工作上會很痛苦。）

♀

・園藝工作、廚師、健康中心工作、酒保、理髮師、治療師。（力量來自於隨和、沒有自我、擅於聆聽的金星性格）。
・治療者、護理人員、家庭醫師、小兒科醫師。（力量源於金星人溫暖而接納別人的天性。）
・演戲、表演工作。（因為金星型缺乏自我認同，所以通過角色扮演會得到一點存在感。）

♂

・盡忠職守的士兵、警察、愛國者。（火星人對官僚、文件、推諉、協商都很不耐煩，性格及做事手段直接、開放、強悍。）
・務農、森林工作、救火員、石油鑽塔工作、漁夫、地質學及海洋學調查研究人員。（源自火星型的行動主義性格。）

♃

・作家、詩人、畫家、音樂家、鑑賞家。（木星型藝術敏感度強。）
・優秀業務員，幼稚園老師，愛孩子的父母，好醫生、護士，好廚師。（木星人真心想幫助他人，母性強。）
・心理學研究、精神醫學、博學多聞的大學老師。（木星型心智深刻。）
・♃型老闆不擅組織而親和力強，會任由事情自行運作而不干涉。
・從政、演說家。（木星人調和力強、能言善道。）

♄

・投資專家、經理人才、多國企業領袖、所長、校長、系主任、科學、醫學、行政管理等工作領域。（力量源自土星型組織力超強、計畫周詳、視野宏觀、性格有序的苦行家傾向。）

基本型的國家人格及歷史人物

☉

（充滿夢幻般理想的太陽型國度，早就不存在於這個鬥爭是尚的世界了。）

歷史上許多天才橫溢卻早逝的人物都在不同程度上受太陽能量的影響。譬如：**屈原**、**項羽**、**莫札特**等等。

☽

尼泊爾——尼泊爾的閉關自守、與世無爭、安靜內斂，倒蠻像月亮型的風格。

☿

日本——日本是一個深富水星價值觀和策略的國家。日本人行動迅速敏捷，只要一發現先前手段不管用，立即改弦易轍。譬如偷襲珍珠港事件，就是典型的快手快腳的佔人便宜。但也由於水星型沒安全感的遲疑，沒能乘勝追擊。所以不要被甚麼「武士道精神」騙了，這是一個標準的水星型國家。後來被火星型國家美國擊敗，但戰後說變就變，結果在企業競爭及商業投資上稱霸，美國只能抱怨這個狡猾的水星國家沒有公平競爭。加上日本人重視門面、效率、整潔，也是水星文化人格運作的特點。

希特勒——這是一個深富群眾魅力的水星型政治領袖。用出神入化的演說把一個土星國家推向瘋狂的邊緣，所使用的水星能量尺度之大舉世未見。

♀

台灣原住民、印第安人——金星型民族會忠誠的追隨、生活在大自然的節奏之中。他們認為現代人對大自然環境如此的不敏感，實在是一種瘋狂。

♂

美國——不同於英國的偏向土星型，英國人可以持續的思考而不採取行動。美國人只要思考到某一程度，就覺得非行動不可了，而不管這行動實際上有多愚蠢。火星人是很有力量但容易愚笨的民族。

梵谷——當火星型的蠻幹不被了解時，可能會被 視為社會邊緣人或瘋子。梵谷生平與火星型有許多類似之處：對於目標全力以赴、脾氣暴烈、無法妥協或順應時勢、自我摧殘。梵谷的藝術也是直接了當的風格，藝術強度幾近殘酷，將所有精力在畫布上燃燒翻滾，用色熱情直接。火星人正是這種不裝腔作勢，不世故的梵谷性格。

♃

中國——心智深刻敏銳、愛好藝術、有著大國的虛榮感、愛助人。這種種特質都符合中國的歷史文化人格。所以在國際情勢上的中美對峙，火星型的美國總是常常不小心冒犯木星型中國的自尊。

♄

德國——嚴謹、深思熟慮、一板一眼、講究紀律。這種種土星型的特質，正好是德國民族的文化理想及原型。

林肯——只受過不到一年的正式教育，卻苦學上進，最終成為律師。能夠在不重要的事物上讓步，但對主要目標卻絕對固執：美國統一、廢除奴隸制度。加上知人善任，迅速擢拔火星型的格蘭特將軍。懂得彈性推動偉大的目標。凡此種種，都是林肯土星型性格的表現。

（五）混合型的外觀特徵、人格特質、人際關係與職業人格

如果你還沒有在七個基本型裡找到你的「家」，那你可能是一個更複雜的混合型了。

根據第四道的發現與設計，基本型也不是可以隨便相混的。首先要排除掉層級不同的太陽型，因為太陽可以跟任何的基本型混，所以另定一節專門討論。而剩下的六個基本型，每一個基本型可以跟另外兩個基本型相混，即構成了六個混合型的類型——月亮金星型、金星水星型、水星土星型、土星火星型、火星木星型及木星月亮型。那麼，下面的幾個表，即根據同樣的討論脈絡，一一介紹六個混合型的外觀特徵、人格特質、人際關係與職業人格。

當然，混合型的生命內容是更複雜的，讀者可以參考上文的「人類體型生命成分分析表二」的內容，應該有助於了解混合型的實際運作情況。

混合型的外觀特徵與人格特質

☽♀
月亮金星型
被動的冷靜溫暖型
月：被動
　負面
金：被動
　正面

☽外觀高矮胖瘦都有，♀是九宮圖著名變色龍，很難從外型判斷。

可能柔和圓胖，結合了☽的柔弱及♀的豐滿，深具甜姐兒的女性美。

也可能高大纖瘦，類似♂♄型。

有時呈現胰島素機能的冷靜與一貫——傾向☽。

有時呈現甲狀旁腺荷爾蒙的溫暖和肉感——傾向♀。

多一點♀，更多主動性。

相當有魅力的類型，最被動的類型。

♀☿
金星水星型
雙重性格型
金：被動
　正面
水：主動
　負面

外型非常吸引人，☿結實勻稱+♀柔和外型，會產生動人的俊男美女。

捲曲黑髮、美麗靈活的眼睛、長睫毛，♀肉感+☿熱力及精力，豐滿或精瘦程度得看靠近♀或☿型。

較多內心衝突，但最被動與最主動的結合，使得行為幅度會讓人吃驚及摸不著頭腦，平易近人的♀會突然被瘋狂的☿掌控——雙重性格。

☿♄
水星土星型
主動異質型
水：主動
　負面
土：主動
　正面

最優雅的類型，時裝模特兒型，身材高大苗條，☿的結實苗條+♄修長骨骼。

深具王者風範、貴族氣，有一點冷漠及高不可攀。

☿的敏捷+♄的控制組織力，可能↓陰謀者、超級罪犯，其實☿♄型仁慈體貼，他的援手包含了☿的察言觀色及♄的家長式關切。

也會出現☿反覆猜疑及♄嚴肅控制的矛盾張力，很難調和成功，結合成功會產生卓越成就。

一般而言，☿♄容易自貶，嚴厲的♄會批判☿的孩子氣、輕浮、不負責，使得☿會反抗宰割，內在的掙扎沒完沒了。

☿♄型會花很大生命力氣折衷人格中的異質成分，以致無法在一項行動上貫徹：應多開發♄自律的特質，減少☿多頭馬車的傾向。內在複雜、衝突的迷宮。

混合型的外觀特徵與人格特質（續）

類型	外觀特徵	人格特質
♄♂ 土星火星型 **主動實行家** 土：主動 正面 火：主動 負面	粗線條，身材高大，肌肉發達。拓荒者、牛仔的原型，美國的文化理想及英雄形象。廢話不多，行動強而有力，比♄更結實，比♂更高瘦。 女性雙腿修長，苗條健美，古銅皮膚，標準型的加州女孩。	主動主導、控制環境而非隨著環境，與印第安人價值觀相反。即使♀也主動，但對世界的取向不那麼直接。 雙倍主動型，結合了♄謹慎思考過程+♂馬上行動及貫徹到底能力，是一個強悍的實行者。
♂♃ 火星木星型 **矛盾權力型** 火：主動 負面 木：被動 正面	很魁武，結合♃的碩大及♂的結實體格，不像♃那麼肥。虎背熊腰，重量集中在胸、腹，塊頭很大。 女性胸部豐滿——養育孩子、煮飯、工作、拾穗的農婦形象。	像♀☿結合了主、被、正、負，強而有力的綜合類型。鸚鵡與老虎生的兒子，當牠愛說話時，你就得乖乖的聽。 ♃的思想、語言能力+♂強大的衝動能量，♃對人的關懷+♂戰鬥精神，♃星的待人溫暖+♂的粗魯不耐，♃的好逸惡勞+♂的不屈不撓，♂的正義戰士性格+♃能理解兩造不同主張的外交家性格，♂的直言無諱+♃的調和圓融——內在人格複雜衝突，具有非常明顯的心理張力。 ♂♃型被熱情能量與性能量控制時相當無能力。中庸、節制、含蓄，不是♂♃可以輕易了解，力量、虛榮、大尺度才是他們的一貫風格。
♃☽ 木星月亮型 **忽冷忽熱型** 木：被動 正面 月：被動 負面	很少例外男性會禿頭。靠近♃型較圓潤，靠近☽型會展現脆弱而不明顯的身材。 ♃☽女人通常悅人豐滿、柔美、女性化，不像♃的過重，男人較纖細，會有小肚子與細瘦的腿。	引發內心衝突類型之一，♃與☽風格差太多，溫暖、慷慨、開朗vs冷靜、內向、孤獨，往往連自己與他人都感到困惑。 衣著保守、單色、古典。 有些人生場合表現得熱情洋溢，有時又冷淡退縮，讓朋友狐疑是不是那裡做錯了，其實某個場合是♃型的溫暖，另一場合則表現出☽型的疏離。

混合型的人際關係與職業人格

☽♀ 月亮金星型 **被動的冷靜溫暖型**	☽♀＋♄♂的忠誠結合。 親密關係都風風雨雨，但這一對的結合不會，易發生持久幸福的婚姻關係。☽♀會耐心等待適合的♄♂的出現。♄♂在外冒險時也會對☽♀忠誠。 這是整體生命可能的結合。ex：英女王☽♀及王夫♄♂。 ☽♀也能獨處，能夠保有個人空間、寧靜及堅持，接納他人而不依賴他人。	這是堅強實際的混合類型，☽的冷靜、自保（不會投注太多精力而被壓垮）＋♀的滋養、關懷——能夠勝任醫療行業及護理人員。 在☽的無菌潔癖及♀的漫不經心找到一個平衡，創造舒服愉悅的迷人環境——室內設計工作。
♀☿ 金星水星型 **雙重性格型**	這產生俊男美女的類型，竟不容易找到親密愛人，人際關係也不穩定。常常由於情感創痛而易流於雜交、工心計或移情到事業之上。	對多變的金星水星型也不容易建議較有把握的職選。
☿♄ 水星土星型 **主動異質型**	對強勢但不穩定的水星土星型也很難觀察出比較明確的人際關係模式。	在工作上很少專營一業，常跨足一系列的追求，尋找新的挑戰與可能性。
♄♂ 土星火星型 **主動實行家**	男女都偏向陽剛，女性傾向同性戀。 ♃的深刻圓融正是♄♂型的生命學習目標。	♄型的運籌帷幄結合♂型的戰士能力、軍事生涯——法國戴高樂、美國艾森豪、麥克阿瑟，都是二次大戰英雄；柴契爾夫人則是政壇鬥士。 主動實行家——職業運動選手，財務、經濟投資專家，地質學、考古學、海洋生物學家。
♂♃ 火星木星型 **矛盾權力型**	很想控制別人，所以人際關係常碰壁。 這類型很難與別人相處，自己也很難忍受。 也許是♂型與♃型的性格矛盾，使這個類型只有控制、被打動、被人接納時才能得到滿足。 ♃的深度＋♂的精力，♃仁慈、慷慨、調和等正面特質應優於♂的衝動與野心。☽的冷靜疏離也能平衡與他人的過度牽連。	♃♂型很想獲得權力控制別人，很受教書吸引——很肯定別人該做什麼及怎樣做，喜歡塑造學生，不聽話會讓他們後悔，歷史上許多獨裁者也是類似的行事風格——史達林、墨索里尼、葉爾欽。 通過♃的群衆魅力拱上權力高位，再表現♂的冷酷無情諸殺異己。軍事將領、大企業家也很多這種想控制別人的類型。
♃☽ 木星月亮型 **忽冷忽熱型**	自給自足，獨身也不會痛苦，也可以擁有長久關係，在親密關係中看偏向那個類型：♃成分高，傾向♀；☽成分高，傾向♄伴侶。 ♃☽型有一種獨居的僧侶能力，♃朋友很多，可以不與另一個人共組親密關係，男性可能有同性戀傾向。	♃☽型可能在許多領域展露天分與成就，♃的深度與☽忍受孤寂的能力，♃的深刻洞見＋☽的堅忍不拔與注重細節，♃的天分＋☽的嚴肅紀律——成熟的音樂家、詩人、作家（莎士比亞）、研究者（尤其以理智中心為然的傑出學者，博覽群書、研究、寫作、教學能力強）、行政人才。 ♃的熱情＋☽的疏離，能夠避免在工作中過度投入情感，會是很好的社會工作者、輔導員、治療師、假釋官員、小學幼稚園老師。

（六）太陽混合型

你還是沒有找到你的「家」嗎？那你可能必須把太陽的能量考慮進來了。

我們曾經強調，根本沒有「純粹」的基本型，健康人體具有所有的內分泌腺體，否則根本活不下去，「類型」只是由一或兩個強勢的腺體造成，而不是缺乏其他腺體。而且綜合類型，如果再加上一點⊙型，可能更難辨別，所以綜合類型要持續觀察——古典類型相法是一個觀察的工具與過程，用來開發更高的覺知，而不僅限於了解類型而已。

⊙能量相當與眾不同，會對另一個類型提供更快速的情緒反應及更強的能量，也會使人產生更細緻精巧的外表，像兒童比成人更細緻精巧——更細的頭髮、皮膚，骨骼結構也更輕盈。⊙型是最正面的類型，也非常主動，深富兒童特質，使我們能夠清楚辨認一個人身上的⊙表徵。

⊙與其他類型結合時，會掩飾後者，增加辨認難度。所以讀者可以參考上文的「人類體型生命成分分析表一」。

☉+負面類型	☉與負面類型結合，會產生正面的均衡，讓☽的被動與♂的粗裡粗氣都變得輕快一點。 ☉與☿的結合可能有點過火，☉的強度+已經團團轉的☿，有失控的危險。
☉+☽	產生出結合理想與現實，能夠照顧細節的夢想家。 ☉型的天真正面與☽型的陰沉內省相互均衡。 外柔內剛，其衝勁與成就是個奇蹟，外表像是花蝴蝶，行動卻像打樁般踏實。 ☉☽身材都嬌小、苗條柔弱，要注意營養及能量過度消耗。
☉+☿	☉☿型的精力會大得驚人到損害健康，可能為疾病所苦，容易過敏、慢性疲勞、精力超出控制、無法養精蓄銳。 ☉☿或☉☿♄型在年輕時會過度揮霍精力，晚年身體可能變差。
☉+♂	☉♂型也有類似☉☿的情形，但較結實，問題是♂的破壞+☉的天真，他們也會耗盡所有精力。
☉+正面類型	☉與正面類型結合會有良好的可能，只要後者能站穩現實，不要受☉沒頭沒腦的影響，☉的影響主要是外表更為細緻、能量更為強烈。 但☉與正面類型結合也可能產生欠缺負面認知的人，無法看出負面情境也無法做出睿智決定，太過正面有時候也是缺點。
☉+♃	☉♃可能有點輕浮，社交花蝴蝶，迷人有趣，缺乏常識無法嚴肅看待生活現實，易被人佔盡便宜，也會留一堆爛攤子讓別人收拾，這是一個過度熱情的助人者。 ☉會縮小♃的曲線。
☉+♀	缺乏活力，隨便的♀得到☉的能量變得更輕盈、精緻，♀的溫和、肉感、接納也可以中和☉的孤獨、寂寞。 ☉的細緻+♀的肉感產生驚為天人的俊男美女（伊莉莎白泰勒）。 ☉♀型也容易受騙、受環境影響。
☉+♄	♄得到☉的能量會變得較有活動力，中和他們坐著不動的傾向。 ♄也給☉帶來某種分量與嚴肅，以及計畫與組織能力。 ☉♄型，尤其三倍主動的☉♄♂型，擁有最強悍完成目標的能力。 ☉♄型會讓人精疲力竭。

最後一次提醒：不管是占星學或是古典類型相法的終極目的，不僅僅是為了「了解」，更重要的是「覺知」。通過這些工具來觀察自己與別人，在分析與研究的過程中提高觀察者的覺知程度及靈性層次，才是這個宇宙「大遊戲」最深刻與真實的意義。所以，一時不確定自己的類型、暫時無法看清自己的星圖沒關係，更、更重要的，其實是當下旅程的觀察與修煉、參予與學習，因為，遊戲的目的就在遊戲本身。

二、『莎比恩』占星學

（一）關於『莎比恩』的緣起與內涵

「莎比恩」占星學是美國占星學之父馬克（Marc Edmund Jones, October 1 1888 – March 5 1980）在一九三二年與他的學生Elsie Wheeler合作完成的一門新興占星技術。但「莎比恩」的創作過程頗富傳奇色彩。原來Elsie Wheeler是一位有通靈能力的女子，在她進入通靈狀態時才開始「莎比恩」的創作——Elsie手上拿著卡片，當腦中浮現出文字或圖像，馬克便立即一一紀錄在紙條上，最後共有360條，每一條如同詩般描述了黃道360度上每一個度數的涵義，再由馬克給予系統化整理，馬克共花了二十三年時間研究、重新修訂，最後出版了The Sabian Symbols in Astrology一書，「莎比恩」占星學即大功告成並漸漸開始流傳。

馬克將這套技術命名為Sabian Symbolism，Sabian 在巴比倫祕教系統中有神祕的含意，而由於黃道360度的每一度都由一句神祕的寓言詩象徵及隱喻，頗類似東方古老而深邃的《易經》的行文結構，所以又號稱為「近代西洋易經的占星技法」。

總之，「莎比恩」是類似神諭或通靈的組詩，雖然馬克為「莎比恩」附加了許多理論性的潤飾及結構，但「莎比恩」占星學最精采的部分其實還是在360句寓言詩本身。而每一個詩句就是一個心靈圖像、一個象徵、一把鑰匙，每一個象徵都能幫助我們邁向生命的祕密花園，每一把鑰匙都幫助我們打開一道神祕之門。譬如：筆者出生時太陽星座與月亮星座分別在水瓶3度及射手14度（使用「莎比恩」要自動加1度，後文再詳細說明原因），這兩個星座度數各有充滿隱喻的詩句如下：

水瓶4度——印度瑜珈師顯示自己的治癒力。

射手15度——二月二日聖燭節中看到自己影子的栗鼠。

所以筆者認為賞讀「莎比恩」的寓言詩可以細分成兩個步驟：

1品讀寓言詩及其中所蘊藏的宇宙意識，

2觀察自己的內心感受與共鳴。

要注意的是，解讀「莎比恩」不要被註文限制住，自己讀後的心理感受還是最真實與重要的。

接下來，我們稍稍瀏覽一些馬克的「莎比恩」占星學的相關理論。首先，馬克的「莎比恩」也沿用「行星時期」的技法——八個不同的人生階段各有主管的星體，如下表：

一、月亮時期	0→7歲	前世太陽、潛在人格
二、水星時期	8→14歲	基本知性能力的養成
三、金星時期	15→24歲	情感世界的探索與建立
四、太陽時期	25→34歲	創造性的發揮
五、火星時期	35→44歲	外在的積極性與攻擊性
六、木星時期	45→54歲	社會性的認知與安定
七、土星時期	55→70歲	人生最終目標、使命的達成
八、三王星時期	70歲→死亡	死亡及靈性領域

（關於「行星時期」的詳細內容請參考上一章「行星時期與生命週期」。）

其實，「莎比恩」占星學的理論結構中，最特別的是所謂「行星矩陣表」與「耶尼亞圖形」的設計，而這兩者是相關聯的，先介紹「行星矩陣表」。

行星矩陣表

	決定性韻律	目的性韻律	可能性韻律
精神性階層 宇宙星（天）	天王星 革命與變化	冥王星 激情與純化	海王星 夢想與浪漫
社會性階層 社會星（地）	火星 野心和願望	土星 社會性使命	木星 成功的關鍵
個人性階層 性格星（人）	水星 知性人格	月亮 潛在人格	金星 情感人格
	陽性能量、左腦的	太極	陰性能量、右腦的

從人生行進的歷程來說，「目的性韻律」是第一階段，「可能性韻律」是第二階段，「決定性韻律」是第三階段。從冥王星開始，不同星圖的冥王星星座潛伏了不同的精神性目的或動機，跟著交給不同星座的海王星感受不同精神層面的可能性，然後落到天王星（當然也要考慮不同天王星星座的差異）決定人生精神或價值層面的大方向。接著交棒給土星從精神面落實到社會面的目的，再由木星思考各種可能性，最後交給火星決定社會目標。第三層再由社會性轉化為個人性的韻律，由月亮醞釀人生的目的，在金星則感受種種興趣與嗜好，最後靠水性的知性能力來決定具體的人生方向及作為。

敏感的讀者可能會發覺，在行星矩陣表中，怎麼獨漏了太陽；原來在「莎比恩」的理論結構中，太陽是最後的收攝與總和，太陽是一個人在精神層面、社會層面與性格層面的集合象徵。所以研究完行星矩陣表的所有內容之後，最後必須參考屬於自己太陽星座度數的寓言詩，才是一個完整的莎比恩閱讀。

進一步，「莎比恩」將行星矩陣表圖形化，也就是耶尼亞圖形：

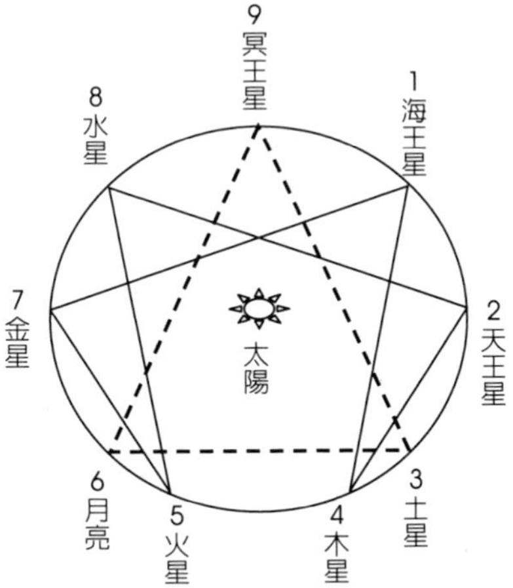

耶尼亞圖形蘊含了「莎比恩」理論的整體結構，讀者可自行將自己出生星圖的星座度數及「莎比恩」詩句填寫在各星體之下，以便研讀其中的深層涵義。

「莎比恩」又將每一個星座30度分成前後兩半的生命主題（共24個主題），而進一步又將黃道360度細分成「五度一組」的主題的形式結構，最後黃道的每一度又有一句代表的寓言詩。由大而小，層層推進，下文即先介紹十二星座24個生命主題的內涵：

星座	度數			
♈ 白羊	1→15	慾望	宇宙意識未斷的人生探索開始	容易衝動
♈ 白羊	16→30	潛力	自我潛能與現實生活的鴻溝	容易緊張
♉ 金牛	1→15	現實	內在使命與人生目標變得明確	敏感變弱
♉ 金牛	16→30	信心	展現力量	容易頑固
♊ 雙子	1→15	發現	知性及好奇的發現之旅	過於浮動
♊ 雙子	16→30	表現	想要展現自己的才能	過於理性
♋ 巨蟹	1→15	家族	需要自我犧牲的情感關係及決定	過於敏感
♋ 巨蟹	16→30	統合	融合傳統的創造力	傾向保守
♌ 獅子	1→15	燃燒	創造性能量的爆發	自我太強
♌ 獅子	16→30	解放	向外放射的生命力	感到孤獨
♍ 處女	1→15	收束	自我訓練、內省、洞察的淨化	拘謹過敏
♍ 處女	16→30	教育	從智力提升到靈性	很難放鬆
♎ 天平	1→15	擴大	個性至群性的轉換	難於專一
♎ 天平	16→30	前進	探求智、情、意的宇宙真理的平衡	衝勁較弱
♏ 天蠍	1→15	靈性	靈性與社會性的整體追尋	執著力量
♏ 天蠍	16→30	信仰	神祕、宗教、內在的學習與同化	執著靈性
♐ 射手	1→15	理想	進一步追尋普遍、形上的真理	過於理想
♐ 射手	16→30	實踐	提升思想的價值及力量	容易急躁
♑ 魔羯	1→15	傳統	社會及傳統能量的高度結晶化	壓力過大
♑ 魔羯	16→30	超越	嘗試昇華、超越既成規範	易放不開
♒ 水瓶	1→15	貢獻	普遍、開放的靈性自覺	社會疏離
♒ 水瓶	16→30	博愛	人格意識的蛻變與靈性再生	視野太大
♓ 雙魚	1→15	團結	生命能量的交換與互惠	放棄俗世
♓ 雙魚	16→30	永恆	靜觀、回歸輪迴轉生的大視野	靈魂孤寂

綜合的說，閱讀「莎比恩」，可以參考以下的秩序：

1閱讀、思考前後兩半的星座意義，

2閱讀每五度的主題，

3審視整個五度的內容發展，

4閱讀、感受、沉思每一度寓言詩的深層意義。

本節介紹「莎比恩」的面面觀，其實重點在呈現「莎比恩」的原文（寓言詩），所以還有其他的馬克「莎比恩」占星理論（譬如馬克的16項「莎比恩」哲學觀點），就不一一詳細說明了。最後，還有一個問題必須說明清楚的，就是正規占星學把黃道分成360度，十二星座每一個星座30度，但每一個星座的30度是從0度到29度計算，所以星圖中事實上並沒有第30度（譬如有白羊座29度，但沒有白羊座30度，白羊座30度其實就是金牛座0度），但「莎比恩」卻把每個星座的度數從1度到30度規定，所以必須根據自己星圖的星座度數再加上一度，才能找到正確的「莎比恩」詩句。記住！**再加上一度**！這是一個很重要的小動作。

好了！在下文，本書將展示出「莎比恩」的全部原文——每五度的主題與寓言詩。

『莎比恩』的寓言詩[3]

♈ 白羊座

▲No1之五度……存在的萌芽

白羊座1度【抱著海豹由海中昇起的女性】

白羊座2度【弄清楚人類性質的喜劇演員】

白羊座3度【男性的浮雕貝殼肖像暗示他的祖國】

白羊座4度【戀人們期待秘密的散步】

白羊座5度【有翼的三角形】

3本書的「莎比恩」寓言詩及註文是引用自《莎比恩精密占星術》及《莎比恩愛情占星術》兩本著作。由於年代久遠，已經找不到這兩本著作的作者、譯者、及出版者。唯一掌握的資訊是前本著作的作者是日人松村潔。

▲No2之五度……理解原始的概念

白羊座6度【一邊發出光輝的四角】
白羊座7度【同時在兩個領域中成功地表現出自我的男人】
白羊座8度【打個大蝴蝶結的女用大帽子在東風中飛揚】
白羊座9度【水晶占卜師】
白羊座10度【教師賦予傳統觀念一個新的象徵】

▲No3之五度……學習行動原理

白羊座11度【國家的支配者】
白羊座12度【野鴨子人字形的飛行】
白羊座13度【對不成功社會的抗議】
白羊座14度【蜷曲在男女身邊的蛇】
白羊座15度【印地安人在編織儀式用的毛毯】

▲No4之五度……個人潛能的萌芽

白羊座16度【日落餘輝中活躍的精靈】
白羊座17度【已過適婚期，恬靜坐著的高貴淑女】
白羊座18度【張掛在兩棵樹之間的空吊床】

白羊座19度【東洋的魔法毛毯】
白羊座20度【年輕女子在寒冷的冬季餵鳥】

▲No5 之五度……生命力及感官的喜悅躍升至頂點

白羊座21度【拳擊手登上擂台】
白羊座22度【通往所有現實慾望的庭院之門】
白羊座23度【穿著輕便夏裝的孕婦】
白羊座24度【窗簾被向內吹的風吹成膨脹的形狀】
白羊座25度【人類體驗兩種存在世界層面的可能性】

▲No6 之五度……自我探索不久即找出結論

白羊座26度【得到遠超過自己應該擁有的贈物】
白羊座27度【透過想像力，再次得到曾經失去的機會】
白羊座28度【演員面對期待落空、失望的龐大觀眾】
白羊座29度【天體的音樂】
白羊座30度【池中的鴨子和其孩子們】

♉ 金牛座

▲No7之五度……命運的實踐

金牛座1度【清澈的山中小河】

金牛座2度【電氣的風暴】

金牛座3度【以怡然自得的步伐進入三葉草的草坪上】

金牛座4度【在彩虹彼端的黃金壺】

金牛座5度【寡婦站在打開的墳墓旁】

▲No8之五度……捨己助人

金牛座6度【架在溪谷上的吊橋】

金牛座7度【祖先水井中的希望之女】

金牛座8度【在沒有白雪土地上的雪橇】

金牛座9度【裝飾豪華的聖誕樹】

金牛座10度【紅十字會的護士】

▲No9之五度……個人慾望的勃發及洗鍊

金牛座11度【在自家花園澆花的女性】

金牛座12度【在逛街購物的年輕情侶】
金牛座13度【口袋中裝著過重的物品】
金牛座14度【在海岸邊伸手拾取被海浪打上岸的貝殼】
金牛座15度【男人戴著大禮帽禦寒氣、抗強風】

▲No10之五度……塑造新個性的哲學戰爭

金牛座16度【年長的教師以傳統的方法教授學生卻失敗了】
金牛座17度【象徵「劍與火把」的戰役】
金牛座18度【女子在自己房間內打開窗戶，晾乾舊皮包】
金牛座19度【海洋中昇浮一塊新大陸】
金牛座20度【橫跨天空羽翼般的雲朵】

▲No11之五度……藉著才能參加社會的喜悅

金牛座21度【打開書本，指著一句句子的手指】
金牛座22度【在驚濤駭浪之上飛翔的白鴿】
金牛座23度【充滿奇珍異寶的珠寶店】
金牛座24度【皮帶上吊著死人骨骸、帶著駭人神色的騎馬奔馳的印地安戰士】
金牛座25度【廣闊的公園】

▲No12之五度……人類消費社會文化產物的方式

金牛座26度【西班牙男性對情人唱小夜曲】

金牛座27度【年老的印地安女性向路人兜售部族的工藝品】

金牛座28度【經歷人生的變化而體驗出新愛的女性】

金牛座29度【桌前工作的兩名修鞋匠】

金牛座30度【在古城花壇中步行的孔雀】

Ⅱ 雙子座

▲No13之五度……對純潔知性的關心

雙子座1度【乘著一艘玻璃船底的小船，探尋海洋的神祕】

雙子座2度【聖誕老人悄悄地在你的襪裡塞滿了禮物】

雙子座3度【巴黎的香榭大道】

雙子座4度【喚起聖誕節古老記憶的聖誕樹】

雙子座5度【喚起革命行動的雜誌】

▲No14之五度……對集體意識的關心

雙子座6度【鑽油田的工作者】

雙子座7度【在樹蔭下，有木桶和繩子陪伴的天井】

雙子座8度【發起罷工的人群包圍住工廠】

雙子座9度【裝滿箭的箭筒】

雙子座10度【飛機急速俯衝】

▲No15之五度……跳入未知的知識領域

雙子座11度【提供新經驗和機會給拾荒者的未開發處女地】

雙子座12度【黑人女子在城市中求生，向命運挑戰】

雙子座13度【著名的鋼琴演奏家開演奏會】

雙子座14度【架起時間和空間的橋樑，以心靈溝通的兩位男性】

雙子座15度【一隻猩猩與人類的小孩，興奮地說著自己的知識】

▲No16之五度……知性的社會化

雙子座16度【自導自演的女作家】

雙子座17度【由異想天開的年輕人，變為一名成熟的思考家】

雙子座18度【兩個中國人在美國城市以中文交談】

雙子座19度【巨大的古代書籍上，滿載著傳統的知識】
雙子座20度【展示著各式各樣大地豐盛食物的飲料店】

▲No17之五度……如何超越知性

雙子座21度【混亂的勞工示威】
雙子座22度【祭典中舞蹈的情侶】
雙子座23度【高樹上窩在鳥巢的三隻小鳥】
雙子座24度【在村子結冰的池塘溜冰的兒童們】
雙子座25度【修剪大棵棕櫚樹的園丁】

▲No18之五度……知性及存在的本質化

雙子座26度【凜冽寒空下冰霜覆蓋的枯樹】
雙子座27度【從部族營地森林中出現的女吉普賽人】
雙子座28度【社會透過破產宣言，讓身負重擔的個人擁有再出發的機會】
雙子座29度【告知春天造訪的第一隻黃鶯】
雙子座30度【在海邊聚集的群眾面前走過的一對泳裝美女】

♋ 巨蟹座

▲No19之五度……情感的再生與新地圖

巨蟹座1度【海船船員在甲板上降下舊旗，升起新旗】

巨蟹座2度【乘著魔毯的男子在廣袤地域上飛翔】

巨蟹座3度【穿著長毛鹿皮草的男子】

巨蟹座4度【與老鼠議論的貓】

巨蟹座5度【在岔口撞上列車的汽車】

▲No20之五度……為了新生命的犧牲和構築

巨蟹座6度【獵鳥用羽毛裝飾自己的巢】

巨蟹座7度【兩個自然靈體在月光下跳舞】

巨蟹座8度【兔群穿著人類的衣服前行】

巨蟹座9度【小裸女蹲在池邊捕魚】

巨蟹座10度【經歷最初切割程序的碩大鑽石】

▲No21之五度……趨向最終的價值

巨蟹座11度【諷刺名人的丑角】

巨蟹座12度【中國女子逗弄著散發出偉大導師轉世氣味的嬰兒】
巨蟹座13度【為研究而伸出強有力拇指的手】
巨蟹座14度【老人面對著廣大而陰暗的空間，凝視著東北的方向】
巨蟹座15度【在奢侈的餐廳裡，宴會後人們輕鬆作樂】

▲No22之五度……自己與世界的創造性關係

巨蟹座16度【男子非常依賴古籍去研究自我當前的曼陀羅】
巨蟹座17度【從單一胚胎發展到多元的生命，顯現潛在的可能性】
巨蟹座18度【母鳥為幼鳥尋找食物而挖土】
巨蟹座19度【主持結婚典禮的司儀】
巨蟹座20度【威尼斯的平底船船夫唱著小夜曲】

▲No23之五度……摸索如何參與社會

巨蟹座21度【通過歌劇演唱，名歌手藉以證明自己的才藝】
巨蟹座22度【等待快艇的年輕女性】
巨蟹座23度【文學同好的集會】
巨蟹座24度【南方小島上，一名女性與兩名男性的漂流者】
巨蟹座25度【由於超越性力量的降低，意志堅強的男子的背影愈來愈孤寂】

▲No24之五度……受傳統支撐的財富及名聲

巨蟹座26度【在豪宅書房閱覽群書的來客】

巨蟹座27度【向高價住宅群聚的溪谷吹襲的暴風雨】

巨蟹座28度【印地安女子向族人介紹自己的白種戀人】

巨蟹座29度【希臘的謬思女神將新生的雙胞胎放在黃金秤上測量體重】

巨蟹座30度【美利堅的革命之女】

♌ 獅子座

▲No25之五度……生命力的活化

獅子座1度【野心驅動生命能量，熱血上衝的男子】

獅子座2度【腮腺炎的流行】

獅子座3度【留著披肩長髮、不戴胸罩、穿著年輕人服裝的中年女子】

獅子座4度【年長男子穿著禮服，站在自己遠征狩獵帶回的戰利品旁】

獅子座5度【在深峻的峽谷中亙古形成的岩塔】

▲No26之五度……創造與破壞的感情

獅子座6度【保守派的婦人與嬉皮派的女子相遇】

獅子座7度【在夜空中閃耀的星座】

獅子座8度【共產主義的行動家擴展自己的革命理想】

獅子座9度【玻璃吹工調整呼吸，製造出美麗花瓶】

獅子座10度【陽光流入原野，朝露閃閃生輝】

▲No27之五度……解除精神緊張的遊戲狀態

獅子座11度【在大橡木樹枝懸吊的鞦韆上玩耍的孩子們】

獅子座12度【在點滿漂亮燈籠的草坪上舉行晚宴的大人們】

獅子座13度【老船長在小屋門廊的搖椅上搖晃休憩】

獅子座14度【人類的靈魂探求表現的機會】

獅子座15度【伴隨著人群的歡聲雷動，遊行花車浩浩蕩蕩的壯觀行列】

▲No28之五度……從高昂的玩興轉變成認真的探索

獅子座16度【暴風雨停止，萬物自然的輝映著陽光，因而心生歡喜】

獅子座17度【唱著讚美歌的教會志願聖歌隊】

獅子座18度【化學家指導自己的學生做實驗】

獅子座19度【船屋上的宴會】

獅子座20度【茲尼族的印地安人向著太陽舉行祭典】

▲No29之五度……處理活躍能量的方式

獅子座21度【興奮的雞蹣跚地拍著翅膀想飛】

獅子座22度【完成自己使命的傳信鴿】

獅子座23度【馬戲團中，騎驃騎士表演自己的危險技術】

獅子座24度【集中於達成內在靈性的男子，完全忽略肉體的狀態】

獅子座25度【大駱駝橫越廣大而且難以靠近的沙漠】

▲No30之五度……自我表現終於達成

獅子座26度【狂風暴雨後的彩虹】

獅子座27度【東方的天空出現黎明的曙光】

獅子座28度【停駐在粗樹幹上的一大群小鳥】

獅子座29度【在海洋波濤中起伏的人魚，希望轉世為人形】

獅子座30度【開封的信】

♍ 處女座

▲No31之五度……從外在凝視自己

處女座1度【帶有重要意義的肖像畫，男子頭部被藝術加工】

處女座2度【從巨型白色十字架俯視大地的全景】

處女座3度【守護天使】

處女座4度【黑人與白人的小孩似乎很開心地玩在一起】

處女座5度【能看見自然靈與平時肉眼難見的靈魂代理者的超能人類】

▲No32之五度……接受情感與慾念的支配

處女座6度【旋轉木馬】

處女座7度【後宮】

處女座8度【五歲孩子初次上舞蹈課】

處女座9度【抽象派畫家在工作】

處女座10度【看著自己的影子及影子的另一端】

▲No33之五度……讓等待已久的夢想落實

處女座11度【達成心願的母親看著深切期盼的男嬰】

處女座12度【婚禮之後，新郎摘下新娘的面紗】
處女座13度【有影響力的政治家平伏內亂狀態】
處女座14度【貴族的家譜】
處女座15度【繼承自英勇祖先的傳家寶——漂亮的蕾絲手絹】

▲No34之五度……潛意識的反擊

處女座16度【在動物園，孩子被帶到與大猩猩面對面】
處女座17度【火山爆發】
處女座18度【曼陀羅星盤】
處女座19度【游泳競賽】
處女座20度【一列車隊目標指向美國西海岸】

▲No35之五度……將現實的業務能力推向頂點

處女座21度【女子籃球隊】
處女座22度【用昂貴寶石裝飾的皇家徽章】
處女座23度【獅子使者展現自己的技術與氣質】
處女座24度【小梅莉和小羊】
處女座25度【在公共建築物之前降下的半旗】

▲No36之五度……純化為「單一」的本然狀態，邁向神聖世界

處女座26度【捧著香爐，侍奉祭壇上神父的少年】

處女座27度【擁有宮中職務的貴族女性，行禮如儀的應對進退】

處女座28度【抓住力量的禿頭男子】

處女座29度【閱讀啟發自己內心的古代書卷的神祕知識追求者】

處女座30度【一個為了能全神貫注於整頓緊急工作的男子，面對任何誘惑都不為所動】

♎天秤座

▲No37之五度……變化的過程

天秤座1度【在眾多完整生物學型態的蒐集標本中，有一隻美麗的蝴蝶被細針扎著】

天秤座2度【過去所經歷的果實，永恆成為創造性的靈魂種子】

天秤座3度【新一天的黎明，使一切改變的事物昭然若揭】

天秤座4度【一群年輕人圍著營火席地而坐，進行心靈的溝通】

天秤座5度【明確向自己學生指出建設新世界的內在知識的老師】

▲No38之五度……在實現理想的過程中，對反動及否定性的處理

天秤座6度【通過內在視覺觀察自己的理想及落實狀態】

天秤座7度【餵養雛雞、驅趕老鷹的女性】

天秤座8度【在無人居住的房子裡燃燒起來的暖爐】

天秤座9度【三位年老的大師靠在美術館特別展覽室的牆壁】

天秤座10度【獨木舟平安滑過狹窄的湍流，到達平靜的水面】

▲No39之五度……傳達知識的必要竅門與研究方法

天秤座11度【隔著眼鏡盯著自己學生的教授】

天秤座12度【礦工們從深邃的坑道中回到地面】

天秤座13度【吹大肥皂泡的孩子們】

天秤座14度【在正午炎熱時段午睡的男子】

天秤座15度【環狀道路】

▲No40之五度……因為無法發展潛意識而受傷，需要生命的修復

天秤座16度【狂風暴雨後，船隻需要修理而上岸】

天秤座17度【退休的船長眺望出入港口的船隻】

天秤座18度【兩名男子被逮捕、拘留】

天秤座19度【小偷的同夥躲起來】
天秤座20度【執行自己任務的猶太先生】

▲No41之五度……隨心所欲駕馭自然界的力量

天秤座21度【星期日在海濱嬉戲的人群】
天秤座22度【以噴水池的水餵鳥的孩子】
天秤座23度【雄鳥的啼聲宣告日出】
天秤座24度【左側有第三隻翅膀的蝴蝶】
天秤座25度【秋天落葉的景象，為巡禮者帶來生與死秘密的突然啟示】

▲No42之五度……知性之道的完成

天秤座26度【鷲鳥和大白鴿交流飛行經驗】
天秤座27度【飛機在清晰澄澈的空中高飛】
天秤座28度【開始注意到周遭能成為助力的精神力量】
天秤座29度【為了建立可以世代相傳的知識，人們宏觀而堅忍的努力】
天秤座30度【哲學家腦中的三種知識累贅】

♏天蠍座

▲No43之五度……與朋友共同體驗的喜悅

天蠍座1度【城裡街上滿載乘客的觀光巴士】

天蠍座2度【精巧的香水瓶破裂之後香氣四散】

天蠍座3度【小村落裡得到鄰人幫助的上樑儀式】

天蠍座4度【年輕人用宗教祝禱儀式運送蠟燭】

天蠍座5度【絲毫不受海上怒濤動搖的巨岩】

▲No44之五度……冒險創造有生氣的動能

天蠍座6度【淘金熱從故鄉拉走人群】

天蠍座7度【深海的潛水夫】

天蠍座8度【日光照射下的寧靜湖面】

天蠍座9度【工作中的牙醫】

天蠍座10度【和昔日同伴再度聚首的晚餐會】

▲No45之五度……通過新的友情肯定自我

天蠍座11度【溺水的男子獲救】

天蠍座12度【大使館中的舞會】
天蠍座13度【發明家在研究室裡做實驗】
天蠍座14度【為電話做新的配線工程】
天蠍座15度【在五座沙丘附近玩耍的孩子們】

▲No46之五度……發展感受性

天蠍座16度【微微一笑的少女】
天蠍座17度【靠自己的靈魂懷孕，孕育神之子的偉大女性】
天蠍座18度【閃耀著多彩色澤的森林小道】
天蠍座19度【鸚鵡在一旁嘰嘰喳喳的學說人話】
天蠍座20度【一名女子拉開阻礙通往神聖之道的兩扇漆黑窗帘】

▲No47之五度……學習處理粗暴的衝動

天蠍座21度【士兵聽從內在的良知抗拒規定】
天蠍座22度【射殺鴨子的獵人】
天蠍座23度【兔子變化成自然靈】
天蠍座24度【接受神啟的人在諦聽『山上的垂訓』之後，紛紛踏上歸途】
天蠍座25度【X光照片】

▲No48之五度……從束縛與支配逃脫的手段

天蠍座26度【遷徙到新居住地的印地安人】

天蠍座27度【軍樂隊喧鬧的在街上遊行】

天蠍座28度【臨近自己領土的精靈王】

天蠍座29度【印地安婦人向酋長祈求孩子的長壽】

天蠍座30度【穿上萬聖節服裝的孩子，盡情享受惡作劇】

♐ 射手座

▲No49之五度……回溯自由精神的戰鬥力

射手座1度【退伍軍人為了喚醒塵封的記憶而聚會】

射手座2度【湧現相對於海風的白浪】

射手座3度【下西洋棋的兩名男子】

射手座4度【受到雙親鼓舞學步的小娃兒】

射手座5度【一隻年老的貓頭鷹棲息在大樹的樹枝上】

▲No50之五度……正大光明的比賽精神

射手座6度【球類競賽】

射手座7度【敲開人類心門的邱比特】

射手座8度【在大地深處不斷形成的新元素】

射手座9度【母親引導著小孩，一階一階慢慢登上陡峭的樓梯】

射手座10度【金髮「幸運女神」戲劇化的表現】

▲No51之五度……向古代智慧追求人文、夢想的偉大進化

射手座11度【在古代神殿的左側，煤油燈在人形燈座中燃燒】

射手座12度【旗子變成鷲——宣告拂曉的雄鳥】

射手座13度【未亡人的過去被揭發】

射手座14度【巨大的金字塔及獅身人面像】

射手座15度【在二月二日的土撥鼠節看著自己影子的大土撥鼠】

▲No52之五度……延年益壽的智慧

射手座16度【海鷗期待食物而繞著甲板飛行】

射手座17度【復活節的日出禮拜聚集群眾】

射手座18度【在海岸嬉戲的孩子們，以遮陽帽保護頭部】

射手座19度【受人類威脅的塘鵝，為了繁衍後代而尋找更安全的地方】
射手座20度【保有古風的東北村民，趁著夏天將至從結冰的池塘中切出冰塊使用】

▲No53之五度……往未來的新世界移動

射手座21度【戴上借來的眼鏡的小孩與狗】
射手座22度【中國人的洗衣店】
射手座23度【在入籍新的國家，滿足必要條件的移民集團】
射手座24度【停留在木造別墅門上的青鳥】
射手座25度【微胖的小孩騎著玩具馬】

▲No54之五度……社會上的代表性活動

射手座26度【戰場上的旗手】
射手座27度【工作中的雕刻家】
射手座28度【美麗河川上的舊吊橋，至今仍頻繁的被使用】
射手座29度【肥胖的少年正在修剪面向優雅郊外道路的自家草坪】
射手座30度【祝福信徒的法王】

♑魔羯座

▲No55之五度……權力與實行力的直接表現

摩羯座1度【印地安酋長從聚集的部落中，尋求自我能力的被肯定】

摩羯座2度【哥德式教堂的三扇圓花窗，其中一扇因為戰爭而遭到破壞】

摩羯座3度【靈魂在追求新的體驗之餘，尋求肉體化】

摩羯座4度【準備大型獨木舟出航的人們】

摩羯座5度【展現戰意的印地安人，一些划著獨木舟，另一些跳著戰舞】

▲No56之五度……關懷社會基礎的事物

摩羯座6度【橫臥在通往黑暗森林拱門下的十根原木】

摩羯座7度【被面紗包覆的預言家，承受神力附體而說話】

摩羯座8度【陽光灑落家中，被馴養的鳥兒快樂地鳴叫】

摩羯座9度【搬運豎琴的天使】

摩羯座10度【信天翁從船員的手中乞食】

▲No57之五度……被動選擇的貴族式活動

摩羯座11度【在私人土地裡的高麗雉雞群】

摩羯座12度【附有圖解的自然科學講義，讓幾乎不為人所知的生命側面一目了然】
摩羯座13度【拜火者沉思存在的最終真實性】
摩羯座14度【鏤刻在花崗石上的古代浮雕】
摩羯座15度【醫院的兒童病房塞滿玩具】

▲No58之五度……健康的現實性

摩羯座16度【身著體育服裝的少年所聚集的學校運動場】
摩羯座17度【受壓抑的女性，在裸體主義中發現心理解放】
摩羯座18度【迎風招展的星條旗】
摩羯座19度【搬動塞滿食物袋子的五歲小孩】
摩羯座20度【在隱密宗教禮拜場所裡唱歌的詩班】

▲No59之五度……競爭原理

摩羯座21度【接力競賽】
摩羯座22度【無條件接受失敗的將領，展現高貴的性格】
摩羯座23度【在戰場上英勇的行為而獲得兩個獎賞的戰士】
摩羯座24度【進入修道院的女性】
摩羯座25度【陳設許多昂貴東方地毯的商店】

▲No60之五度……支配五官

摩羯座26度【在閃耀著彩虹光芒的瀑布霧中跳著舞的自然靈】

摩羯座27度【登上通往山上聖殿的陡峭階梯的巡禮者】

摩羯座28度【大規模的鳥類飼養場】

摩羯座29度【用紅茶占卜的女子】

摩羯座30度【決定與負責有關世界性事件的男性們的秘密會談】

♒ 水瓶座

▲No61之五度……理想的具體化

水瓶座1度【舊紅磚建造的加州傳道所】

水瓶座2度【意料之外的雷雨】

水瓶座3度【海軍逃兵】

水瓶座4度【印度的瑜珈術展現自療能力】

水瓶座5度【想幫助年輕領導人努力的祖先委員會】

▲ No62 之五度……扮演面具
水瓶座6度【在神秘戲劇上戴著表演儀式面具的人】
水瓶座7度【不斷從卵裡出生的小孩】
水瓶座8度【展示著披上美麗長袍的蠟人像】
水瓶座9度【變化成鷲鳥的旗子】
水瓶座10度【從前為了贏得人緣以實現理想的男子，漸漸自覺身為人類的自己不安於這種理想而已】

▲ No63 之五度……獲得純粹自由的人的真正公平
水瓶座11度【在沉默中接受改變自己人生的新啟示的男子】
水瓶座12度【不同類型的人按照順序站在寬廣的階梯上】
水瓶座13度【氣壓計】
水瓶座14度【進入隧道的列車】
水瓶座15度【一對愛情鳥駐足在籬笆上幸福的歌唱】

▲ No64 之五度……生活在壯大的世界地圖中
水瓶座16度【坐在書桌前的偉大實業家】
水瓶座17度【家犬機警地守護著主人及攜帶的物品】
水瓶座18度【人們的秘密動機一一被公然的卸下面具】

水瓶座19度【窮盡水、化學藥品或體力的極限，去鎮壓森林大火】
水瓶座20度【傳送訊息的大白犬】

▲No65 之五度……淘汰個人感情，自我改造成公眾人物

水瓶座21度【受到傷害而失望的女性，勇敢面對乍看之下空虛的人生】
水瓶座22度【托兒所內鋪滿了地毯，讓孩子能舒適、溫暖的遊玩】
水瓶座23度【坐著的大熊晃動四肢】
水瓶座24度【成功克服自己情感的人，從自我的經驗與觀點教導他人深奧的智慧】
水瓶座25度【形狀更完整的蝴蝶右側翅膀】

▲No66 之五度……所有問題都能以技術解決

水瓶座26度【以測量儀器測試汽車電瓶的修理工】
水瓶座27度【盛滿新鮮紫羅蘭的古代陶碗】
水瓶座28度【被砍倒、鋸開的樹木，真實供給了冬天的柴火】
水瓶座29度【破蛹而出的蝴蝶】
水瓶座30度【完成質變的人身上出現共同的心，融入一種超古代文化之精神夥伴的能源】

♓ 雙魚座

▲No67之五度……商業的流通，活潑的往來

雙魚座1度【在混亂的市場上，農夫和商家陳列著許多樣式的作物】

雙魚座2度【躲避獵人的松鼠】

雙魚座3度【樹幹化石橫埋在沙漠的沙堆中】

雙魚座4度【連接兩端海岸的狹窄道路發生交通堵塞】

雙魚座5度【教會的義賣場地】

▲No68之五度……犧牲與奉獻

雙魚座6度【正規軍的將領們遊行】

雙魚座7度【被海上霧氣包圍的裸露岩石上橫臥著巨型十字架，因一道光芒而顯得光輝耀眼】

雙魚座8度【吹號角的女子】

雙魚座9度【意識到對手存在而策馬前奔的騎士】

雙魚座10度【飛機在覆蓋大地的雲層中飛翔】

▲No69之五度……身屬訓練有素組織的一員

雙魚座11度【追求啟示，在狹窄道路上旅行的人們】

雙魚座12度【在超自然的祖靈神殿，對著新團員展開調查測驗】
雙魚座13度【展示在博物館內經歷無數戰役的古劍】
雙魚座14度【身穿大狐皮長披肩的婦人】
雙魚座15度【軍官透過真槍實彈射擊的假想訓練指導部下】

▲No70

之五度……參與影響整體社會的潮流

雙魚座16度【在寂靜的書房中，創造者體驗充滿靈感的洪流】
雙魚座17度【復活節的遊行】
雙魚座18度【村民在巨大帳篷裡欣賞壯觀的表演】
雙魚座19度【教授自己學生的老師】
雙魚座20度【為了晚宴而備妥的餐桌】

▲No71

之五度……超越性體驗

雙魚座21度【在中國僕人謹慎又溫柔的目光下，少女疼著小白羊】
雙魚座22度【從西奈山的山坡走下，攜帶著新法石板的預言者】
雙魚座23度【在召靈會中將靈魂物質化的靈媒】
雙魚座24度【在大海環繞的小島上，人們過著保持密切聯繫的生活】
雙魚座25度【由於扭曲的行動及過於物質化的目標所引發的崩潰，宗教組織成功克服了負面的影響】

▲No72之五度……靈魂的一種循環閉幕

雙魚座26度【看著細巧的上弦月在日落時出現，人們知道通過各自不同的計畫向前方出發的時代到了】

雙魚座27度【中秋的明月照耀著澄澈的天空】

雙魚座28度【在滿月下，土地肥沃的菜園展現出茂盛而且種類繁多的青菜】

雙魚座29度【通過三稜鏡的光線，劃分成多彩色光】

雙魚座30度【類似人面的巨岩對少年是偉大、理想的形象，而隨著成長開始同步化】

（二）簡介一些相關的技巧

最後，我們簡介一些如何應用「莎比恩」的實際技術。

首先，你可以按照行星矩陣表與耶尼亞圖形來做一個莎比恩式的自我分析，將屬於自己的詩句填入各個行星星座之下；那麼，即可以照著前文的程序來進行深度閱讀與沉思。相信必定能對你提供一個充滿隱喻與想像的心靈空間。

跟著，也可以從「行星時期」的角度切入，通過「莎比恩」詩句來思考不同人生階段的生命意義，這又是另一種閱讀寓言詩的況味、視野與風光。要提醒的是：對於行星時期的年齡層，「莎比恩」的分法與傳統占星學是不同的，也許，配合著「莎比恩」的主張來閱讀詩句，真會讓你對生命歷程產生不一樣的感受與領略。

至於推運方面，由於「莎比恩」只使用到星座度數，沒有宮位及相位的考量，所以「莎比恩」無法使用推進法（Progressions）的技術。因此「莎比恩」在推運上，便必須利用到移位法（Transit），在這裡，筆者介紹一種移位法中推算流年的技術——太陽返照法。太陽返照法的用法很簡單，譬如：筆者的太陽星座是水瓶座3度45分，如果要推算筆者在二〇一〇年的流年運勢，就利用電腦軟體找出太陽在二〇一〇年回到水瓶座3度45分的當日的天宮圖，這張圖即掌管了筆者該年的流年運勢，這就是太陽返照法。接著再轉用到「莎比恩」，讀者不要忘了在自己的太陽返照圖的各星座度數上加一度，才會得到正確的「莎比恩」流年寓言詩群。

當然，我們也可以利用「莎比恩」詩句來對比、觀察自己與他人在愛情、人格或其他方面的契合情形。

總之，讀者可以靈活的將「莎比恩」寓言詩及其他占星技術揉合運用，當可以為你的占星學習提供更豐富的隱喻世界及人文內涵。

接下來的幾頁，筆者安排了「行星矩陣與耶尼亞圖形」分析、行星時期的「莎比恩」詩句及分析、太陽返照圖的「莎比恩」詩句及分析、人格對話的「莎比恩」詩句、愛情對話的「莎比恩」詩句等等幾個表格，先示範筆者個人的生命內容，再來是空白表，讀者可以自由的參考及使用。

姓名：鄭錠堅
出生資料：一九六〇年一月二十五日凌晨一點四十分生於香港
基本分析：陽性星座6　陰性星座4
領導者2　組織者4　溝通者4
火4　土3　風2　水1

「行星矩陣與耶尼亞圖形」分析：

◇精神性階層
冥王（目的、出發）處女座6度：「遊樂場中的旋轉木馬」
海王（可能、擴展）天蠍座10度：「與過去朋友重拾舊好的晚餐會」
天王（決定、收束）獅子座20度：「茲尼族的印地安人向著太陽舉行祭典」

◇社會性階層
土星（目的、出發）魔羯座13度：「拜火者冥想終極真理之存在」
木星（可能、擴展）射手座24度：「停留在木造別墅門上的青鳥」
火星（決定、收束）魔羯座8度：「在陽光灑落的家中，被馴養的鳥兒們快樂地鳴叫」

◇個人性階層
月亮（目的、出發）射手座15度：「二月二日聖燭節中看到自己影子的栗鼠」
金星（可能、擴展）射手座28度：「搭於美麗河川上的古橋，現在仍然被頻繁的使用」
水星（決定、收束）水瓶座3度：「海軍逃兵」

◇主要象徵
太陽（總結）水瓶座4度：「印度瑜珈師顯示自己的治癒力」

姓名：

出生資料：

基本分析：陽性星座　陰性星座

領導者　組織者　溝通者

火　土　風　水

「行星矩陣與耶尼亞圖形」分析：

◇精神性階層

冥王（目的、出發）　座　度：

海王（可能、擴展）　座　度：

天王（決定、收束）　座　度：

◇社會性階層

土星（目的、出發）　座　度：

木星（可能、擴展）　座　度：

火星（決定、收束）　座　度：

◇個人性階層

月亮（目的、出發）　座　度：

金星（可能、擴展）　座　度：

水星（決定、收束）　座　度：

◇主要象徵

太陽（總結）　座　度：

鄭錠堅行星時期的「莎比恩」詩句及分析

行星時期	「莎比恩」的寓言詩	分析
月亮時期 0→7歲 射手座15度	「二月二日聖燭節中看到自己影子的栗鼠」	自我很強的童年時代／具備宗教性／對自我很敏感／天真的動物象徵／
水星時期 8→14歲 水瓶座3度	「海軍逃兵」	特立獨行的少年時代／叛逆／喜歡逃離規範／感到孤立／
金星時期 15→24歲 射手座28度	「搭於美麗河川上的古橋，現在仍然被頻繁的使用」	古樸溫情的青年時代／喜歡傳統的質感／回歸自然／思想言行較前兩個時期落實／
太陽時期 25→34歲 水瓶座4度	「印度瑜珈師顯示自己的治癒力」	接近宗教與靈性／表現自己／關懷他人／心靈治療的工作／
火星時期 35→44歲 魔羯座8度	「在陽光灑落的家中，被馴養的鳥兒們快樂地鳴叫」	家的感覺很強／像家人一般溫暖的照顧他人／格局可能較小／有一點控制慾／
木星時期 45→54歲 射手座24度	「停留在木造別墅門上的青鳥」	仍然延續前一人生階段的光景，生活依舊簡樸悠閒／但希望逃離安定與規範／渴望自由的心／
土星時期 55→70歲 魔羯座13度	「拜火者冥想終極真理之存在」	回歸太陽時期精神性、宗教性、真理性的追尋的晚年／
三王星時期 70歲→死亡 天：獅子座20度 海：天蠍座10度 冥：處女座6度	「茲尼族的印地安人向著太陽舉行祭典」（天） 「與過去朋友重拾舊好的晚餐會」（海） 「遊樂場中的旋轉木馬」（冥）	對自然、宗教能量的禮讚及追尋／ 情感性的回歸／ 回歸天真、活力與遊戲／

行星時期的「莎比恩」詩句及分析

行星時期	「莎比恩」的寓言詩	分析
月亮時期 0→7歲 座　度		
水星時期 8→14歲 座　度		
金星時期 15→24歲 座　度		
太陽時期 25→34歲 座　度		
火星時期 35→44歲 座　度		
木星時期 45→54歲 座　度		
土星時期 55→70歲 座　度		
三王星時期 70歲→死亡 天：座　度 海：座　度 冥：座　度		

太陽返照圖的「莎比恩」詩句及分析

項目	層次	詩句	分析
基本資料		姓名：鄭錠堅　出生時地：一九六〇年一月二十五日凌晨一點四十分生於香港 太陽星座度數：水瓶座3度45分　推算的流年：二〇一〇年	
流年詩群及分析	精神性階層	冥王（目的、出發）魔羯座5度： 「顯露戰意的印地安人」	充滿奮戰、陽剛生命力的精神目標／
		海王（可能、擴展）水瓶座26度： 「以測定機檢測汽車電池的黑手」	控制、謹慎、知性、有點過度小心的過程／
		天王（決定、收束）雙魚座24度： 「受廣大海洋包圍的小島上，人們過著接觸頻繁的生活」	安於限制，回歸人群／
	社會性階層	土星（目的、出發）天平座5度： 「為了能使自己的學生有更美好的未來，傾注全力教導知識的人」	接引後進的導師／
		木星（可能、擴展）雙魚座2度： 「逃避獵人的栗鼠」	自我保護、缺乏安全感／
		火星（決定、收束）獅子座13度： 「老船長在自己的小屋門廊坐搖椅」	從容、悠閒的旁觀者／
	個人性階層	月亮（目的、出發）金牛座9度： 「裝飾豪華的聖誕樹」	辛勤、興奮、而華麗的工作／
		金星（可能、擴展）水瓶座7度： 「不斷從蛋殼孵出的嬰兒」	不受束縛，不斷更生／
		水星（決定、收束）魔羯座10度： 「信天翁啄取船員手中的餌食」	信任感、溫暖的互動／
太陽之詩		太陽（總結）水瓶座4度：「印度瑜珈師顯示自己的治癒力」	

太陽返照圖的「莎比恩」詩句及分析

基本資料	**姓名：** **出生時地：** **太陽星座度數：** 座 度 分 **推算的流年：** 年
流年詩群及分析	**精神性階層** 冥王（目的、出發） 座 度： 海王（可能、擴展） 座 度： 天王（決定、收束） 座 度：
	社會性階層 土星（目的、出發） 座 度： 木星（可能、擴展） 座 度： 火星（決定、收束） 座 度：
	個人性階層 月亮（目的、出發） 座 度： 金星（可能、擴展） 座 度： 水星（決定、收束） 座 度：
太陽之詩	太陽（總結） 座 度：

人格對話的「莎比恩」詩句

	自己人格向度的「莎比恩」	對方人格向度的「莎比恩」
太陽 外在人格	水瓶座4度：「印度瑜珈師顯示自己的治癒力」	水瓶座25度：「完整的蝴蝶右翼」
月亮 內在人格	射手座15度：「二月二日聖燭節中看到自己影子的栗鼠」	獅子座6度：「保守傳統的婦女與嬉皮女性的交會」
水星 知性人格	水瓶座3度：「海軍逃兵」	水瓶座6度：「神祕戲劇中帶著祭典用的面具」

愛情對話的「莎比恩」詩句

	自己愛情向度的「莎比恩」	對方愛情向度的「莎比恩」
月亮 初見感覺	射手座15度：「二月二日聖燭節中看到自己影子的栗鼠」	巨蟹座18度：「為了嗷嗷待哺的雛鳥，拼命挖土探蟲的母鳥」
金星 愛的向度	射手座28度：「搭於美麗河川上的古橋，現在仍然被頻繁的使用」	天秤座11度：「透過眼鏡觀察自己學生的教授」
火星 性的向度	魔羯座8度：「在陽光灑落的家中，被馴養的鳥兒們快樂地鳴叫」	天蠍座21度：「遵從自己的良知反抗紀律的士兵」
海王星 深層情感	天蠍座10度：「與過去朋友重拾舊好的晚餐會」	天蠍座8度：「映照月光的寂靜湖面」

人格對話的「莎比恩」詩句

	自己人格向度的「莎比恩」	對方人格向度的「莎比恩」
太陽 外在人格		
月亮 內在人格		
水星 知性人格		

愛情對話的「莎比恩」詩句

	自己愛情向度的「莎比恩」	對方愛情向度的「莎比恩」
月亮 初見感覺		
金星 愛的向度		
火星 性的向度		
海王星 深層情感		

附錄

名人星圖分析、論文及延伸閱讀

在最後的附錄裡，安排了幾張名人星圖的分析，算是綜合前幾章的理論、技術做一次『實戰演練』，希望對占星學的『應用』提供更多的參考及提示。至於將一、二或三位名人放在同一個單元，是因應不同單元的主題或分析重點而決定，讀者一觀便知。

接著是一篇占星學與陰陽思想的關係的學術論文，也方便我們一窺占星學深厚的學術底蘊。

一、名人星圖分析

（一）馬克斯與列寧星圖分析——理論家與行動派的分野

在第一個單元裡，我們來看馬克思與列寧的星圖。

馬克思被稱為共產主義之父及無產階級運動的導師，出生於一八一八年五月五日的德國，主要著作有《資本論》，《共產黨宣言》等。列寧則是將馬克斯主義付諸行動的革命家，世界上第一個共產主義國家（蘇聯）的建立者，出生於一八七〇年四月二十二日的俄國。從星圖的分析，可以看出馬克斯與列寧這兩位共產主義的鼻祖，有著相同的生命本質與不同的生命方向。

說明、比較馬克斯與列寧的星圖，主要是凸顯宮位的問題。

事實上，這兩位共產主義祖師的星圖有著許多相似之處。首先，二人的太陽與月亮都屬土象星座——馬克思的太陽與月亮都是金牛座，列寧的太陽是金牛座而月亮是摩羯座——象徵二人重視實務的生命向度。其次，金牛座同時是馬克思與列寧的強勢星座——馬克思的星圖共有三顆星辰落入金牛座，列寧的星圖更有四顆星星落入金牛座。第三，二人的星圖結構都屬於星圖結構學裡面的「集團

馬克斯的星圖

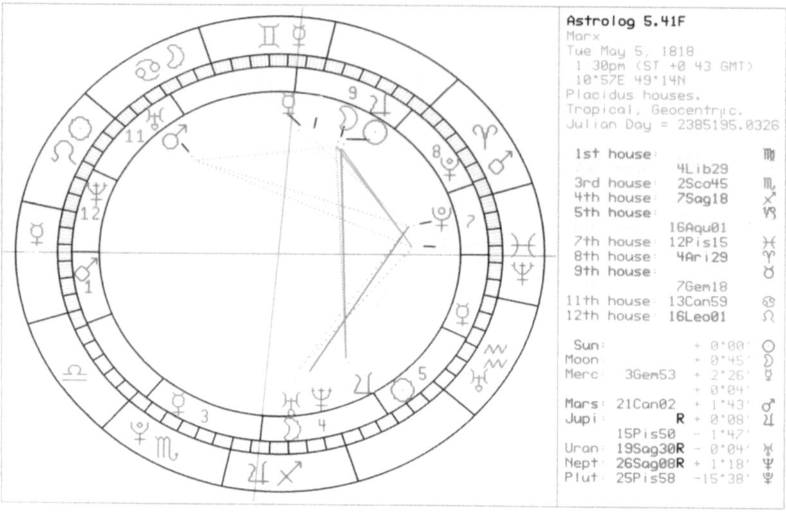

列寧的星圖

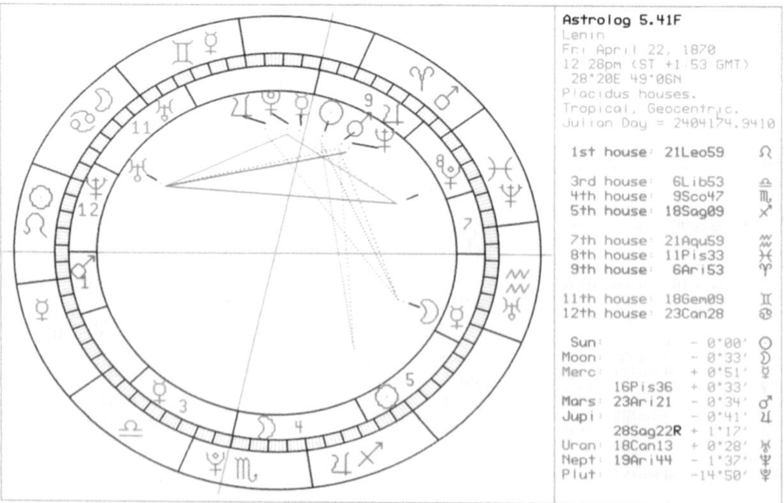

型」（見本書第三章），顯現出馬、列二人專業型或集中於某特定領域的專家性格。但這兩張星圖仍然有著主要的差別：就是馬克思只擁有很強的第九宮（四顆星星座落哲學宮），而列寧同時擁有很強的第九宮與第十宮（各有三顆星星座落哲學宮與事業宮），而且馬克思的第九宮是金牛座相對列寧的第十宮是金牛座——顯示出這兩位共產主義巨頭一個是唯物主義的理論家（第九宮人），另一個則加上唯物主義的實踐家（第十宮人）的生命傾向。

首先分析馬克思的星圖。馬克思的日、月、金、水都落在第九宮（哲學宮、思想宮），而且相位都不錯，代表馬克思的生命能量能從事高深的學問研究（而且是跟經濟、實務有關的金牛座性格的研究），理論性很強，異國運也佳（第九宮也是長途旅行宮）——馬克思是德國人，但在旅居倫敦期間，馬克思寫出了他一生最重要的著作《資本論》。也就是說，馬克思的星圖清楚的顯示，這是很強的第九宮人，相對的星圖中的六、十宮（工作宮與事業宮）都是空宮，所以這是一個理論性很強但不以行動力見稱的星圖主人。進一步觀察，在第九宮的太陽與木星有一個很強的諧和相（120度），代表馬克思在旅居國外的生活還過得頗為優裕，相對而言，比起後來許多共產主義國家的創始人，馬克思這位共產主義之父，實在比較像是一位生活穩定的學者，而不像是一個人生動盪的革命份子。

當然，馬克思的星圖也有它「動盪」的一面。馬克思有一個很強（0度角差）的冥海掙扎相（90度），這是一個對權力潛藏著非常深沉的激情、矛盾與困惑的相位，象徵這個生活相對穩定的學者的內心，埋伏著野心與欲望的陰暗面。另外，馬克思的海王與天王都在第四宮（家庭宮），這是一股遠離、顛覆家園的叛逆能量。

總結的說，這位星圖主人是一個發展出偏激學說的理論大師。

接著觀察列寧的星圖。即像上文說的，列寧同時擁有很強的第九宮與第十宮。列寧的海、火、日座落在第九宮，水、冥、木則座落在第十宮，所以比起馬克斯，列寧可以說是一個理論派與行動派的綜合體。這是一個能夠理解馬克斯思想，而同時付諸行動的革命家。因此馬、列的星圖幫助我們清楚看到不同宮位的不同性質。

另外，與馬克斯一樣，列寧的星圖也有一個很重要的三王星相位（三王星的相位往往跟生命深層的潛意識有關），就是在十一宮的天王星與在第九宮的海王星成掙扎相（90度）。這個相位象徵革命與理想的衝突、或對現實秩序不滿與顛覆的心理狀態。這是一個影響力很大的相位，隱喻列寧的夢想（海王星）必須通過激進的力量或革命的手段（天王星）來完成。這也是一個代表共產主義的相位，第九宮的海王星隱指一種理論性的夢想，第十一宮（朋友宮或大愛宮）的天王星則比喻群眾、無產階級或人類之家的革命事業。巧合的是，馬、列二人的三王星相位都是很強的負面相位，而且都是掙扎相（90度），彷彿註定了共產主義的夢想必須通過非和平的方式來進行。

總之，最重要的，馬、列的星圖讓我們清晰的看到理論家與行動家的不同的宮位原型。

（二）愛因斯坦星圖分析——科學家的浪漫情懷

第二個單元，我們來談談愛因斯坦。

愛因斯坦在一八七九年三月十四日生於德國的小鎮烏姆，在這個不起眼的小鎮裡，卻誕生了人類歷史上最偉大的科學心靈。

在上一個單元裡，我們說馬克斯主要是第九宮人而列寧是第十宮人。與馬、列都不一樣的，科學家愛因斯坦除了也有很強的第十宮（事業宮），也同時擁有很強的十一宮（理想宮）。與馬、列比較，愛因斯坦的星圖相對的平和，也洋溢著十一宮人人道主義的浪漫情懷。

本單元下的標題就是「科學家的浪漫情懷」，從占星學的角度分析，稱得上是浪漫宮位的是十一宮與十二宮，但這兩個宮位展現的卻是兩種性質不同的浪漫。十一宮是理想宮，十二宮是宗教宮；十一宮又稱為大我宮，十二宮則是無我宮；十一宮的浪漫是人道主義的浪漫，十二宮的浪漫則是宗教情懷的浪漫；所以十一宮的浪漫是人間的，十二宮的浪漫則是天上的；也就是說，十一宮關懷的對象是人，十二宮關懷的則是終極的真理。而愛因斯坦星圖所呈現的，則是前一種浪漫的型態。

所以評論愛因斯坦的星圖，也是要凸顯宮位，尤其是十一宮的問題。

愛因斯坦的星圖

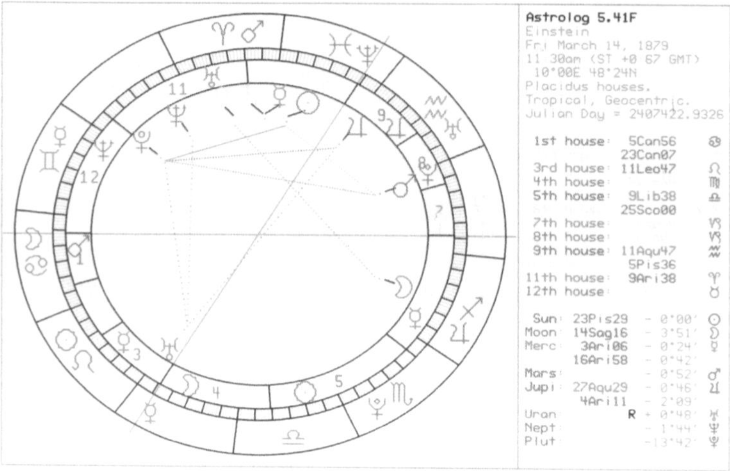

我們先從愛因斯坦的第十宮（事業宮）說起。首先，愛因斯坦的第十宮是雙魚座，可見他的科學事業其實有著一種浪漫情懷。而愛因斯坦的日、水、土都在第十宮，太陽座落第十宮讓第十宮變成一個強而有力的宮位；至於水星與土星之間有一個很強的合相（0度相位），而且水、土都在白羊座，則清楚象徵一種有衝勁但嚴謹的心智力量，正是偉大科學家工作狂加上刻苦研究的事業表現。印證愛因斯坦的成就，他的廣義相對論與狹義相對論正好被視為是當代理論物理研究的最高峰，從星圖來看，第十宮的星辰、星座與相位，都應該有提供愛氏偉大的科學事業不少的能量支援。

接著談本單元的主題——愛因斯坦的十一宮，人類大家庭的宮位。首先，愛因斯坦的十一宮是白羊座，代表一種帶著衝勁、火車頭式的理想情懷。而相對於第十宮，愛氏的星圖同樣有三顆星辰（金、海、冥）座落十一宮。第一顆座落十一宮的星辰是金星，金星與月亮有一個頗強的諧和相（120度），象徵在愛因斯坦的理想宮裡，還帶著一份愛情般的美好感受。跟著第二顆海王星卻是孤星（沒有任何相位），代表科學家對人類大家庭有著一份比較不容易為人理解的浪漫愛。至於最後一顆（也是最重要的一顆）十一宮的星辰冥王星，則擁有兩個重要的相位——冥木掙扎相（90度）代表一種對人道理想放大而極端的生命能量；冥火諧和相（120度）則說明這位執著的科學家對理想擁有著強大的意志力。總而言之，從星圖顯示，愛因斯坦是一位非常重視理想性、人道主義、博愛精神、人類大家庭的科學家。如果加以印證愛因斯坦的生平與思想，也可以觀察出相同的生命傾向。

愛因斯坦曾經說：「每個人都有一定的理想，這種理想決定著他的努力和判斷的方向。就在這個意義上，我從來不把安逸和快樂看做是生活目的本身——這種倫理基礎我叫它豬欄的理想。」可見愛氏重視理想性，而且強調一種工作向度、反對安逸、白羊座式的理想性。愛因斯坦的晚年，可以說全部奉獻給兩件事：一是「統一場論」的發展，一是倡導世界和平。晚年的愛因斯坦毅然決然的下了決定，只要納粹政權存在一天，他就永不返回德國。他分別在一九一四年、一九三〇年及一九五五年簽署了《告歐洲人民書》、《全世界裁軍宣言》、《羅素—愛因斯坦宣言》等三個和平宣言，一再闡揚他和平、反戰的一貫立場。在一九五五年的這個最後宣言裡，他更是呼籲：停止軍備競賽、禁止使用核武。從這些地方都可以清楚看出，愛因斯坦不只是一個拔尖的專業天才，而且是一個洋溢著強烈十一宮情懷的浪漫科學家。

（三）弘一大師、李小龍、尹清楓星圖分析——激情心靈的祕密

上兩個單元談宮位，在這個單元裡，主要是分析相位（尤其是火星相位，也有一併討論與火星相關的星位及宮位）與「激情原型」的問題。

讀者也許會覺得奇怪，本單元所談的三位主角——弘一、李小龍、尹清楓——彼此之間有著什麼內在的關聯性呢？三個本來八竿子打不到一塊去的人物，又會擁有怎樣共同的命運呢？讓我們先來看看這三號人物的生平簡略。

弘一大師，俗名李叔同，在一八八〇年十月二十三日生於河北省天津市。出家之前的李叔同是民國初年一位才華卓絕的藝術家，三十九歲時，毅然出家後的弘一卻苦修佛教中最刻苦自律的律宗，振興了南山律宗的傳統，成為一代佛門大師。弘一大師出家前放浪形骸，出家後卻嚴厲苦行，往往一衲蕭、一舊巾、一破盆，使用數十年而不丟棄，連平日素食也不進香菇、豆腐，只食用水煮白菜。關於這樣一個人生的大轉折，陳慧劍老居士的《弘一大師傳》有很好的分析：「三十九歲前的李叔同，所表現的是人類寶貴的純藝術的生命；三十九歲後的弘一大師，所表現的則是更寶貴的純莊嚴的生命。他之一出家，即走進佛教最嚴謹最規束的一門，就正因他有過一段最燦爛和浪漫的藝術生命。沒有佛教的嚴峻戒律，不足以收斂他的藝術精神；沒有以往的藝術生涯，亦不足以形成他後來的莊嚴生

弘一大師的星圖

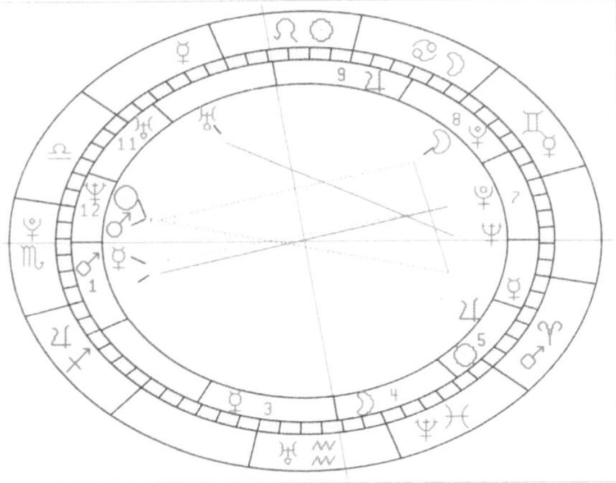

Astrolog 5.41F
Sat October 23, 1880
7 30am (ST +8 00 GMT)
117°12E 39°08N
Placidus houses.
Tropical, Geocentric.
Julian Day = 2408011.4792

1st house: 11Sco08 ♏
10Sag17
3rd house ♑
4th house: 19Aqu02 ♒
5th house: 21Pis41 ♓
18Ari53
7th house ♉
8th house: 10Gem17 ♊
9th house: 13Can38 ♋
19Leo02
11th house ♍
12th house: 18Lib53 ♎

Sun: 29Lib57 + 0°00' ☉
Moon: 24Gem05 + 0°26' ☽
Merc: 21Sco02 - 2°12' ☿
26Sco34 - 0°33'
Mars: 0Sco52 + 0°20' ♂
Jupi: 12Ari28R - 1°37' ♃
25Ari08R - 2°47'
Uran + 0°45' ♅
Nept R - 1°50' ♆
Plut R -13°48' ♇

李小龍的星圖

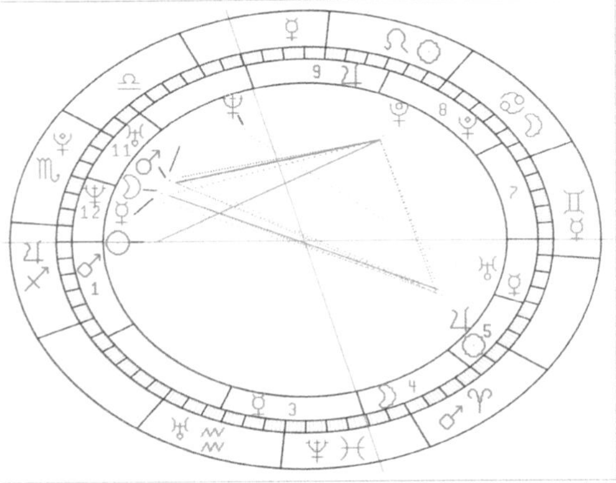

Astrolog 5.41F
bruce lee
Wed November 27, 1940
7 06am (ST -8 00 GMT)
122°26W 37°47N
Placidus houses.
Tropical, Geocentric.
Julian Day = 2429961.1292

1st house: 4Sag57 ♐

3rd house: 13Aqu28 ♒
4th house: 19Pis36 ♓
5th house: 19Ari56 ♈

7th house: 4Gem57 ♊
8th house: 6Can51 ♋
9th house: 13Leo28 ♌

11th house: 19Lib56 ♎
12th house: 14Sco16 ♏

Sun: 5Sag14 + 0°00' ☉
Moon: 11Sco20 + 2°41' ☽
Merc: 15Sco16 + 2°27' ☿
1Sco21 + 1°54'
Mars: 4Sco33 + 0°41' ♂
Jupi: R - 1°20' ♃
R - 2°36'
Uran: R - 0°16' ♅
Nept + 1°14' ♆
Plut: 4Leo14R + 4°10' ♇

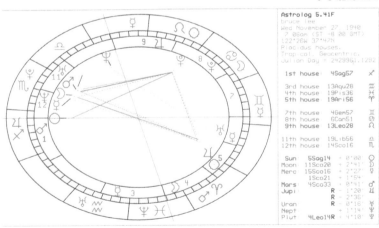

尹清楓上校的星圖

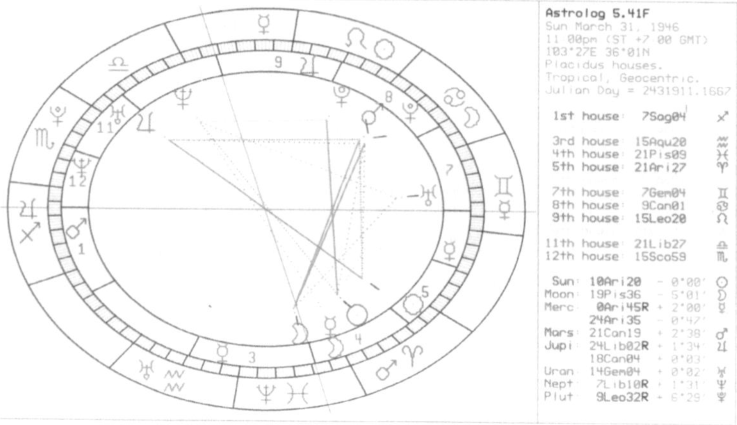

命。」其實，不管是藝術家李叔同的藝術追尋，還是宗教家弘一的靈魂修行，這都是一條特立獨行、異於流俗的道路。

至於第二，三位主角李小龍與尹清楓，李小龍在一九四〇年十一月二十七日生於美國加州舊金山，尹清楓在一九四六年三月三十一日生於中國大陸的蘭州。前者是武學大師、國際功夫巨星、暴力美學大師，後者則是台灣在九〇年代最大軍購懸案（拉法葉艦佣金案）的受害人（迄今仍未偵破）。所以弘一大師與李、尹二人各自擁有全然不同的生平遭遇。還有，值得一提的，是弘一大師享年六十三歲，但李小龍猝死時才三十三，尹清楓遇害時也只有四十七，這是弘一與另外兩人比較不同的地方。

那麼，一個是佛學大師，一個是功夫明星，一個是軍購懸案的被害人——三個原本風馬牛不相及、各自擁有不同專長領域及生平遭遇的人，怎麼能放在一處討論呢？

但，如果仔細的分析星圖，卻發現這三張星圖其實有著兩點共通的秘密：

一、弘一大師、李小龍、尹清楓的星圖都有很重要也很相似的火星相位——弘一大師有1度角差的火日合相，李小龍有0度角差的火冥掙扎相，尹清楓也同時擁有幾個很強的火星相位；而且很巧合的，前二人的火星都座落天蠍座，後一人的火星則在第八宮，所以三者的火星都帶著天蠍座式的激情能量。

二、這三張星圖都符合了占星名家韓良露**「愛情三原型」**理論中的激情原型。弘一大師的金、火都座落天蠍座，李小龍的金、火也座落天蠍座而且同時擁有冥、金的掙扎相，尹清楓的火星座落第八宮。凡此都符合了激情原型的條件。至於激情原型的意涵，即像本書前文所說的：「**擁有激情原型的人，生命中有一股神祕力量，這股神祕力量會讓星圖主人終其一生為一段情、一個人、一件事、或一個理想甘願付出靈魂的代價。**」激情，是一股很深沉且強大的生命能量。火星代表性、暴力與衝動；冥王星象徵性、死亡、激情與偏執。所以綜合上述兩點來說，年代、背景、生平、生命方向全不相同的三個人，卻共同擁有暴力＋激情的神祕宿命。

那麼，我們先行觀察弘一大師的星圖。

首先，弘一大師的星圖有很強的日火合相（約1度角差）在十二宮（宗教宮），而這個合相又與土星形成180度的對相。綜合分析，代表父親的太陽同時受火星與土星的衝擊，相當程度應合了弘一大師五歲喪父的幼年命運，而日火合相在宗教宮，火星又座落天蠍座，即象徵了一股對宗教的狂熱與激情。當然，弘一大師的第一宮也是天蠍座，自然也加強了激情心靈的力量。這是一組很重要的相位。

另外，星圖中有很強的金冥對相（1度角差），冥王星又在第七宮（婚姻宮），這個相位顯然的造成了對愛情及婚姻的激烈破壞與衝撞，因此三十九歲的弘一斷然出家、拋妻棄女、投身佛門，從世俗的觀點看，這當然是一種嚴重破壞婚姻的不負責任行為。星圖中還有一個很強的海天諧和相（0度角差），這是一股關於藝術、宗教或其他高等心智的諧和能量，而且天王星又是星圖的主星（最接近天頂線），象徵弘一大師卓爾不群與特立獨行的言行及事業。至於性格刻苦嚴謹的土星在第六宮（工作宮），是不是也有一點修行律宗（佛法中極自苦自律的法門）的生命痕跡。

總之，「激情原型」加上強而有力的火、冥相位，都一再印證了這是一個充滿狂熱、激情的宗教心靈。

跟著分析李小龍的星圖。

星圖中最強的負面相位是火冥掙扎相（0度角差），這是一個很麻煩的相位。火、冥都跟性有關，火星象徵暴力傾向，冥王星代表激情心靈，負面相位則將兩股難纏的能量結合在一起，即造成性、暴力與激情的無法抑制；而且火星座落天蠍座，冥王星座落獅子座，都是不好惹的星座，更進一步，冥王星又在第八宮（業力宮），隱隱指出這是前世遺留的債務。總之，諸多因素一再加強這個相位的負面影響力（後來李小龍的暴死即跟這個相位有密切關係）。至於火星做頭帶領冥王星，則是暴力帶領激情的意思。當然，對李小龍這樣一位功夫大師來說，強而有力的負面火星對他的武學成就而言，反而成了一項有力的支援。

除了火冥掙扎相，李小龍的冥王星還有一個重要的相位，就是第一宮（自我之宮）的太陽與第八宮（業力之宮）的冥王星形成很強的諧和相（1度角差），日、冥又都在火象星座——這個相位象徵強烈與激情的自我意志，頗符合李小龍強勢的個性與武風。

前文提到李小龍的星圖擁有「愛情三原型」中的激情原型，而下面談的幾個相位又加強了這個原型的能量。星圖中有一個「星群」在天蠍座——金、火、月、水都在天蠍座，這個「星群」自然加強了李小龍的天蠍座個性。此外，星圖中又有一個木土合相分別與「星群」形成好幾個180度的對相，不在話下的，當然又一再加強了天蠍座激情的生命能量了。

還有一點值得一提的，就是一九七三年（李小龍猝死的一年）時，流運木星進入水瓶座，剛好與李小龍出生星圖的冥王星形成對相（180度）而與火星及「星群」形成掙扎相（90度），簡單的說，就是流運木星衝撞到李小龍最強的負面相位了（火冥掙扎相）。流運的掙扎相太多，負面能量又太強了，即使是功夫巨星也過不了關，在性、誹聞的重重疑雲中壯年去世，也符合了這個相位關於性與暴力的意味。

也就是說，李小龍的性格、事業、武風、甚至死亡，都離不開火冥掙扎相的命運牽引，這真是一位典型的火冥之子。

最後來看尹清楓的星圖。

尹清楓星圖也有很強的火星相位，而且火星在第八宮（業力宮），又增加了幾分前世果報的味道。首先，火木掙扎相象徵負面的性衝動——尹案是否跟情色陷阱有關？火星同時又跟金星形成掙扎相，代表性與愛的糾纏及矛盾。接著第五宮（戀愛宮）的金星又與木星形成很強的對相（180度），則隱喻出現一個盲目、衝動的錯愛對象，這是典型的爛桃花相位，是否暗暗呼應了尹案中可能有美人計的存在？另外，還有一個可疑的相位，第十宮（事業宮）的海王星與太陽形成對相（180度），負面的海王星相位當然跟受騙、水災有關。總之，一連串的負面相位彷彿形成一張龐大的因果羅網，隱隱指向尹案中浮屍海上、美人計、仙人跳、欺詐、情色陷阱等等的重重疑雲。前文提到尹清楓上校的星圖符合了「愛情三原型」中的激情原型，其實火星座落第八宮（業力宮），不只符合激情原型，也同時滿足了肉慾原型的條件，一樣也跟尹案的「劇情」絲絲入扣。

總結的說，弘一大師「激情原型」的能量表現在宗教、修行、以及對真理的追尋上。李小龍的激情能量主要表現在武學境界的修為上。尹清楓上校的激情能量則不幸表現在凶殺案的悲劇上。

三人之中，弘一大師是將激情、狂熱、甚至暴力的生命能量轉化得最成功的一位，他將較原始的能量轉化成一種對追尋真理一往無悔的願心。從他圓寂前寄給好友夏丏尊的四句偈語：

問余何適，
廓爾忘言。
華枝春滿，
天心月圓。

即可看出，這已經是一種超越激情趨向圓滿的生命之境了。但，大師臨終前寫下「悲欣交集」四字，悲，也許是慈悲、悲辛或悲壯，則似乎仍留有一點土星在工作宮嚴謹刻苦的律宗痕跡。

至於李小龍，雖然星圖裡的火星太凶（有很強的火冥掙扎相，火星在天蠍座，冥王星又在第八宮），讓武術大師逃不開英年猝逝的厄運；但李小龍畢竟把暴戾之氣昇華成暴力美學——李氏死前留下了像《截拳道》、《截拳道研究》、《功夫紀錄》、《二節棍法》、《布魯斯——李拳術圖解》、《布魯斯——李武打技法》等武學筆記，而且李小龍也留下了許多修練武學的嘉言，譬如：

修練功夫的目的不是致力於擊破石塊或木板，我們更關心的是用它影響我們的整個思想和生活方式。

如果知識隨著傳統模式走，你就只能生存在傳統的陰影下，瞭解的只是老路子，你並不了解你自己。

僅學習某門派某人之技巧，即使發揮至極限，也非真正的搏擊。所謂成熟是指自我最深的覺悟，而非指做觀念上的俘虜。

從這些地方都可以清楚看出，功夫大師真的把暴力（火星）偏激（冥王星）的原始血氣提升至武學，甚至哲學的層次了。

倒是三人中的尹清楓上校，最終還是落得浮屍海上、含冤而死的命運，似乎就逃不開星圖中火星、第八宮、激情原型等命理因素的播弄。

看完這三張同樣擁有激情心靈（火冥之心）的星圖，得到最有意義的一點印證是：命理學、占星學固然有著「宿命」因素的存在，但同樣的命理卻可以開展出不同的人生，不正是清楚證明了「自由意志」同樣存在於命理、占星之中，而且能夠對人的命運發揮很重大的作用與影響。

（四）貝多芬星圖分析——樂聖的藝術風格

在這個單元，我們來看樂聖貝多芬的星圖。

討論貝多芬的星圖，最主要是凸顯火星相位。

貝多芬的星圖

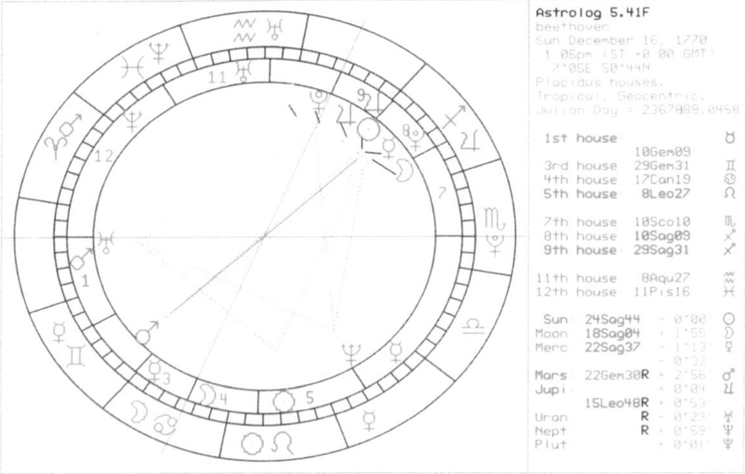

與上個單元談論的主題火冥相位不同，雖然貝多芬的冥王星有一個土象大三角，但樂聖的冥王星既不是天蠍座，又不在第八宮，也沒有與火星形成相位；所以相對的說，貝多芬的冥王星是比較溫和的。至於貝多芬的火星則起著重要的領頭作用，又擁有很強的相位，凡此種種，都對樂聖的強勢樂風提供很大的能量支援。但強勢的火星相位與火冥相位是不同的，火星相位象徵「強烈」，火冥相位則隱藏「激情」，二者之間有著微妙的區隔。

貝多芬在一七七〇年誕生於德國萊茵河畔波昂市的一個清寒家庭，父親及祖父都曾是宮廷樂師，但父親約翰是一位才華平庸又愛酗酒的男高音手，酗酒的的父親讓貝多芬的童年並不好過。除了坎坷的童年歲月，貝多芬一生為耳疾所苦。他在三十歲時發表了第一號交響曲，這時已經有暫時性的耳聾；三十三歲時完成了第三號英雄交響曲，即奠定了貝多芬的獨特的樂風——浪漫派音樂產生了，開創了音樂史上的新紀元；到創作第九號合唱交響曲時，貝多芬差不多全聾了。由於耳疾，讓性格變得憤世嫉俗、脾氣暴躁，由此可見耳朵出現毛病對一個天才橫溢的音樂家來說是是何其殘酷的命運！但痛苦是具有扭轉力的，也因此激發了貝多芬音樂中隱藏著一股山雨欲來的強大張力。我們的樂聖，要用他的音樂拉直命運的曲折。

那麼，我們開始分析貝多芬星圖中兩組重要的相位。

第一組相位可以稱為「火星相位組」。首先，星圖中有一組星群（月、水、日、木、冥、金）座落在射手、魔羯座之間，而星群中最接近的三顆星（月、水、日）都集中在射手座，這自然加強了星圖主人的射手座能量。而三顆射手座星辰中又以位在中央的水星最重要，因為水星分別與日、月構成合相（0度相位）。我們知道，水星代表一個人的知識、思想、文字、表達、溝通、語言等等的能力，也代表「聲音」。而對一個音樂家來說，聲音尤其是十分關鍵的藝術媒介。星群中很強的日水合相（0度角差）象徵亮麗璀璨的聲音，而月水合相則隱喻充滿情感的聲音。星圖中最大的陽性能量與陰性能量左右伴著「聲音」（水星）的力量，這對一位偉大的音樂家來說，絕不是偶然的現象。更有甚者，貝多芬的水星與火星之間又有一個很強的對相（0度角差的180度相位），這等於是火星（陽剛、強烈、衝動的能量）帶領水、日、月三顆星辰以及它們彼此之間的相位。火星為樂聖的樂風注入了關鍵的元素，彷彿第五交響曲中命運之神來敲門的力量，由火星領頭的這一組相位注定了貝多芬陽剛、雄渾、光輝、氣勢磅礡、以及充滿強烈情感的強勢樂風。

另外，貝多芬星圖中有一個由冥、海、天構成的「土象大三角」。由三王星組成的大三角圖形結構當然不簡單，而且土象大三角的能量也支援了作曲家需要嚴謹、紮實、穩定的專業素養及訓練。但土象大三角的能量畢竟比較溫和（與土象星座及諧和相位都有關），不像上個單元弘一大師、李小龍、尹清楓三人的冥王星那麼激烈。所以一再強調貝多芬的藝術風格是「強烈」，不是「激情」，我們的偉大樂聖，是一位典型、強烈的「火星藝術家」。

貝多芬曾經說：「**要盡量做個正直的人，讓愛自由高於一切，即使面對一位君主，也絕不出賣真理！**」也就是有了這種體認，貝多芬的作品才能脫離實用的曲式，而讓每一首作品都有著獨特的個性與撼動人心的熱與力。貝多芬的作曲技巧是可以分析的，但作品中所蘊藏的強烈能量卻是無法詮釋的。

（五）孫中山星圖分析——命運多舛的革命家

最後，我們要分析國父孫中山先生的星圖。

討論國父的星圖，最主要也是要討論相位，但跟上兩個單元的主題「火冥相位」及「火星相位」不同，本單元要呈現的是「負面相位」的涵義，尤其是「180度對相的負面相位」。從世俗的角度來看，中山先生擁有一張很「歹命」的出生星圖，星圖裡出現那麼多的對相實在是有夠「衰」的，但偏偏命格那麼衰的人卻成了我們的國父，這中間有著怎麼樣的啟示呢？

孫中山先生的星圖

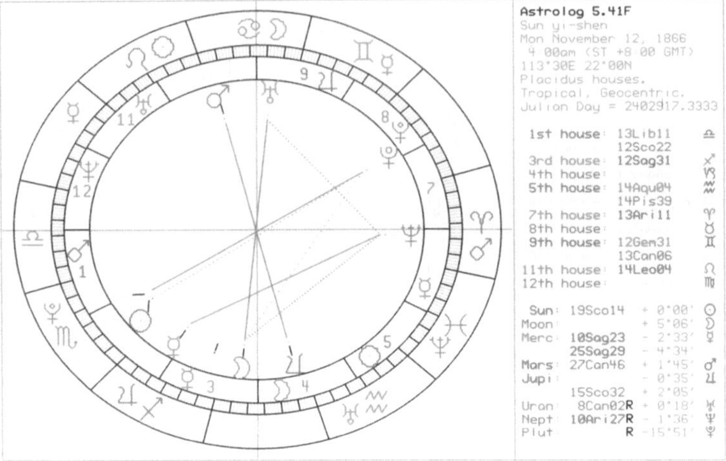

中山先生在西元一八六六年十一月十二日誕生於廣東省香山縣翠亨村。先生弱冠之年即開始鼓吹革命。二十九歲時上書李鴻章痛陳救國大計，但不被採納。同年的十一月在檀香山創立興中會，從此致力革命救國運動。從三十歲廣州首義失敗開始，至四十六歲第十一次起義武昌革命成功建立民國，先生中間經歷十六年歲月的無數艱辛。甚至民國成立後，革命工作仍未稍有停歇，修鐵路、逃亡、二次革命、討袁、建軍、改組國民黨，到六十歲赴軍閥勢力範圍和談及演講，卻病死於北京協和醫院。這就是天涯亡命、持志不懈的偉大革命家的一生。那麼，我們就來觀察這位革命家的出生星圖。

從星圖可以很清楚看到，總共有三個很強很強的對相（1度甚至0度角差的180度相位），而對相兩端的星辰總是出現在相隔六個宮位的位置，國父的三個對相分別出現在四與十宮、三與九宮、二與八宮之間。我們一一解讀如下。

首先分析火木對相。這個相位的基本意義是指星圖主人的性格會顯得過度熱情、衝動、興奮、任性，做事往往一意孤行、膽大妄為，彷彿過度添加柴薪的焰火，稍不注意，即有失火之虞。而這個相位在中山先生的星圖中出現在事業宮與家庭宮之間，更清楚的顯示出破家敗業、亡命天涯的劣命。但好玩的是，這樣一個對一般人而言是如此糟糕的相位，落在中山先生的生平，卻剛好應合了他屢敗屢起、前仆後繼的革命事蹟，也許，對革命這樣一個高風險行業來說，是需要有一點「破敗」的命格的。

第二個相位是天月對相。月亮的「不穩定」加上天王星的「意想不到」，所以簡單的說，這是一個「動蕩」的相位。順帶補充說明一點：兩個主要的負面相位中，對相（180度）與掙扎相（90度）是不同的——對相是「外傷」相位，掙扎相是「內耗」相位；對相是痛苦能量的外在化，掙扎相是痛苦能量的內在化。所以很強的對相通常代表必定會出現讓你痛苦的具體事件或人物。而國父的天月對相出現在三、九宮之間，三、九宮又稱為短途旅行宮與長途旅行宮，因此國父一生四方奔波、亡命海外、私奔成婚（月亮又隱喻女性親人）、到最後客死北方，未嘗不是這個動蕩的天月對相影響所致。

第三個對相是土冥對相。這個相位發生在二宮與八宮之間——也就是圍繞著自財宮與他財宮、或財帛宮與業力宮之間的土冥能量。一般來說，土冥對相的意義是「辛苦後的成功」，也就是經歷千辛萬苦後而贏得的無形或有形財富。所以艱辛是必然的，損耗生命能量是必然的，壓力與挫折的過程當然也是必然的。而且國父的冥王星在第八宮，又多了一點業力注定的味道。凡此種種，也都符合國父戮力革命的拼命三郎的性格表現。

國父的星圖中，還有著好幾個次要的負面相位；總的來說，這是一張很「劣命」的星圖，但擁有這張星圖的主人卻成了一個新國家、新制度與新時代的創建人。我想，國父星圖給我們最大的啟發，是指出占星學或命理學的真正意義，不在命算得準或不準，而是在面對同樣的命運時，當事人可以選擇完全不同的態度：面對或者逃避？沉淪還是昇華？或許可以這樣說：命格是固定的，命運是一定會發生的，但怎樣發生？採取怎樣的方式發生？則取決於當事人所選擇的態度與策略了。譬如：「好色」的命可以昇華為「愛美」，也可以沉落為「淫穢」；「性急」的命可以提升為「衝勁」，也可能沉落為「魯莽」；同樣的，「意外」的命運可以淡化為「扭傷腳踝」，也可能演變成「墮馬受傷」。所以國父的星圖可以孕育出一個凶暴份子，也可能造就一位偉大的革命家。命運，有固定的部份，也有不固定的部份；真正的命理學除了講究因果律與業力論，也是容許自由意志的存在的。

二、「陰陽思想」在占星學中的表現與應用

（一）關於「陰陽」

《易經》與「占星學」都是筆者頗為熟悉的領域，這篇文章即是一個企圖整合兩者的嘗試；尤其是嘗試整合易學中的「陰陽思想」及占星學中的「星位、宮位」之間的溝通及對話。

在文章的開始，先行談談筆者對「陰陽」及「占星學」的一些想法。先從「陰陽」談起罷。

幾年前，筆者發表了一篇關於「太極、兩儀、三才、八卦」的文章[1]，發現這四個觀念是中國文化傳統的基本「原型」，其中尤以「兩儀」的觀念非常關鍵的影響到後來文化及民族性格的發展。那麼，本文先行依據這篇舊作的研究，將「太極、兩儀、三才、八卦」四個原型的涵義整理成下頁的簡表，以便進一步對顯出「陰陽」觀念的特殊性。

[1] 本節關於「太極、兩儀、三才、八卦」這四個觀念的整理，主要是根據拙文〈「太極兩儀三才八卦論」的深層思考——中國文化原型的物理詮釋〉。（《萬竅——中華大學通識教育學刊》第1期，民國94年5月1日。）

太極兩儀三才八卦表

	名稱	簡釋	數字	學術定位及意涵
太極	太極或乾元	整體性	$2^0=1$ 2指陰陽，太極時還沒分裂，所以是0次方。而用最後一個不能分割的整數1象徵整體性的深義。	太極指終極、整體的真理世界。 在學術上屬「本體論」的範圍，進一步細分：生命的本體在「天」的一面是「天道觀」，在「人」的一面屬「心性論」。 ⇩
兩儀	陰陽	兩個方向	$2^1=2$ 陰陽時只畫一爻，所以是1次方，符號為－及--的陽爻及陰爻，只有兩種變化。	兩儀指宇宙人生相對相成的兩種基本力——可被觀測的矛盾又統一的作用力。在學術上，陰陽是介於形而上與形而下之間的「天人之學」。 ⇧
三才	天人地	三個性質的系統	三才像軟體，非硬體；陰陽進入三才的軟體才會產生八卦。所以沒有算式的表示。	三才指天人地系統——原理系統、人文系統、及大自然系統。在學術上三才是「文化論」或「人文理論」。
八卦	乾坤離坎震艮巽兌	八種現象	$2^3=8$ 陰陽進入「三畫卦」，所以是2進入3次方變成8。	不管八卦是指八種人性現象或自然現象，在學術上都屬「現象學」。

從上表可以清楚看到，太極傾向「天」的一面，三才、八卦傾向「人」的一面；而「陰陽兩儀」則剛好是「天人之際」的學問。這是一個承上繼下的樞紐，這是一個介於形而上（天上）與形而下（人間）的關鍵，它既根源於真理又下開人間的無窮變化。尤其在孔子之後，中國人不喜歡空談抽象的原理[2]，而「陰陽」觀念既具備原理基礎，又不脫人間性格，正符合中國文化性格的發展與偏向。所以後代無數的藝術、文學、思想、哲理、政治、民俗……都離不開陰陽思想的表現及規模。這也是筆者喜歡談「陰陽文化」而不習慣談「太極文化」的原因。

2 《論語・公冶長》第13章曾經說孔子「夫子之言性與天道，不可得而聞也。」〈述而〉第21章又說：「子不語怪、力、亂、神。」從此影響到中國文化「務實」的文化性格。

（二）關於「占星學」

接著來談談筆者對「占星學」的一些看法。

對筆者來說，關於「占星學」，已經不是可信不可信的問題，所以本文也不打算討論占星學之所以能夠有效運作的學理根據。（其實占星學是「命理學」的一支，而所有命理學的基本原理都是由「磁場論」及「統計學」所構成。）占星學對筆者而言是一個工具——一個描述人性、討論生命、了解自我的工具。心理占星師稱一個人的本命星圖為**「精神地圖」**，這張地圖描述了人性的內在世界與感知結構[3]。也就是說，即使跳開命理的傳統，本命星圖依然隱藏了許多深層的生命訊息。**「占星學的領域裡存在著一種高階知識。」「星盤可以視為一個人的能量模式的藍圖」**[4]。甚至近代心理分析占星學派的創始人榮格即指出，本命星圖只是一個提供理解自我進一步超越自我、轉化自我的工具，當一個人的內在意識覺醒到某一程度，是可能超越命運的羈絆的。其實，榮格在他的著作裡經常指出

---

3 請參考Maggie Hyde著，趙婉君譯《榮格與占星學》（Jungs and Astrology）之「6精神的地圖」。（立緒文化，民國90年12月初版。）

4 請參考Stephen Arroyo著，胡因夢譯《占星、業力與轉化》（Astrology Karma & Transformation）頁22、34。（心靈工坊，2007年6月初版。）

一點：往往沒有覺察的事情，才會變成自己的命運。[5]也即是說，當我們覺察的學習占星學時其實是是為了超越占星學；占星學不是一個「限制」，而是一個「了解」的工具。

另外，《易經》與「占星學」這兩個學問系統同樣的橫跨了大傳統與小傳統兩個領域。用中國傳統的語言來說，大傳統指「經史子集」的四部，小傳統指「山醫命卜相」的五術；前者是所謂的「檯面學問」，後者則較傾向「民俗傳統」；其實從更深一層的意義來說，前者接近理論的、知的、道的、人文的領域，後者則屬於技術的、行的、術的、玄學的方向。從小傳統的角度，《易經》是「卜」的技法而「占星學」屬「命」的分類；而且《易經》是中國文化唯一一部橫跨大傳統的「經」與小傳統的「卜」的原創性著作，至於「占星學」，除了是屬於命理的範圍，也含有豐富的人文關懷及生命奧義。（這跟文化背景有關。本文挑選「西洋占星學」作為討論分析的對象，除了對筆者來說這是一個相對熟悉的工具以外，筆者在學習命理學的過程中，同時發現相對於中國的命理學——譬如「子平術」及「紫微斗數」——西洋占星學的內涵似乎蘊含了更豐富的人文及生命意義，而中國命理學則偏重現實利害的關懷。）因此這裡要界定的是，本文並不是討論「卜」與「命」的問題，這不是一篇關於小傳統的文章；本文的內容是屬於大傳統的範疇——嘗試處理易學中的「陰陽」及占星學中的「星位、宮位」的對話及整合；換句話說，本文試著探討「陰陽之道」在占星學中的原理及應用。

---

[5] 同註4，頁24至25。

更具體的說，本文要整理的是占星學中本命星圖的陰陽思想，這些思想內容即使不用來「算命」，內容本身即蘊含著豐富的哲學思想與人文內涵，光是閱讀，已經提供異常雋永、深邃的生命建議了。

（三）陰陽之道

討論完「陰陽」與「占星學」的一些基本觀念之後，接下來，我們正式提出更詳細、更深刻的陰陽思想及原理。首先，先行整理「陰」與「陽」的相對性的定義：

陰：形而下、物質性、具象的、技術的、不斷凝聚的力量、收斂性、反力……

陽：形而上、精神性、抽象的、原理的、不斷創生的力量、發揮性、正力……

其實陰陽的意義不是固定的，陰與陽的定義與關係是相對而動態的、隨時改變的；當然，陰陽也是同源共生的，一而二，二而一，一體而互動，所謂「道自虛無生一炁，便從一炁產陰陽。」所以從下面的例子可以看到陰與陽同源而互動、變化而無定的狀態：

陰陽對照表

陰（Yin）	陽（Yang）
女	男
女依賴時	女自信時
男偷懶時	男發奮時
柔	剛
靜	動
外	內
肉身在外	心靈在內
但天地在外	則肉身在內
進	退
黑暗	光明
理性	感性
陰性星座	陽性星座
左腦	右腦
政府	憲法
月	日
母性原則	父性原則
審慎	勇敢
被動	主動
黑洞	超新星爆炸
宇宙大塌縮（宇宙末日）	宇宙大爆炸（宇宙誕生）
懦弱	魯莽
陰險	暴戾
隨和	奮進
失去自我	自我膨脹
……	……

從基本的定義，進一步，下文整理《易經·繫辭傳》裡的陰陽思想：

〈繫辭傳上〉：

乾道成男，坤道成女；

乾知大始，坤作成物；

乾以易知，坤以簡能；易則易知，簡則易從；易知則有親，易從則有功；有親則可久，有功則可大；可久則賢人之德，可大則賢人之業。易簡則天下之理得矣。

將上面一段傳文的涵義，用白話文傳譯出來，意思是說：

乾是男性能量，坤是女性能量；

乾是形上、精神的開始，坤是形下、物質的聚合；

而乾坤的互動與運作都是符合所謂的「易簡原理」的；落到人事上，乾展現出精神層面的恆久，坤開創出功業層面的規模；落在生命的品質上，乾指內在的品格，坤指從內在品格推擴出來的事業；天下所有事與物的運作都離不開乾坤合德的原理。

〈繫辭傳上〉：

安土敦乎仁，故能愛……曲成萬物而不遺。

通乎晝夜之道而知，故神無方而易無體。

一陰一陽之謂道。繼之者善也，成之者性也，仁者見之謂之仁，知者見之謂之知，百姓日用之而不知，故君子之道鮮矣。

將這一段傳文的精義整理如下：

一開始談到「愛」兩個條件——「安土」及「敦仁」。安土，安於斯土，指對故鄉、環境、及大地的信任。〈繫辭傳〉認為人間的愛還必須考慮到人對環境的情感及穩定感，這是「愛」的「外在條件或環境條件」。另外，敦，厚也，敦仁，指樸厚內在的仁者之心，這是「愛」的「內在條件或心靈條件」。如果從陰陽的角度來說，「安土」與「敦仁」分別是愛的陰性原則及陽性原則。是的！人間的愛，必須同時具備環境條件（陰性的、外在的）及心靈條件（陽性的、內在的）才能成立。而能夠同時達成愛的陰陽兩面的，即能夠做到「曲成萬物而不遺」，「曲成萬物而不遺」指尊重萬物的個性與物性，所以是「曲成」——曲折、委婉、細緻的去了解、尊重、及愛護對方，而不是「一條鞭法」——用自己認為是愛的方式去壓迫、淹蓋、控制對方而不懂每個人對愛的需求及質感都是不一樣的；而且正由於能夠做到曲成，才能「不遺」——不會漏掉每一個愛的發出及照顧。

傳文跟著說：「通乎晝夜之道而知」，晝夜之道就是陰陽之道，也即是把「陰陽」當作一個窗口去觀看天道法理及人間萬象的精微奧妙——神無方而易無體。接下來就說得更清楚了：「一陰一陽之謂道」——陰與陽之間的互動即能湧現最高真理啊！跟隨它即「善」，成就它即能回歸本「性」，每個生命對陰陽互動都會體會出不同的心得……所以中國人對真理的解釋很簡單：陰陽互動，即見真理！

〈繫辭傳上〉：

陰陽不測之謂神。

知崇禮卑，崇效天，卑法地。

〈繫辭傳〉不只從陰陽談到「道」，也從陰陽談到「神」的觀念。「陰陽不測之謂神」，神也是由陰陽二力演化而成的，只是難測，所以很神！接著提出「知崇」及「禮卑」兩個層面：

「知崇」意指懂得高遠的道——所以「知崇」是真理層面、陽性面、本體層面的修養，是「天道」的了悟。禮，履也，即實踐。「禮卑」即指從生活中手邊的小事情、小地方做起，從「卑下」處開始實踐、學習——所以「禮卑」是人間層面、陰性面、功夫層面的修養，是「人道」的行動。

合起來說「知崇禮卑」意義等於〈中庸〉所說的「極高明而道中庸」，即是說生命的成長要同時擁抱本體與功夫、天上與人間、理想與現實、內在修養與外在行動的陰陽之道。

〈繫辭傳上〉：

蓍之德圓而神，卦之德方以知。

聖人以此洗心，退藏於密，吉凶與民同患，神以知來，知以藏往。

是故闔戶謂之坤，闢戶謂之乾，一闔一闢謂之變。

這一段傳文談陰陽之道也談得非常透徹而深邃：

「蓍之德圓而神」指「易道」中占筮、感知、心感的力量。這是直觀智慧。

「卦之德方以知」指「易經」中卦爻、認知、理性的力量。這是言語智慧。

前者是心靈力量，後者是知識力量。

三國時代的韓康伯注說：「圓者運而不窮，方者止而有分。」[6]

宋代朱熹也說：「圓神，謂變化無方；方知，謂事有定理。」[7]

所以，「圓神」是心靈的陽性面，「方知」指知識的陰性面。

接著傳文說「聖人以此洗心」——用易道洗鍊心靈，「退藏於密」——將一顆洗鍊後的心靈退藏於理論、學問的縝密或修學真理的「不可說明性」。如果將這樣一顆深厚的心發用出來，又可以展現為陰陽兩個層面：

「神以知來」，藉心神感知未來——這是神通、感性、感知、心靈、形上、本體、德性的一面。

「知以藏往」，用知性記錄過去——這是知識、理性、認知、歷史、形下、技術、文化的一面。

所以最後說：開闔、乾坤、陽陰、動靜的互動就是一個完整的變化（變）與真理（道），陰陽之道蘊含了終極真理的全部消息。

好了，看完了陰陽的基本意義及〈繫辭傳〉的討論之後，讀者理應對陰陽之道有了較清晰的觀念與認識；接著，我們便可以嘗試慢慢靠近占星學中的陰陽世界。

---

[6] 見《十三經注疏》之《周易》頁155。（藝文印書館，民國七十一年八月9版。）

[7] 見宋．朱熹《周易本義》頁282。（龥巨書局，民國七十三年九月初版。）

（四）淺談占星學的四個基本元素：「十星三位說」

在討論占星學的陰陽思想之前，必須先行介紹一個占星學中最基礎、核心的理論架構——「十星三位說」。這是筆者個人提出的一個觀點及名辭，其中包含了占星學的所有基本元素。關於「十星三位」的內涵，整理如下：

所謂「十星」，即日、月；水、金、火、木、土等五行行星；以及天王、海王、冥王等三王星；總共十顆行星。這是西洋占星學所使用的十顆星辰。

至於「三位」即星位（天盤十二宮，一般稱十二星座）、宮位（地盤十二宮，一般稱十二宮位）、及相位（星際角度）。

十星與三位是占星學四個重要的基本元素，幾乎所有的占星學理論與技術，都是從這四個基本元素的綜錯關係發展出來的。

十星是硬體。星位、宮位是軟體。相位是前三者之間的網路連線。

十星是天上架設好的十部發射器。星位、宮位是兩套宇宙密碼、生命磁波。相位是磁波、密碼彼此激發的複雜磁場。

十星代表人性中十個不同的層面。星位是先天的生命內容。宮位是後天的生命內容。相位是相互關係。

如果能掌握這四個元素，占星學的奧秘即盡在其中矣。至於這四個基本元素與陰陽哲學的關係：「十星」中陰陽的脈絡並不明顯。「相位」（角度）指的是星辰之間磁場的激發，與陰陽也沒有直接的關係。所以與陰陽哲學最有緊密關聯的是「星位」及「宮位」，下文將一一詳論。

（五）關於十二星座中「陰陽原理」的應用

本書的「十二星座表」已經把「星位」這個占星學的基本元素的符號、名稱、英文簡寫、每個星座的起迄時間、每個星座的保護星、管轄的人體部位、十二星座的優缺點、生命主題、十二星座的二分法、三分法、四分法、以及十二星座之間的三種關係——小大關係、陰陽關係、輪迴關係……等等一一清楚展示。總之，占星學是一個複雜系統，哪怕只是其中的一個基本元素——「星位」，也不是三言兩語說得清楚的。所以，在這裡，筆者重申這篇文章的主題不是占星學，而是占星學中的陰陽思想，而且本文也不是坊間討論十二星座的命理著作，因此，凡與本題不合的，一律略過不談。那麼，在「星位」（十二星座）裡，與陰陽思想有關的，包含了十二星座中的一個二分法及一個四分法。

原來十二星座的分類中，有兩個二分法、一個三分法、及一個四分法，其中有些分類法是很多占星學書籍鮮少提及的。下文將指出其中與陰陽思想有關係的部份：

陽性（Yang）星座與陰性（Yin）星座的二分法

關於「陰陽」的涵義請參考上文「陰陽之道」。

六個陽性星座即六個單數星座，包括白羊、雙子、獅子、天平、射手、水瓶六個星座。

六個陰性星座即六個雙數星座，包括金牛、巨蟹、處女、天蠍、魔羯、雙魚六個星座。

更深刻的，是從上表，可以看出一陽一陰兩個星座一組，同組的陰陽星座互為彼此的鏡像，稱為「鏡像原理」，十二星座總共六組鏡像，譬如：白羊座是金牛座的陽性星座（白羊座的顯性剛好是金牛座的隱性，而金牛座的強項則剛好是白羊座的弱項），相對的金牛座是白羊座的陰性星座，如此類推……

火象星座（fire）、土象星座（earth）、風象星座（air）、與水象星座（water）的四分法

這是一個在占星學中廣為人知的分類法。

火象星座包括白羊、獅子、與射手三個星座。火象星座性格熱情但易怒，缺乏火象星座的人容易缺乏衝勁。

土象星座包括金牛、處女、與摩羯三個星座。土象星座感官敏銳但憂鬱，缺乏土象星座的人容易缺乏穩定性。

風象星座包括雙子、天平、與水瓶三個星座。風象星座充滿智慧而快活，缺乏風象星座的人容易缺乏想像力。

水象星座包括巨蟹、天蠍、與雙魚三個星座。水象星座直覺準確而夢幻，缺乏水象星座的人容易缺乏感性。

事實上，這個四分法是從第一個二分法（陰陽）延伸出來的，因為：

陽性星座就是六個火象星座與風象星座。

陰性星座就是六個土象星座與水象星座。

所以火、土、風、水的四象星座等於是陰、陽能量進一步的精細描述。

看完這兩種陰與陽的分類方法，要提醒讀者的一點是：如果要了解自己的陰陽能量，就必須找出自己的本命星圖中「十星」（日、月、水、金、火、木、土、天王、海王、冥王）的陰陽及火土風水星座的真實分佈情況，才能夠察知每個人整體、複雜、多元、豐富的生命內涵及方向。

其實，哪怕不通過本命星圖的「算命」，我們只要憑藉「陰陽」及「火土風水」的內容作為座標，再細心的靜思、反省、回顧、檢視，當能對自己內在生命能量的運作，有著更清晰而深刻的洞察——通過陰陽，更了解自我內在的靈魂。

進一步，關於「陰陽」的二分法，本書的「十二星座表」中的第四行資料（有※符號者）更詳細的說明了十二星座中六組的「左右關係」、「陰陽關係」、及「鏡像關係」——這六組陽、陰星座互為對方的鏡像，即強弱、隱顯、優缺、明暗剛好相反，很類似本體與鏡中影像左右方向剛好相反的情形，所以稱為「鏡像原理」。更深層的論述，從這六組陽、陰星座可以整理出六項生命命題，這正是占星學的陰陽思想最深刻的地方。

其實十二星座中擁有更多豐富的關係命題（除了陰陽關係），但因為與本文的研究主題陰陽哲學無關，也就略過不談了。讀者是否覺得即使不通過占星學「算命」，看完「星位」裡的「陰陽二分法」、「火土風水四分法」、及「六個陰陽命題」等等的內容，也足以引發更複雜多元的生命沉思及自我檢視？

（六）關於十二宮位中「陰陽原理」的應用

接著談「宮位」中的陰陽哲學。

上文介紹「十星三位說」時提到「星位、宮位是兩套宇宙密碼」，但「星位」傾向先天而「宮位」傾向後天，所以占星學的十二宮的意義接近十二個後天的人生場合或領域。

要澄清的一點是：下文所介紹的「宮位」的「翹翹板理論」，嚴格的說，是一個「準」陰陽關係或「假」陰陽關係，而不算是真正的陰陽關係；因為「翹翹板理論」主要是從「星位」中的上下關係或小大關係（本書「十二星座表」的方格中的第三行資料，有＊符號者）演變而來，是講兩個同是陽性星座或陰性星座內容的推擴或深化（由小到大或由淺到深），所以比較不符合一陰一陽兩股能量相對的情況；但這十二宮組合成的六個人生議題（1、7宮相對，2、8宮相對，3、9宮相對，4、10宮相對，5、11宮相對，6、12宮相對，），內容上卻相當合乎陰陽相對相反的原理，實在有加以整理的價值，因此我們稱為「準」或「類」陰陽思想。好了，我們開始一一檢視這六個議題的內涵：

❶第一宮是「自我之宮」，傳統稱為「命宮」，它的基本意義當然就是關於「自我」的種種問題。第七宮是「人際關係之宮」，傳統稱為「夫妻宮」，它的基本意義是關於種種「人際關係」的問題，而人際關係之中最重要也最複雜的一種當然就是夫妻關係，所以又稱「夫妻宮」。

一、七宮相對組合成的人生議題是「**己群關係——自愛與他愛的平衡與失衡**」。

從「翹翹板理論」的角度來看，離不開下述四種情形：

(1)有人既懂得愛自己，也能夠敏感的照顧他人的需要；代表這一個翹翹板兩頭都有灌注很強的生命能量，這是一個很完整、平衡的人生領域。

(2)有人對自愛與他愛都不敏感，翹翹板兩頭都落空；代表這個人生議題對當事人來說是陌生、不熟悉、不勝任的。這不是他的舞台。

(3)有人自愛能量很強而他愛能量荏弱，代表當事人很自我，很有主見，情感上（尤其婚姻關係上）會要求別人配合自己的需要；這是一個眼裡先看到自己的人。

(4)相反的，有人他愛能量很強而自愛能量荏弱，代表當事人容易犧牲、委屈自己，太在乎別人的意見及反應，容易成為婚姻或夥伴關係中弱勢的一方；這是一個眼裡先看到別人的人。

總結的說，這是一個愛的平衡或失衡的問題。你比較接近上述四種情況的哪一種？

2 第二宮是「自財宮」，傳統稱為「財富之宮」，它的基本意義當然就是關於包括有形及無形「財富」的種種問題。

第八宮是「他財宮」，又稱為「業力之宮」，傳統稱為「疾厄宮」，它的基本意義是關於種種「分享」或「分配」的困難及問題。這是在十二宮中頗「不好玩」的一個人生場域。

二、八宮相對組合成的人生議題是「**財富問題——生命中的佔有與分享**」。

從「翹翹板理論」的角度來看，離不開下述四種情形：

(1)有人既能擁有，又懂分享；代表這一個翹翹板兩頭都有灌注很強的生命能量，這是一個很完整、平衡的人生領域。

(2)有人對財富的佔有與分配都很遲鈍，翹翹板兩頭都落空；代表這個人生議題對當事人來說是陌生、不熟悉、不勝任的。這不是他的舞台。

(3)有人的財富是靠自己掙來的（傾向翹翹板「自財」的一端），少了奧援，也吝於與別人分享。這是一個不懂分享、佈施智慧的人。

(4)相反的，有人的財富多是從與他人的關係而來的（譬如合夥做生意、娶了有錢妻子、或嫁了有錢丈夫，所以又稱「妻財宮」或「夫財宮」），財富少了紮實的基礎，也容易引起與他人的金錢糾紛。這是一個欠缺擁有、守成智慧的人。

總結的說，這是一個關於財富的問題，不管是財富的擁有或分配都需要有大智慧。你比較接近上述四種情況的哪一種

3 第三宮是「知識宮」，傳統稱為「兄弟宮」，它的基本意義是關於「知識、語言、文字、溝通、表達、基本教育」的種種問題。

第九宮是「哲學宮」，傳統稱為「遷移宮」，它的基本意義是關於「學術、文化、哲理、思考、研究、高等教育」的種種問題。

三、九宮相對組合成的人生議題是「**學習問題——淺層學習與深層學習**」。

從「翹翹板理論」的角度來看，離不開下述四種情形：

(1)有人既擅長記憶性心智，又能夠從事思考性心智；代表這一個翹翹板兩頭都有灌注很強的生命能量，這是一個很完整、平衡的人生領域。

(2)有人對整體的學習或教育興趣缺缺，翹翹板兩頭都落空；代表這個人生議題對當事人來說是陌生、不熟悉、不勝任的。這不是一個讀書人。

(3)有人的學習能量往淺層學習（知識、語言、文字、資訊）一方傾斜，這是一個記憶性心智很強的人。

(4)有人的學習能量往深層學習（學術、文化、哲理、研究）一方傾斜，這是一個思考性心智很強的人。

總結的說，這是一個學習向度的問題。你比較接近上述四種情況的哪一種？

4 第四宮是「家庭宮」，傳統稱為「田宅宮」，它的基本意義是關於「家庭」或「內在支持與安全感」的種種問題。

第十宮是「事業宮」，傳統稱為「官祿宮」，它的基本意義是關於「事業」或「人生榮耀與成就感」的問題。

四、十宮相對組合成的人生議題是「**家庭事業——內在的家與外在的家的平衡與失衡**」。

從「翹翹板理論」的角度來看，離不開下述四種情形：

(1)有人能夠做到家庭事業兼重，代表這一個翹翹板兩頭都有灌注很強的生命能量，這是一個很完整、平衡的人生領域。

(2)有人天性孤獨，喜歡流浪在家庭與事業之外，翹翹板兩頭都落空；代表這個人生議題對當事人來說是陌生、不熟悉、不勝任的。這不是他的舞台。

(3)有人重視家庭的照顧超過事業的經營，但家庭也容易成為生命的負擔。

(4)相反的，有人看重事業的發展超過家人的關係，如此事業也會成為一個內心的執著。

總結的說，這是一個內、外在的家平衡或失衡的問題。你比較接近上述四種情況的哪一種？

5 第五宮是「創造之宮」，傳統稱為「子女宮」，它的基本意義是關於「創造力」及「個人才氣」的種種問題。

第十一宮是「理想之宮」，傳統稱為「福德宮」，它的基本意義是關於「理想性」及「大我情懷」的種種問題。

五、十一宮相對組合成的人生議題是「**小大問題——個人才氣與大我情懷的平衡與失衡**」。

從「翹翹板理論」的角度來看，離不開下述四種情形：

(1)有人既有才華，又具備博愛、理想的大我情懷；代表這一個翹翹板兩頭都有灌注很強的生命能量，這是一個很完整、平衡的人生領域。

(2)有人同時缺乏創造力與理想性，翹翹板兩頭都落空；代表這個人生議題對當事人來說是陌生、不熟悉、不勝任的。這不是他的舞台。

(3)有人很有才氣、創造力很強，生命能量都用在個人表現上，當然，也容易太愛現與自戀。

(4)相反的，有人深富大我情懷及高貴情操，生命能量都用在大我世界的實現上，當然，也容易流於太理想化、太疏忽自己及家人。

總結的說，這是一個小我與大我偏重的問題。你比較接近上述四種情況的哪一種？

❻第六宮是「工作宮」，傳統稱為「奴僕宮」，它的基本意義是關於「工作、責任、人間事務」的種種問題。

第十二宮是「宗教宮」，傳統稱為「相貌宮」，它的基本意義是關於「靈修、宗教、天上事務」的種種問題。

六、十二宮相對組合成的人生議題是「**人間天上——人間工作與天上工作的平衡與失衡**」。

從「翹翹板理論」的角度來看，離不開下述四種情形：

(1)有人能夠同時勝任俗世事務與神聖工作，代表這一個翹翹板兩頭都有灌注很強的生命能量，這是一個很完整、平衡的人生領域。

(2)有人對俗世事務與靈修工作都不感興趣，翹翹板兩頭都落空；代表這個人生議題對當事人來說是陌生、不熟悉、不勝任的。這不是他的舞台。

(3)有人會十分要求、專注俗世的工作，這種人太要求細節的盡善盡美，而忘記現實工作當有更高遠的追求及意義。

(4)相反的，有人完全投身於宗教、精神、及終極的關懷，這種修行者容易忘記天上與人間本來一體不二，每一樁當下人生的工作其實也都是神聖的生命學習。

總結的說，這是一個天上與人間、心靈與現世平衡或失衡的問題。你比較接近上述四種情況的哪一種？

你有找到自我生命中的強區、弱區、盲目區、平衡區、不平衡區……嗎？占星學十二宮的陰陽思想提供我們檢討、審視、反思、省察現實人生問題的一面鏡子。

（七）最後的整理

陰陽，是怎麼談都談不完的。本文通過古典哲學及占星學的視野去探索陰陽思想，希望能夠提供比較深刻的生命哲思。當然，我們也可以透過歷史、文學、藝術、或科學的角度去分析陰陽原理，不過都不是本文的討論範圍了。另外，通過本文，也可以清楚看到占星學不只是一個命理工具，它也可以是一個很深邃而全面的「自我了解」與「了解人生」的學問系統，這是一面清晰的生命明鏡，幫助我們解讀靈魂的語言。好了，文章的最後，筆者嘗試把本文關於陰陽思想的主要論點整理成下頁的「陰陽涵義表」，以方便讀者的檢索與沉思。

	陽	陰	陰陽合德
基本意義	形而上、精神性、抽象的、原理的、不斷創生的力量、發揮性、正力	形而下、物質性、具象的、技術的、不斷凝聚的力量、收斂性、反力	
例子	男、女自信時、男發奮時、剛、動、內→心靈在內→但肉身在內、退、光明、感性、陽性星座、右腦、憲法、日、父性原則、勇敢、主動、超新星爆炸、宇宙大爆炸（宇宙誕生）、魯莽、暴戾、奮進、自我膨脹	女、女依賴時、男偷懶時、柔、靜、外→ 肉身在外→ 則天地在外、進、黑暗、理性、陰性星座、左腦、政府、月、母性原則、審慎、被動、黑洞、宇宙大塌縮（宇宙末日）、懦弱、陰險、隨和、失去自我	
繫辭傳的原文	乾道成男／乾知大始／乾以易知，易則易知，易知則有親，有親則可久，可久則賢人之德／——→ 敦仁 ——→ 知崇／崇效天 ——→ 蓍之德圓而神／神以知來／闢戶謂之乾 ——→	坤道成女／坤作成物／坤以簡能，簡則易從，易從則有功，有功則可大，可大則賢人之業／——→ 安土 ——→ 禮卑／卑法地 ——→ 卦之德方以知／知以藏往／闔戶謂之坤 ——→	易簡則天下之理得矣 通乎晝夜之道而知／一陰一陽之謂道 陰陽不測之謂神 一闔一闢謂之變

占星學『星位』的二分法及四分法

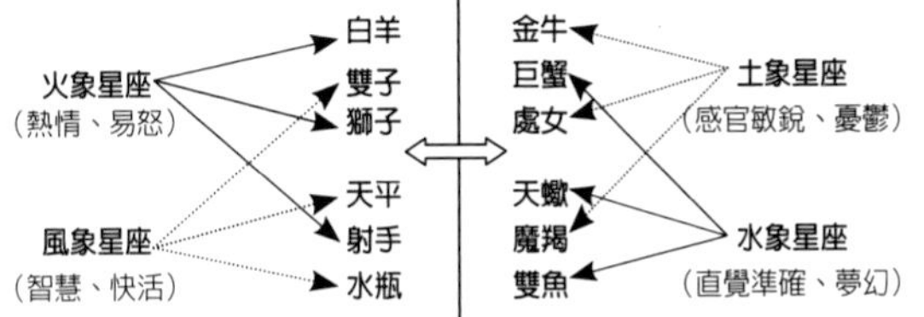

	陽		陰
占星學『星位』二分法的生命命題	白羊：衝動	⇔	穩重：金牛
	雙子：外顯的聰明		內斂的聰明：巨蟹
	獅子：熱情		冷靜：處女
	天平：人生的廣度		生命的深度：天蠍
	射手：天上、理想		現實、人間：魔羯
	水瓶：大我、博愛、文化		宗教、深情、無我：雙魚

占星學『宮位』的人生議題	一宮（自我）→	己群關係：自愛與他愛的平衡與失衡	←七宮（人際關係）
	二宮（自財）→	財富問題：生命中的佔有與分享	←八宮（他財）
	三宮（知識）→	學習問題：淺層學習與深層學習	←九宮（哲學）
	四宮（家庭）→	家庭事業：內在的家與外在的家的平衡與失衡	←十宮（事業）
	五宮（創造）→	小大問題：個人才氣與大我情懷的平衡與失衡	←十一宮（理想）
	六宮（工作）→	人間天上：人間工作與天上工作的平衡與失衡	←十二宮（宗教）

備註：如上文所說「翹翹板理論」，嚴格的說，是一個「準」或「類」陰陽關係，因此這裡並不強分一、二、三、四、五、六及七、八、九、十、十一、十二宮的陰陽相對。

三、延伸閱讀

韓良露《愛情全占星》（方智）

這本著作的內容記載了許多關於解讀出生星圖既深刻又實用的技巧。

韓良露《人際緣份全占星》（方智）

這是一本關於合盤、配盤技術（人際關係占星學）的佳作。

韓良露《生命歷程全占星》（方智）

這是一本關於流運流年技術（流運占星學）的佳作。

韓良露《寶瓶世紀全占星》（方智）

名家韓良露的這一本著作是一部理論尖端的怪書，內容也有一點實用技術的討論。

韓良露《十二星座情緣》

關於十二星座的深層討論。

琳達．古德曼《十二星座男、女人的愛情》（尖端）

琳達．古德曼《太陽星座》（尖端）

古德曼女士這兩套著作在台灣占星界算是「老書」，目前不容易買得到。但古德曼的著作深富宗教情懷與人文關懷，而且文筆生動詼諧，是寫作十二星座不可多得的鉅著。

李逸民譯《占星玩家手冊》（方智）

這本譯著等於是「十星三位」詞典。是很好用的實用工具。

Jan Spiller《靈魂占星》（方智）

瑪格麗特·庫曼《靈魂占星全方位》（生命潛能）

這是兩本關於「靈魂占星學」的著作。

丁致良譯《占星學》（立緒）

這一本書通過通俗的方式，將文字與漫畫結合，簡介占星學的歷史及內容，是一部很好用的入門工具書。

趙婉君譯《榮格與占星學》（立緒）

這是一本詮釋榮格占星學理論很深邃、學術性很強的書。

胡因夢譯《占星業力與轉化》（心靈工坊）

一部內涵深刻的論著。

☆天文星曆

研究推「運」技術的必備工具。

釀生活02　PA0077

占星全方位
基礎學理與操作技法

作　　者	鄭錠堅
責任編輯	廖妘甄、李冠慶
圖文排版	姚宜婷
封面設計	楊廣榕

出版策劃	釀出版
製作發行	秀威資訊科技股份有限公司 114 台北市內湖區瑞光路76巷65號1樓 電話：+886-2-2796-3638　傳真：+886-2-2796-1377 服務信箱：service@showwe.com.tw http://www.showwe.com.tw
郵政劃撥	19563868　戶名：秀威資訊科技股份有限公司
展售門市	國家書店【松江門市】 104 台北市中山區松江路209號1樓 電話：+886-2-2518-0207　傳真：+886-2-2518-0778
網路訂購	秀威網路書店：http://www.bodbooks.com.tw 國家網路書店：http://www.govbooks.com.tw
法律顧問	毛國樑　律師
總 經 銷	聯合發行股份有限公司 231新北市新店區寶橋路235巷6弄6號4F 電話：+886-2-2917-8022　傳真：+886-2-2915-6275

出版日期	2015年8月　BOD一版
定　　價	530元

國家圖書館出版品預行編目

占星全方位：基礎學理與操作技法 / 鄭錠堅著. --
一版. -- 臺北市：釀出版, 2015.08
面；　公分
BOD版
ISBN 978-986-445-028-2(平裝)

1.占星術

292.22　　　　104010827

讀者回函卡

感謝您購買本書，為提升服務品質，請填妥以下資料，將讀者回函卡直接寄回或傳真本公司，收到您的寶貴意見後，我們會收藏記錄及檢討，謝謝！
如您需要了解本公司最新出版書目、購書優惠或企劃活動，歡迎您上網查詢或下載相關資料：http:// www.showwe.com.tw

您購買的書名：________________________________

出生日期：________年________月________日

學歷：□高中（含）以下　□大專　□研究所（含）以上

職業：□製造業　□金融業　□資訊業　□軍警　□傳播業　□自由業
　　　□服務業　□公務員　□教職　□學生　□家管　□其它____

購書地點：□網路書店　□實體書店　□書展　□郵購　□贈閱　□其他

您從何得知本書的消息？

□網路書店　□實體書店　□網路搜尋　□電子報　□書訊　□雜誌
□傳播媒體　□親友推薦　□網站推薦　□部落格　□其他________

您對本書的評價：（請填代號　1.非常滿意　2.滿意　3.尚可　4.再改進）

封面設計____　版面編排____　內容____　文／譯筆____　價格____

讀完書後您覺得：

□很有收穫　□有收穫　□收穫不多　□沒收穫

對我們的建議：________________________________

____

____

____

請貼
郵票

11466
台北市內湖區瑞光路 76 巷 65 號 1 樓
秀威資訊科技股份有限公司 收
BOD 數位出版事業部

（請沿線對折寄回，謝謝！）

姓　　名：________________　年齡：________　性別：□女　□男

郵遞區號：□□□□□

地　　址：____

聯絡電話：(日) ____________________ (夜) ____________________

E-mail：____